人类未来简史

[英] 帕特里克·迪克松（Patrick Dixon）◎著

马林梅 ◎译

SPM
南方出版传媒
广东人民出版社
·广州·

图书在版编目（CIP）数据

人类未来简史 / (英) 帕特里克 · 迪克松著 ; 马林梅译 . — 广州 : 广东人民出版社 , 2017.5

ISBN 978-7-218-11706-5

Ⅰ . ①人… Ⅱ . ①帕… ②马… Ⅲ . ①世界史－文化史 . Ⅳ . ① K103

中国版本图书馆 CIP 数据核字（2017）第 066021 号

Renlei Weilai Jianshi
人类未来简史

[英] 帕特里克 · 迪克松　著　　马林梅　译

出 版 人：肖风华
策　　划：中资海派
执行策划：黄　河　桂　林
责任编辑：古海阳　张　静　郑　婷
特约编辑：阮小雁　乔明邦
版式设计：刘　榴
封面设计：仙境书品（请关注微信公众号）

出版发行：广东人民出版社
地　　址：广州市大沙头四马路 10 号（邮政编码：510102）
电　　话：(020) 83798714（总编室）
传　　真：(020) 83780199
网　　址：http：//www.gdpph.com
印　　刷：深圳市东亚彩色印刷包装有限公司
开　　本：787mm × 1092mm　1/16
印　　张：23　　**字　　数**：285 千
版　　次：2017 年 5 月第 1 版　2017 年 9 月第 2 次印刷
定　　价：49.80 元

如发现印装质量问题，影响阅读，请与出版社（020－83795749）联系调换。
售书热线：(020) 83790604　83791487　**邮　购**：(020) 83781421

致中国读者信

To all my friends and readers in China – warm greetings.

I hope you enjoy reading this guide to all our futures!

One thing is certain: the great Nation of China will transform the whole world in many ways – in culture, innovation and in growing strength of market.

Take hold of the future!

Patrick Dixon

致我的中国朋友和读者：

热情问候！

希望你们享受这本我们所有人的未来指南。伟大的中国将从多种途径改变世界，包括文化、创新及市场增长。

请抓住未来吧！

帕特里克·迪克松

权威推荐

张　明

中国社会科学院

世界经济与政治研究所国际投资室主任、研究员

英国脱欧、特朗普获胜，全球范围内“黑天鹅事件”突发，其实我们正在面临本书作者所言的“制度性失明”的风险。通过彼此关联的六个方面来预测未来，作者的分析框架非常值得我们参考借鉴。

奈杰尔·尼克尔森（Nigel Nicholson）

伦敦商学院组织行为学教授

精彩绝伦的一本书。书中呈现的是对未来各种变化最彻底、最富远见的看法。支撑这些真知灼见的终极驱动力是人性。

布莱恩·苏特爵士（Sir Brian Souter）

英国公交车集团公司创始人兼主席

《人类未来简史》是一本辉煌的指南，内容关乎人类的未来。每一位决策者都应当阅读这本书，因为书中充满了大量对未来趋势深入而独到的见解。帕特里克·迪克松创造了伟大的记录，多年来预测了许多机会、风险及挑战，他的著作将影响我们所有人。

琳达·岳（Linda Yueh）

牛津大学中国增长研究中心主任，伦敦商学院经济学荣誉教授，北京大学经济学客座教授

《人类未来简史》就可能塑造未来的全球趋势提出了独到的见解。它是一部发人深省的大作，能帮助企业从完全不同的视角思考未来的市场。

辛克莱·比彻姆（Sinclair Beecham）

英国 Pret A Manger 公司联合创始人

每一位领导人都需提前洞悉重大的趋势变化。阅读本书并深入思考能让每一位领导人获得先见之明。

巴巴·阿沃皮杜（Baba Awopetu）

英国 Optegra 眼科保健集团战略与营销总监

令人赞叹。帕特里克·迪克松对未来的看法非常有说服力，令人印象深刻，极为发人深省。未来的一切尽在他的掌握之中。

推荐序

余永定
中国社会科学院学部委员

关于未来的一切

对于政治家来说，“不谋万世者不足以谋一时”；对于成功的企业家来说，眼光长远是一种不可或缺的基本素质。据说私人公司投资决策的时间跨度是 30 ~ 50 年，而上市公司 CEO 的眼光则不超过 12 周，这种区别是制度使然：家族领袖要掌管企业 10年到20年，大公司CEO则不仅任期短得多，且每个季度都要向监管者提供报表，向股东交出成绩单，“短期主义”(Short-termis) 和短期行为在所难免。

帕特里克·迪克松是一位游走于大公司之间、号称“当今世界 20 位最有影响力的商业思想家之一”的增长战略咨询顾问，为了开拓 CEO 们的视野，他撰写了这本《人类未来简史》。

书如其名，浏览此书，你会发现，作者确实对你可以想到的关于未来的几乎一切重要的事情——从地缘政治到自动汽车——都给出了他的猜测，做出了他的预测。

作者似乎同我们所熟悉的一些未来学家不同，我看不出作者在对未来的预测上有何统一的理论体系，对未来事件的分类也谈不上有何深刻之处。他仅是就事论事，描述他所熟悉的现实，并在此基础上推断未来。但是，这也可能正是本书值得一读之处。它即便不能使你茅塞顿开，也能使你增广见闻。对于忙于寻找未来事业发展前景的年轻企业家而言，意想不到的启发恐怕是不少的。

书中的许多故事和观点是非常有意思的。让我举几个例子。

> **传统的股票交易所将不复存在。**由于公司的全球化和多地上市，由于投资者希望从事 24 小时的网上交易，由于满足股票发行者和投资者这些愿望的技术障碍已经不复存在，国别股票交易所将不复存在，股票交易所将出现大规模的跨境兼并。股票交易所的技术条件也将发生巨大变化。
>
> 华尔街股票交易的 70% 是由机器根据输入的资料自动完成的。2014 年，黑客入侵合众社，发布了白宫发生爆炸、奥巴马受伤的假消息，在百万分之一秒的时间里，华尔街股票交易系统做出反应：道指下跌 140 点，

2000亿美元瞬时蒸发。虽然几分钟后错误就被发现并纠正，但犯罪分子早已赚得盆满钵满。为了获得百万分之一秒的优势，经纪公司不得不不断提升信息传递速度，由光缆通讯升级到微波通信。未来股票交易所将会是什么样子？

梅赛德斯-奔驰正在发展“自动驾驶系统”。在未来，轿车可以形成自己的社交网络。在没有驾驶员介入的情况下，车与车之间可以交换各种信息。由于每辆车已经通过V2V（Vehicle to Vehicle）通讯，计算好各自达到交通路口的时间，城市交通管制系统（红绿灯）就变得多余了。

未来的教育体制也会发生重要变化。学习如何使用键盘要比学习书写更重要。记忆依然重要，但学会寻找信息、理解信息和分析信息更重要。

关于美国。美国公民拥有各类型枪支3亿支，超过美国成年人总数。美国4 500万选民的母语是西班牙语。美国10个人里有6个相信向上帝祷告可以治病，10个人里有4个相信人类是上帝1万年前创造的。

美国军事战略的最大问题是公众不能接受哪怕少数几个士兵被杀，而美国大兵也不想为什么“事业”牺牲。美国未来的军事战略将基本上是建立在技术力量的基础之上的。

由于受基础设施的限制，超大型城市的人口规模应在2 000万～2 500万。每当100万低薪移民进入城市之时，就会有100万已经加入中产阶级队伍的工人搬出城市住在郊区或附近的小城市。面向城市的人口迁多将在已无农村人口可以转移之时结束。

本书所涉及的关于未来的方方面面实在太多，多得让你梳理不出头绪。对这本《人类未来简史》，无论如何，我至少可以给出四个字的评价：开卷有益 。

作者简介

帕特里克·迪克松

全球趋势预测大师

当今世界20位最有影响力的商业思想家之一

帕特里克·迪克松博士被《华尔街日报》誉为“全球趋势预测大师”，是极少数准确预测了 2008 年全球金融危机的经济学家之一。在哈佛商学院战略与竞争力研究所于 2005 年发起的“Thinkers 50”调查中，迪克松博士名列第 17 位。迪克松博士创立了趋势预测公司，并亲自担任主席，是众多全球《财富》500 强公司的战略顾问，曾为惠普、微软、

UBS、瑞士信贷银行、普华永道会计师事务所、福特、IBM、罗氏和葛兰素史克等众多全球知名企业的董事会和高级管理人士做过对未来趋势的战略预测。他的研究范围涉及未来社会的经济变革、数字社会、虚拟企业、金融服务、生物技术、生活方式、消费行为、市场营销、公共政策、欧洲前景和企业道德等诸多领域。

全球顶尖媒体常客

帕特里克·迪克松博士是首位在五角大楼发表演讲的非美国籍商界人士，是联合国、欧盟和许多国际会议的常客，达沃斯世界经济论坛、WEF 南非经济峰会、国际阿联酋论坛等世界性论坛上都有他的身姿。他曾在 50 多个国家发表演讲，是全球最受欢迎的企业活动演讲嘉宾之一。

迪克松博士在伦敦商学院讲授高管培训系列课程，多次受邀出席 CNN、CNBC、福克斯新闻、天空新闻台和英国独立电视等全球知名电视台的节目。他的文章经常发表在《金融时报》《每日电讯》《时代》等权威媒体上，人们在这些媒体上也经常看到对他的报道。

他的网站拥有 1 600 万用户，视频点击率高达 600 万人次。他总是非常慷慨地和大家分享他的最新观点和观察结果，大众可免费从趋势预测公司网站（*globalchange.com*）上获得资讯。

充满慈悲情怀的医学博士

迪克松博士早年在剑桥大学国王学院和帝国学院学习医学并获得博士学位，此后在英国查令十字医院继续他的医学研究。1978 年，当他还是医学院的学生时，就创办了一家新型 IT 公司，以面世不久的个人电脑为基础，在英国和中东推广医疗软件解决方案。获得医师资格后，他在圣约瑟临终关怀机构照顾不久于世的癌症病人，还加入了伦敦大学创办的社区护理团队。

迪克松博士还是一位积极的社会活动家。他是国际艾滋病防治与救护公益组织 ACET 的创始人，也是 ACET 国际联盟的主席。早在 1988 年，他就在自己家里创建了 ACET。ACET 在伦敦和英国的其他地方开展家庭医疗保健服务，为超过 45 万学生提供性教育课程。如今，ACET 已是独立的艾滋病治疗和预防组织，并以同样的名字和价值观，活跃于欧洲、非洲、亚洲的 18 个国家。由于他创建的 ACET 和在艾滋病教育与培训方面的卓越贡献，被列入《星期日独立报》2010 年评选的“影响人类幸福的一百人”榜单。

畅销书高产作家

迪克松博士至今已出版了 16 部著作，发行量超过 60 万册，被译为 40 多种语言。在 ACET 的工作经历促成他的第一部著作《艾滋病的真相》（*The Truth About AIDS*）问世。他在书中呼吁人们警惕一场正在愈演愈烈的灾难，这次灾难已席卷撒哈拉沙漠以南的许多非洲国家。

作为对全球趋势有深刻洞察的思想者，迪克松博士早在 1998 年便写作了《人类未来简史》（*The Future of Almost Everything*）的英文版首版，该书在随后近 20 年来 4 次再版，每次再版时迪克松博士都会将他的最新研究成果添加进去，因而受到商界人士和普通读者的热捧。本书是其最新版本的简体中文版。

迪克松博士的其他著作包括《构建良好的商业模式》(*Building a Better Business*)、《持续性》(*Sustainagility*)等。

迪克松博士的家庭幸福美满。他和妻子希拉育有四个儿女，其中包括流行艺术家保罗·迪克松。迪克松博士现在和妻子居住在伦敦。

如果需要近距离认识迪克松博士，请访问他的网站 *http://www.globalchange.com* 和博客 *http://pdixon.blogspot.com*。

未来立方体的六个面

快速面　未来是以秒来计算的

城市面　城市脉动影响全人类

族群面　族群力量控制一切

统一面　全球化势不可挡

激进面　革命性力量席卷全球

伦理面　人类精神的核心

目录 The Future of Almost Everything

政府、企业、保险公司和养老金管理机构都需要对预期寿命做出精确预测，而大多数官方预测都不准确得无可救药，这是由于某些预测过分乐观，还是背后有着不可告人的惊人合谋？

风行一时的“冰桶挑战”将“渐冻人”这一罕见疾病推到了公众面前，但令人讶异的是，当今医疗技术如此发达，甚至“换头”都不是难题，治疗罕见病的特效药物的研发却为何依然进展迟缓？

马云入股恒大足球，陈雁升买下西甲球队，这是有钱人的任性？简单的资本游戏？抑或无意中透露出富翁的球队情结？拥有

前 言

我的工作是活在未来，回望已成为历史的明天。许多跨国公司向我咨询未来生活的真相：未来会发生什么？应当如何应对？如何激发新思维？这些也正是我想要在本书中讲述的：关于所有一切的未来，关于真正重要的事情的未来。

尽管新技术赐予我们千载难逢的大好机遇，使我们有能力将世界变得更美好，但同时也使我们面临人类史上最严重的生存威胁。今天做出的一些决策对未来的影响确实会超过一千年。

这是一个非凡的时代。我们的世界正在被某些事件撼动，这些事件对世界的影响超过了政府的决策和企业的行为。

与此同时，一些行业的发展变化相对缓慢，人们的日常生活也以渐进的方式在改变。历史证明，最令人震惊的预言往往是错误的，因此，我们要密切关注那些最有可能发生的事。不仅如此，我们还应未雨绸缪，以应对不期而至的灾难。

也许你已深切懂得需要为未来做好准备，或者意识到可通过现在的行为塑造未来的世界，因而，这本书会像你一样，以积极的方式关注未来，而绝不宣扬宿命论。要么努力把握未来，要么受制于未来。

也许你制订了这个星球上最伟大的战略，但假若世界已发生了意想不到的变化，你的战略却未能因应世界的变化而变化，那么，该战略带来的后果只不过是在错误的方向上走得更快、更远而已。我的第一份职业是医生，专门对抗癌症，每一天都要面对即将逝去的病人。从这份工作中我深切地体会到，生命是如此短暂，哪怕浪费一天的时间做无意义的事或自己不认同的事，都极不可取。因此，我们应对自己未来的方向清清楚楚。

最大的风险是制度性失明

媒体头条充斥着耸人听闻、混乱不清以及荒谬不堪的预测，真正的远见卓识从何而来？

多年来，我一次又一次地发现，对任何组织而言，最大的风险是制度性失明。当银行家之间展开恶性竞争，关注的并非整个行业的发展，那么，一场金融危机将很快来临。当 IT 从业者始终在算计着其他从业者而忽视了自身的进展，就有可能导致研发的系统存在重大缺陷。当军事指挥官总喜欢与同行大玩军演，其结果……不言自明。

我曾于一年之中辗转于不同的国家做了 60 场主旨发言，但我见过的最可怕的观众在五角大楼里。当时，我的任务是给 500 位高级军官做一场趋势演讲，并为他们利用强大的军事力量缓和国际紧张局势、提升美国形象、防止未来战争并消除安全威胁提出可行之策。

这些观众是世界上最强大力量中最重要的指挥官，他们指挥着坦克、火炮、战舰、潜艇、战斗机、无人机，甚至巡航导弹与核武器，他们还控制着军队和军事情报。他们中的有些人是这个星球上最有权势的人，分布于美军的各个模块与建制中。

在演讲前的最后一刻，我仍在会堂外的展览厅里踱来踱去。展览厅里拥挤着各式各样令人一望之下便印象深刻的军事装备，来自跨国军火商的销售人员向我讲解，如何运用他们的技术，以更少的精力及更低的风险，精确定位并有效歼灭敌军。

我着实吃惊不小。这些装备活生生地把 20 个世纪划归到古代。它们采用了极为尖端的技术，拥有惊人的威力，然而，**依靠精良的武器永远无法建立信任，无法消除冲突的根源，也无法修复破碎国家的民众流血的心。**

对一位美军指挥官而言，在未来要决定的事情可能不是动用多少枚导弹、多少架无人机或多少支地面部队那么简单，相反，会是这样貌似不起眼的小事：在接下来的几分钟内，他是否要在电视新闻直播中无数人的注视下，下令击毙一位正慢慢走向美军检查站、被美军认为可能携带着炸弹的 6 岁儿童。

一位儿童的死亡可能引发当地人的震怒以及广泛的社会动荡、进一步的流血冲突，招致全球性的口诛笔伐，特别是过后在孩子身上并没有发现任何炸弹时。面对这样的困境，超级军事大国的全部威严起不了一丝一毫的作用。

令我不快的是，当我在会议室外踱步时，有人以强烈的语气提醒我，我是有史以来第一位被允许在美国正规军事机构里发表演说的非美国籍商界人士。他们的政策一直是，只有美国公民的意见才值得认真倾听，因而我能站在这里已是极大的特权。不过，这些军官却表现得非常亲切，愿意聆听具有不同世界观的人发出的声音。

驱动未来的一个词

任何组织都可能被一种轻型的集体疯狂所影响，无法看清更广阔的环境。组织领袖立场不明、眼界狭隘、摸不透新的竞争者、不了解消费者或者组织成员的真实感受，并且逐渐变得自负和保守。

每个人都透过自己佩戴的眼镜看待周遭的世界，这副眼镜由我们的出生地、经历与体验、浸淫其中的文化共同塑造，会扭曲我们的认知和反应。因此，要看清未来，最重要的一步是摘掉自己的眼镜，创造心理空间，以便戴上别人的眼镜，以不同的视角观察世界。

我渴望以新的方式看清这个世界的未来，为此曾游历 54 个国家，与各国政要和商业精英交谈，与各行各业人士交流，与创新者和企业家会面，为超级富豪献言献策，并与最贫苦的人共事，无论他们住在大城市的贫民窟、难民营还是偏远的乡村。在这次环球旅行中，我一直在思索几十年后、22 世纪甚至更远的未来。

我获知的第一个真相是，关于未来，市场调研不但完全无用而且极为危险。

企业和政府每年浪费高达 400 亿美元，向人们询问他们心目中的未来，但人们的情绪可能因新产品的上市、社会舆论的宣传、暴力事件的发生、体育赛事的结果、大丑闻被爆出以及民族英雄的故去，在几个小时内全然沸腾。

即便如此，市场调研仍然重要。我们需要密切关注客户以及他们的感受，仔细倾听他们说了什么，并查明他们发现的问题。但是，别指望从市场调研中获得关于未来的正确信息。细致深入地研究你的客户，然后想象一下，如果他们突破了自身的视野限制，可能会有怎样的变化。这就是为何设计师和创新者总是信赖天才而不是市场调研的原因，也是旅行为何如此重要的原因所在。

我获知的另一个真相是，有一个因素比大事件、经济、创新、技术、人口、宗教或政治更能推动未来。

这一因素推动了整个人类历史的发展，而且将决定未来一万年人类的发展方向。它将主导消费者的选择和政府的选举，主导每对关系甚至每场娱乐活动的走向，是推动每个重大趋势的背后力量。

领导人注重指标、数据、财务、分析、流程，以及客户、竞争者、投资者、舆论和法规，但这样做往往忽略了重点。上述这些方面确实重要，但有个核心要素对塑造未来的重要性胜过以上所有。

市场由投资者的情绪驱动。战争由愤怒触发。领导力建立在信任基础上。新技术的普及与客户的参与度和从中获得的乐趣相关。规章受实践主义驱动。选举靠信念获胜。团队绩效受动机推动。关系因人类的需要、激情和欲望而建立。

因此，**如果我们要探索未来，就需要了解人们如何感受以及如何思考。这个驱动未来的词是“情感”**。

正如我们将在本书每一章中看到的，情绪化的反应通常会比事件本身带来的影响更显著。领导力必与情感相关，这就是机器人不能领导人类的真正原因。

如何预测未来？

当有人邀请我做关于未来的演讲时，我总会向他们问同一个问题：你想让我把你带到多远的未来？需要我讲哪些方面的未来？

如果你是一位股票交易员，那么你只需比其他交易员看得远 3 毫秒，就可以在高频交易中赚取数十亿美元。在美国市场上，高频交易占所有股票交易的 50%。

如果你是一家时装店店主，提前 6 个月未雨绸缪可能已足够。

银行关注的未来可能不超过 5 年。

大型保险公司的视线可能远至未来 10 年或更长时间。

制药企业需要预见未来 25 年，因为在市场上推出一款新药需要 15 年，而专利的有效期是 25 年，因此企业 CEO 必须弄清楚，从现在起 25 年内，医疗领域如何发展？政府预算如何调整？

能源公司想要看得比以上组织都远。我在不久前与一位能源公司的高管交谈，她早在 10 年前就签订了从里海开采石油和天然气的合同，而要运营这些油气田，恐怕至少还得再花 10 年时间。这一领域的营利周期为 30 年或更长，因此在签订这一合同时，她必须提前考虑未来 50 年内能源价格的变化。

如果你想预测 2040—2050 年一桶原油的均价，究竟该如何着手？在 2040 年之前，法国政府将被迫在前列腺癌上投入大量金钱，对此你又应有怎样的观点？

我将在本书中分享一种可以使你看清未来的方法，该方法经过超过 17 年的检验，具有全面均衡的结构，与每一个全球性趋势相吻合。但我们首先要了解的是所有预测的基础，懂得所有趋势如何关联，以及为何会有更多变化比你原本以为的更具可预见性。

有人告诉我，预测未来不仅毫无可能而且没有意义，我们所能做的只不过是为不确定性做准备。有了 30 余年的经验，从更长期和更广阔的视野看，我认为这样的观点无知、危险，而且愚蠢、幼稚，是宿命论的典型体现。当然，一切取决于你打算预测什么，你的预测想达到什么样的细节程度。

没错，历史证明，没有人能精确预测市场价格或汇率的短期波动，而且我们从来都无法确定明天会发生什么，这的确是事实，但这并非我们在本书中要揭示的内容。对每一位决策者而言，对自己认为最有可能发生的事情持有充分的支持理由，同时考虑其他情形出现的可能性，从而管理预测错误时的风险，是完全合理的，也是至关重要的。

所有可信的长期预测都基于强有力的趋势，这些趋势推动了过去 30 年深刻、持续、相对可预测的变化，是政府和企业制定每一项战略和政策的基础。容易预测到的长期趋势有数百项，包括如下部分：

- 世界人口增速逐渐回落；
- 人们选择晚婚或不婚，导致新生儿数量减少；
- 数字技术、电信和网络的价格下降；
- 人、企业和机械之间的联系增强；
- 各种无线或移动设备快速增长；
- 新兴市场经济体快速成长；
- 新兴市场经济体的中产阶级消费群体快速增长；
- 几亿人迁移到城市；
- 穷国向富国大规模移民；
- 人们的受教育程度提高，大学毕业生增多；

- 绝大多数大批量生产的产品成本下降；
- 国际贸易量快速增长，出国游的热情高涨；
- 贸易集团、自由贸易区、统一货币区成立；
- 规模越来越大的跨国公司诞生、兼并与合并；
- 利用基因筛选技术预测未来健康状况的案例快速增多；
- 采用生物疗法包括干细胞技术的人越来越多；
- 许多国家或地区的人口老龄化问题突显，如欧盟、日本、韩国和中国；
- 新兴国家出现生育高峰，如印度、尼日利亚；
- 越来越多的女性参加工作，许多群体出现女性化趋势；
- 预期寿命延长，饮食和健康条件改善；
- 对环境或可持续发展的关注增强；
- 矿产或能源丰富的国家局势动荡；
- 国家之间的战争转变为民间冲突；
- 民主观念越来越深入人心（但民众不相信政客）；
- 广泛认可民权观念，保护弱势群体；
- 消费者对便利、舒适、价值、服务、诚信、可靠、速度的期望提高，当这些标准下降时，相关的投诉增多；
- 家庭、办公室、工厂里的例行任务越来越自动化。

除此之外，我还可以根据你所处的行业或国家，列举出几百个长期趋势。这些较广泛的趋势已显现一段时间，而且在过去二三十年里已得到充分的描述。和经济的繁荣或萧条以及社会习俗的变化相比，这类趋势的演进要缓慢得多。甚至对那些原本预计变化会非常迅速的一些趋势而言，其实际变化也往往比预测的更为缓慢。比如传统银行分支机构的消亡、流通中现金量的减少等。

所有重大趋势都在交互影响，从而塑造着未来世界。尽管有些趋势会被不确定事件所干扰，但正如我们将在第 1 章中看到的，大多数趋势在相当长的时间内不会改变。

更重要的是，你的“个人未来”正在被除你之外的 70 多亿人的未来所塑造。所有人的“个人世界”相互联结，形成了更广阔的所有人的未来世界。这正是专注于单一趋势而无视全貌非常不合逻辑、而且极为危险的原因所在。

但不幸的是，很多经济学家、生物学家、技术大师、军事顾问和各类专家都有这样的倾向，他们脱离了真正的大环境，一味地在自己的专业领域内进行细致入微的预测。因而过去 20 年里，许多人对未来的预测以失败而告终，这样的结果并不出人意料。

我并不是说自己的预测从无偏差，预测未来趋势始终是一件有风险并且可能遭受羞辱的事。如果你要独立做出判断，那么你至少需要观看 600 个 YouTube 视频、数以百计的演讲，阅读大量的文章，还要看我的网站上 1997 年以来出版的与此相关的 6 本书（该网站的访问人数迄今已超过 1 600 万）。

只有清楚了趋势之间的相关性并对所有相关趋势进行深入思考，你才能完整地明了一个趋势——这意味着本书需要被通读多次。

正如我们将要看到的，谈论数字化技术时，我们是在谈论电子商务和零售业；只要我们审视零售业，就会触及人口、新兴市场制造业和全球贸易；当我们再转到对全球贸易的探讨时，就会陷入对未来运输业产生的燃料费和贸易壁垒等方面的讨论。

2030年比想象中离我们更近

在本书中，我们将主要探索未来 15 年内“几乎一切的未来”。但在此之前，作为一次实战演练，我们需要诚实地回答一个非常重要的问题。你可能认为，对一个未来学家而言，其职业基础便是对快速变化的理解，问出这样的问题多少有些奇怪，但无论如何，还是看看这个问题吧：在过去 15 年里，发生了多少真正的变化？

真相是，尽管我们常听到各种关于变化的速度有多快的吹嘘，但是，假设我们面对一位昏迷 15 年然后清醒过来的企业领导人，不需要花太长的时间，就能告诉他这个世界发生的变化——一两个小时足矣，最重要的全球性变化和社会变化你都能讲完。我们姑且称这位企业领导人为汤姆。

事实上，鲜有变化能让汤姆感到惊讶。我们应告诉他什么呢？互联网泡沫破灭和“9·11”恐怖袭击事件？与伊斯兰武装分子有联系的伊拉克、阿富汗和叙利亚的战争？更便宜、更广泛的移动计算，更快的网络，电子商务和社交媒体的快速增长？更便宜的技术，亚洲的迅速崛起？对全球变暖和无处不在的风力发电场更多的担忧？银行业在长期繁荣之后的危机引发的大股灾，企业财务丑闻，退休年龄延长和对养老金的担忧？俄罗斯再次秀肌肉……还有对病毒性流行病在人群中蔓延并肆虐全世界的担忧。

汤姆眼中 15 年来的巨变

当汤姆漫步于欧洲任何一座大都市的街道时，我认为他难以找到较多称得上巨变的变化，这也许让人感到意外。我认为，除了有更多人花更多时间盯着手机屏幕以及更多地在网上购物以外，时尚、音乐、日常生活、政治活动、年轻人的希望和梦想，看起来都几乎没有变化。

事实上，汤姆会确定无疑地指出，很多人和他一样，早在 1996 年就使用如诺基亚 9000 这样的智能手机了，功能包括浏览网页、发送电子邮件、拍照、处理文字、做记录等，而且不到 12 个月，手机的价格就会跳水到原来的一半。他还会告诉我，他的女儿早在 1997 年就可以打开 16 个窗口同时聊天了。而且除此之外，我们之前提到过的大部分趋势早在 20 世纪 90 年代就已露出端倪——既然如此，今天到底有什么真正的变化能让汤姆觉得眼前一亮、焕然一新了呢?

与 20 世纪 50 年代到 70 年代许多发达国家的情况相比，今天的“代沟”小多了。年轻人和老年人听着类似的音乐，看着同样的电影，穿着类似的衣服，去相似的地方旅行，共享许多价值观。

人们更多地在外吃饭，而且日常生活水准提高了。技术更便宜了。厨房往往更加开放，但在欧洲和美洲，大多数家庭现在做的饭菜与他们在 2000 年做的看起来毫无二致——毕竟，大多数人都已过了而立之年。办公室也更加开放，而且人们会随身携带电脑或移动设备，不再只是坐在办公室里才使用电脑。但大多数人仍然通勤去上班。电视新闻无论是看起来还是听起来都是老一套。尽管好莱坞生产了许多使用电脑特效的电影，熟悉的经典电影依然不断地被回放，重大体育赛事还是吸引了大批观众。

当然，在汤姆昏迷期间，针对社会媒体的某些报道或是近期发生的特殊事件，人们著书立说，在互联网上宣传炒作，通过这些方式表达反对意见，或者为某种“革命性影响”造势。这些观点往往与我们自身的体验或者常识带给我们的直觉认识并不相同——除非你碰巧是一家手机公司的营销主管，或者恰好生活在中东的某个地方。

我们将在本书中看到许多变化将是多么深刻，然而考虑到这种变化所占的比例，真相是，2030 年，地球上大多数人的日常生活在许多方面与现在的确会非常相似。今天 3 岁的儿童长到 18 岁时所过的生活与今天 18 岁年轻人的生活非常相似。他们都会升入高中，参加人生中最重要的一场考试，迈向大学或者寻找第一份工作。他们的希望、想法和梦想在许多方面与同样年龄时的你几乎一模一样。

他们也会看着镜子中的自己，陷入对自我认识的困惑。他们也希望有朝一日能遇到那个对的人，并和对方建立美妙的长期关系。他们也会考虑如何才能拥有幸福、舒适的生活，时常思考怎样才能“令生活不同”，也会想想自己想要一个什么样的政府、什么样的更具可持续发展的世界。他们也会为未来深深担忧。

当新一代为人父母时，与前几代人一样，他们也会担忧孩子们的幸福。所以，请不要错误地认为，他们的基本人性会因下一代数字技术、手机、机器人、虚拟生活、可穿戴设备、基因工程、社交方式或其他方面的改变而发生任何变化。

M 一代更关注长远的未来

然而与此同时，一些根本性的转变正在发生。它们将改变整个社会，淘汰许多跨国公司，摧毁许多政权。而 M 一代——整个成年生活都在第 3 个千年（millennium）的人，更关心可持续发展之类的长远问题。

到 2050 年，历史将记录一个完全不同的世界。这个世界具有新的力量平衡、新的全球文化、新的工业巨头、新形式的政府和新的社会习俗。2030 年出生的这代人到 2050 年时会成年，他们中的大多数人出生于中产阶级家庭，也将长命百岁，有望活到 2130 年。

短期时机诱发争论

我发现，会议室里发生的和未来有关的争论，大多与“将来会发生什么”无关（这点当然很明显），而与“什么时候会发生”有关。时机往往是最重要的问题，尤其对企业而言。例如：

- 全球性的电子商务交易何时可通过手机完成?
- 欧洲流通的现金量何时会停止增长?
- 中国何时会成为全球最大经济体?
- 我们当前的网站何时会完全过时?
- 何时能制造出对抗艾滋病毒的疫苗?

未来立方体的六个面

现在，让我们回到过去 20 年里我一直使用的预测未来的方法。未来的六个“面”组合在一起，构成一种拉伸世界观、挑战普通思维模式的预测工具。每一个面都很重要，我会在本书中各用一章分别讲述，但各个面的相对影响力将取决于你的身份和所处的地域。

这六张“面孔”组合成一个立方体，有的面相邻，有的面对立，不可能同时将所有面纳入视野。我们要时常旋转这个立方体，而使之旋转的力量是情感。六个面的首字母组成了**“未来”（FUTURE）**一词：

快速面（Fast）：变化的速度、不确定性、未来的数字技术；

城市面（Urban）：未来的城市化、人口、健康、时尚、潮流；

族群面（Tribal）：未来的民族、文化、社交网络、品牌、团队；

统一面（Universal）：未来的全球化、零售、贸易、制造业；

激进面（Radical）：政治的死亡、激进主义的兴起、可持续发展；

伦理面（Ethical）：价值、动机、领导力、愿望、精神。

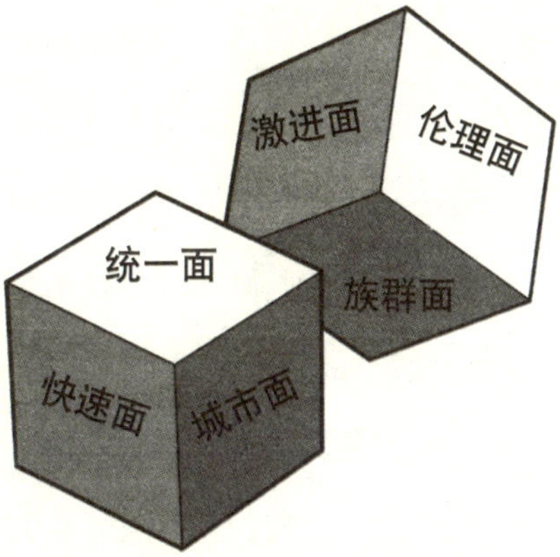

在这张图上，你会看到，“快速面”与“城市面”密切相连并处于同一侧，而“激进面”与“伦理面”在另一侧相连接。最上方的一面是“统一面”，而其对立的一面，即下方，是“族群面”。

有一点非常重要，即大多数高管只会从特定角度看这个立方体。通常情况下，他们看到的只是“快速面”“城市面”和“统一面”三个面，而几乎看不到其他面。然而，只要将立方体旋转 180º，就会呈现完全不同的状态——一个由“族群面”“激进面”与“伦理面”组成的世界。

这两种占主导地位的观念之间存在冲突，而理解这种冲突非常重要。正如我们将看到的，伦理观和种族观都极强的少数激进者的行为可能会对多数人的生活产生深远的影响，这从某些宗教极端分子和气候变化激进分子的所作所为以及消费者为禁止童工发起的运动中就可窥见一斑。

这些人思想激进，受强烈的共同伦理观（你可能不同意这些伦理观，但这对他们而言无足轻重）所驱动，具有鲜明的群族特征（紧密的、团结的、组织良好的）。

正反趋势之间的关系

正如我们将会发现的，一种趋势往往存在与其对应的反趋势，这也是媒体专家为何能够毫不犹豫地声明，在同一个国家或同一个城市的某个地区，自由主义和保守主义正在同时发展壮大的原因所在。

吸毒者数量猛增，吸毒合法化的呼声随之越来越高。与此同时，新禁酒运动设法突围，而在公共场所吸烟也越来越不可能。西方媒体每天都在宣扬对儿童的保护，而虐童案同时在快速增长。

除了在两大对立的趋势之间存在的剧烈文化冲突外，过去 100 年里，世界变得越来越极端化。随着不同群体对未来主导权的争夺，各种狭隘倾向随之显现。正如我们看到的，不只伊斯兰世界和西方文明之间存在冲突，伊斯兰世界自身内部也存在冲突。

最大的冲突来自意识，而非文化；有可能受到宗教信仰的影响，也可能与之毫无关联。

最大的问题是，如果某种趋势与其反趋势共同存在，那么，哪一种趋势将会发展为主导趋势？真相是，在一个多元化、多通道的社会里，每一个国家和城市都存在许多无法确定的事，这也是趋势观察如此迷人的原因之一。

愿景与领导力

未来学家是什么样的人？从某种意义上说，所有会思考的人都是未来学家。考虑未来并提前规划是人类生活必不可少的一部分，未来学家是专业的未来思考者，只不过其思考范围应当涵盖多个行业和国家的未来。

所有领导者都必须是未来学家。人们只愿追随为他们描绘了美好愿景的领导者。那么，你自己的愿景从何而来？

答案是：基于对“明天会是什么样的”这一问题的深刻理解。你的愿景越宏大，对愿景的理解越深刻，对愿景的描述越清晰，你的领导力就越出色。

愿景必须基于真正的现实，建立在对当前现实的正确认知上——如果不采取行动，我们就会裹足不前；当然，愿景也必须是切合实际的目标——只要齐心协力，就一定能达成。

从2500年回望已成为历史的明天

想象自己身处未来某个时刻，并从这个时刻回望历史，这是思考未来的一个有益方法。例如，你可以把自己想象成董事会主席，置身于2020 年甚至是 2025 年，正要为自己的公司编制年报——这样做能够使你对未来的思索更加敏锐。现在，让我们走得更远一些，假定我们生活在 2500 年。

如果我们从 2500 年回望，反思 2 500 年的历史，就会注意到，1750—2050 年，人口和城市、科学发现、卫生、贸易、创新、财富、消费和全球性战争的力量呈指数级增长，所有这些都可追溯至由蒸汽机的发明和电力的发现引发的工业革命。

我们也许还会思索，尽管每个国家的人均预期寿命都在大幅提高，但 21 世纪的人口增长远低于预期，这是怎么回事？

我们可能还会想到，过去 500 年内人类生存面临的一些重大挑战（除世界大战以外），已被 2000 年时仍然完全未知的科学发明和崭新技术所消解。

我们也将承认，几乎对所有人而言，个人生活质量得到了很大改善，教育、健康、财富、满足和幸福感均有提升。

而且我确信，我们也会震惊地发现这一事实：2500 年面临的最大问题仍然与可持续性和伦理这类“古老”的问题有关。

在未来数百年，我们能供养多少人？消耗量有多人？我们想要生活在什么样的世界里？我们如何才能在地球这个小小的星球上和睦共处？我们应采取什么样的正确行动？

我们可能会同意，在过去 500 年中，人类目睹过的最复杂的问题都是因人性的黑暗面引起的：对历史的情绪化反应，对变革的抵制，对权力的角逐，激起冲突、贪婪、愤怒和无尽贪念的种族主义。

在我所做的关于未来的主题演讲结束时，人们喜欢问我一个问题：你是乐观主义者还是悲观主义者？正如你从以上讲述中可能发现的，尽管未来将面临诸多真正的威胁和挑战，而且少部分人可能因此遭受苦难，但我仍然是一个乐观主义者。

许多所谓的未来学家和趋势预测者都曾发出过使人联想到世界末日的惊人告诫。他们说，世界上的食物、水和空间已所剩无几，人类会因重大事件的发生而灭亡，或者被机器人控制。这类预测很吸引眼球，但基于我将要解释的原因，它们只不过是危言耸听的无稽之谈。

正如我们将会明白的，真相是，我们的世界要比许多人担忧的更富韧性。人类具有不可思议而且正在不断提高的天赋和创新能力，能够以今天难以想象的方式解决未来诸多难题。此外，在全球系统内，包括海洋经济和全球经济一体化中，存在着多种自然的平衡力量。

那么，我们开始讨论未来的第一个方面：快速面。

第 1 章

快速面

未来是以秒来计算的

谷歌公司集合最秘密的 X 实验室设计、制造与营销团队重金打造谷歌眼镜，一上市，销售数据却令人大跌眼镜，这究竟是新技术误入偏锋，还是管理者陷入决策窘境？

腾讯鏖战脸书、阿里巴巴血拼亚马逊、华为手机剑指苹果……在无国界的互联网世界里，中国真的会成为超级霸主？

快速面　未来是以秒来计算的

很多人都感受到，经济、全球性事件、行业、社会因素及政治的变化速度极快，快到你甚至来不及察觉其中的风险，或者抓住这些变化中蕴含的某种机遇。一个新趋势从早期萌芽到全面显现的过程比以往任何时候都要短，因而使长期预测变得更为复杂。

发达地区现金充裕，人们较为随心所欲，而且越来越缺乏耐心。个人生活节奏以分钟来衡量，重大事件以秒来计算。50 亿人通过数字设备进行交流。除睡觉外，他们平时在手机上花费了大量时间。人们普遍痴迷于即时信息、回复、新产品和新朋友。

数字化带来的压力或对数字产品的沉迷将成为焦虑、抑郁和精神病发作的最常见源头，特别是在年轻人中。近来英国的一项研究发现，13% 的智能手机用户沉迷于手机，平均每天花在手机上的时间长达 4 小时，因此忽视了工作、家庭和生活的其他方面。预计在未来，能在瞬间解除压力、放松心情并令人焕发活力的方式会增加许多。

有人说，大多数人的日常生活从未改变得如此之快，人们感受到的压力一定已接近人类可以忍受的极限，但这并非事实。自然灾害或局部战争爆发时，对于更剧烈、更快速及更震撼的变化，很多人都应付得很好，这样的结果着实令人吃惊。

事件压倒战略 对每一位领导人而言，快速的变化都是巨大的挑战。所有大企业的战略都面临着被事件压倒的危险。就在你主持某次董事会会议期间，情况可能已发生了改变。管理层的灵活性、动态策略、自适应组织、突发事件及风险管理会越来越受到重视。

大多数管理者并不清楚他们当前拥有的技术。当他们面对新的手机应用程序或在线工具一脸困惑时，又有更新的技术问世了，他们不得不狼狈地学习下一代技术。信息超载让他们无时不刻感受到压力。在这种情形下，能够更快掌握下一代工具并找到更好的方式来理解持续的信息攻击就意味着成功。

在未来二三十年内，大多数大中型企业将无法完成从旧到新的转变，日渐萎缩并最终消亡。技术盲及不适应剧变的领导人所带领的企业将会被淘汰。对一个在行业内工作了整整 10 年或更长时间的企业领导人而言，这样的结局令人困惑。

对持续变化的反应 在一个不断变化的世界里，那些不改变的事物将会增值。一座座城镇、政府建筑、教堂、清真寺、庙宇和古迹预计会列在受保护建筑的名单上。有一些老传统会让我们想起熟悉的过往，它们在人群中的普及性预计会增长。

甚至古树也会得到更多照顾，未被污染的湿地和丛林也会得到关注。负担得起修缮费用的人会将老房子改造得环保而节能，老房子持续受欢迎。

未知因素：20秒颠覆40年

我们的世界已成为一个链接的世界，相互关联，相互依赖，小事件也可能在顷刻之间引发巨震。

单一事件可能演化为具有决定性意义的历史时刻，比如苏联的解体和冷战的结束，今天的我们仍然能在世界不同地方以数百种不同方式感受到其深刻而长远的后续影响。

几秒钟足以改变历史。持续时间约为20秒的日本福岛地震导致核电站的核反应堆出现裂缝。在强大的舆论压力下，日本宣布放弃核能，德国也有类似的决定，这对全球能源市场的影响将超过40年。而与此同时存在的是，英国和中国热衷于核能。正如我之前说过的，对事件的情绪化反应远比事件本身重要得多。

2014年，乌克兰发生了推翻当选总统的动乱。由于局势极度混乱，克里米亚的军港可能会被北约控制。基于这一担忧，俄罗斯闪电夺回克里米亚（1957年开始由乌克兰管辖）。随后，欧盟马上采取行动，降低未来50年对俄罗斯天然气供应的依赖。这一行动激起了乌克兰的地区冲突，并引发了人们对新冷战的担忧，而制裁对俄罗斯和欧盟同时造成了伤害。

2001年，纽约的世贸中心遭受恐怖袭击，此后，全球反恐联盟形成，引起了地区性的战争以及中东、阿富汗和巴基斯坦部分地区持续的反美热潮。

“生日悖论”与风险管理

每一年，在每一家大企业里，都存在着许多发生概率不大但潜在影响巨大的风险或未知因素。

如果你有一张风险清单，罗列着400种风险，在某一年某一种风险爆发的概率仅为1%，那么你平均每年能看到4次重大事件的发生。在某些年份里可能没有发生重大事件，而在另一些年份里，有可能一个月就发生好几次。

但在这个全球化的一体世界里，每种风险都与其他众多风险存在关联，尽管这种关联并不明显。因而，为了应对多种风险同时爆发的风险，未雨绸缪就显得尤为重要。

你可以先想想这个问题，然后再翻看后面的答案：10个人中两人的生日为同一天的概率是多少？70人中两人的生日为同一天的概率呢？答案是：10个人中两人的生日为同一天的概率为10%，在23人中此概率为50%，而在70人中此概率高达100%。我们把这种概率事件中的风险叫做“巧合风险”，这些数字源于一个被广泛研究的统计学问题，叫做“生日悖论”。

为什么标杆管理如此危险

每一家大企业都需要管理风险，并向股东汇报。不幸的是，正如我们在2008年金融危机中看到的那样，美国银行雇用了几百位风控经理，但仍遭受了金融危机的侵袭——为什么会这样？

多年来，许多企业都信赖“标杆管理”。这种管理方式让企业根据竞争对手或行业的整体状况来评估自身的表现，如盈利能力、增长率、回报率、聘用条款、员工流动率、客户满意度、风险偏好等。

然而，这种方式会在不经意间演变为导向灾难的快车道，使行业内的企业携起手来盲目共进，如同一群旅鼠，最终齐刷刷地站在同一个悬崖边上。

次贷危机爆发前的一两年，我曾对世界上规模最大的银行的数百位高级风控经理发表演讲，并说出了自己深感忧虑的问题：银行业的主要风险并没有得到妥善解决。后来，我有机会与几位风控经理交谈，他们认为我的担忧不无道理，同时向我解释了他们无法采取相应行动的原因。比如，若他们向董事会建议，银行需要对某类打包放款产品采取更加谨慎的态度，那么他们得到的答复常常会是这样的：

> 但正如标杆管理表明的，我们所冒的风险与整个行业相同，而且监管机构也不反对。如果我们采取更加审慎的态度，明年的经济回报会降低，分析师会批评我们，我们的股价会应声下跌。

风控管理人员必须独立思考、视野开阔而且保持审慎的态度。他们要对行业内外的各种趋势了如指掌，不被制度所蒙蔽，不随波逐流，敢于持不同的见解，并且勇往直前。主要未知因素的例子：

- 病毒性瘟疫迅速传播，病例遍及全球；
- 朝鲜政府垮台，发生大规模移民和社会骚乱；
- 在又一次席卷全球的金融危机后，欧元区解体；
- 持续的网络攻击使政府、电信、公共事业、交通运输、银行等部门陷入瘫痪，时间长达数周；
- 向以色列发起的大规模持续性军事行动；
- 有核武器或者“肮脏武器”的恐怖分子对大城市的威胁；
- 与“9·11”事件造成的影响类似的恐怖袭击；
- 使电信或者 IT 网络陷入瘫痪的太阳磁暴；
- 影响地表温度的巨型火山喷发；

- 涉及资产额超过 4 万亿美元的投资机构出现重大失误；
- 强国判断失误，导致区域冲突；
- 大流星击中大城市，如 1908 年的一颗流星将俄罗斯境内 830 平方英里的区域夷为平地，2013 年又一颗能量超过广岛原子弹的流星袭击了俄罗斯。

上市企业将考虑退市的方式

许多跨国企业的运营只着眼于未来 12 个月，很少考虑更长期的规划。根据法律要求，上市企业每季度要公布季报，如有明显的不利事件发生，企业领导人要提供营利预警。如此久而久之，领导人便形成了短期思维。

因此，正如我们在最近爆出的许多经济丑闻中看到的，企业决策不可避免地与时机相关联：为了不损害分析师的评级，如何将投资延后至另一个季度，或者以其他方式巧妙地公布数据。企业几乎不可能实施长远的战略，因为这样的举措往往需要 5 ~ 10 年才能盈利。

根据上一年度的营利状况支付巨额薪酬的制度进一步加剧了企业的短视问题。而且当奖励制度与其他形式的激励比如即将兑现的股权相挂钩时，结果将呈现得更为复杂且不利。监管机构预计会更多地介入，迫使上市公司基于几年而非当年的营利状况支付高管薪酬。

当然，CEO 们大权在握的期限也会缩短。美国大企业的 CEO 平均任期仅为 5 年，欧盟为 7 年。

与这种情形形成鲜明对照的是，我也曾与许多家族企业、控股权仍在家族手里的上市公司合作过，这些企业的状况非常不同："我祖父 80 年前创立了这家公司，我每天都在担心，当我把公司传给孙子时，公司会变成什么样子。"你会发现，执掌公司一二十年的企业领导人做出的决策往往比较长远，会着眼于未来三五十年。这样的企业通常有强烈的方向感和目标感，能够赢得员工的忠诚，而且在行业里平稳运营了许多年。当然，家族控股也有缺点，包括现任领导人拒绝卸任、新的管理层人才匮乏、股权不明晰等。

我多次说过，一些上市公司的高管希望自己所在的公司能够“私有化”，甚至考虑过退市的方式。在未来，这样的考虑会越来越多。这些企业会采取不同模式的所有权，包括私人股权——我知道这种方式会因投资者的复杂情形而面临令人身心俱疲的长期压力。有些公司和联合利华一样，已经不再公布周详的季报了，力图重塑理性和明智。

学院派经济学的死亡

对经济学这门学科和经济学家而言，第三个千年的前 10 年和前 500 年是非常尴尬的时期。许多经济学教授对日渐累积的危机视而不见，更说不上准确地预测危机持续的时间了。

次贷危机爆发前，我曾在多次演讲和多篇文章中提到过，人们对基于衍生工具或此类金融产品发生的全球贸易缺乏了解，由此酿成了巨大的风险，而且风险仍在进一步扩大。此外，在广泛的全球化趋势的背景下，对冲基金的力量比以往任何时候都强大，但相关监管非常松懈，这同样会导致巨大的风险。

我还发出过警示：全球市场的不稳定将很快到来，一些新兴市场的货币体系存在严重问题。除了这些，我还警示过通缩的冲击。我预测，通缩的影响如此强大，以至于 2% 的通胀目标常常会显得过低，在经济衰退时没有任何缓冲的余地[①]。

①这些预测在我的《洞悉未来》（*Futurewise*）一书（2003 年第 3 版，2007 年第 4 版，Profile Books 出版）和众多讲座中都有提及。——原书著

2008年，雷曼兄弟破产，次贷危机爆发，上述我预测的事情逐步呈现于人们的视野中。然而，我无法预测此次危机对全球造成的影响会有多深重，政府和银行的清偿能力会遭受多大的打击，也无法预测此次危机会持续多长时间。以下是未来10年能够塑造全球经济的主要因素：

1. 优于预期的全球经济的发展。得益于新兴市场的发展，除2009年外，全球经济在危机年份里依旧保持着增长。中国经济的增速有所放缓，但从未低于6%。短期油价的下跌有助于增长的实现。

2. 掌握万亿资金等待支出的全球性公司。次贷危机期间，全球跨国公司节省了大量现金。到2014年，最大的跨国公司持有的资金总额超过2.8万亿美元，其中，超过4 500亿美元存放在谷歌和苹果等美国西海岸六巨头的国际账户里。预计未来5～10年，大规模的现金支出会大幅增加。

3. 伺机投资的主权财富基金的扩张。到2014年，中国、挪威、阿联酋、沙特和新加坡等国的主权财富基金的总和超过6万多亿美元，仅中国就持有超过4万亿美元，其中1万亿美元是美国国债。出于安全考虑，中国的主权财富基金将迅速实现多样化，进入房地产、大宗商品、矿产、技术设施、医疗卫生、物流、技术公司等领域。

4. 私有财产价值增长。仅在英国，2014年私有房地产的价值就超过6万亿美元，而且由于较低的利率，房价还在上涨。65岁以上老人自1980年以来坐拥的免税资本利得超过2万亿美元。未来10～15年，大量财富会被传递给下一代，或者在股权释放后变成动产或不动产。许多国家会出现类似的情况。

5. 央行将对通胀持较为宽松的态度。对通缩的担忧意味着，银行会加大刺激力度，直到确定经济已经出现强劲的复苏。由于20世纪20年代的历史，各国对类似德国发生的那种恶性通胀较为恐惧，但是，在2020年之前的某些阶段，一些发达国家的通胀率将降为零，或者出现紧缩。针对俄罗斯的更极端的制裁、中东的大规模冲突或者中国经济的迅速放缓等方面的冲击，欧洲显然并未做好真正的准备。英国等国家特别倾向于鼓励高通胀，以便减少国债，因为许多债券的利率较低而且是固定的。与此相反，许多新兴国家将通胀视为心腹大患，因为他们缺乏应对通胀的技术和本地资源，并且中产阶级的需求强劲。

6．中产阶级消费者人数增长。**进入新千年以来，经济增长创造的新中产阶级消费者人数超过5亿，他们将进一步推动需求的增长。**

7．巨大周期中的繁荣与萧条。在几代人的时间里，除非有突发重大事件发生，比如爆发肆虐全球的流行性疾病或者地区冲突，全球将出现一次规模最大的经济繁荣期。而在5～10年后（经过万亿美元的刺激后），全球规模最大、延续时间最长的大萧条将会随之而来。经济危机的加剧会推迟大繁荣和大萧条的到来。更大规模和更长期的经济周期将持续至2035年之后。

8．大规模债务违约的风险加大。尽管不断有新规定出台，但高风险金融交易再次呈现迅速增长之势。这些交易钻法律的空子，所交易的金融产品更复杂、更具迷惑性，而且主要通过影子银行（开展银行类业务、但不像银行那样被监管的企业聚合体）出售。这些都可能在未来对经济造成冲击。2014年，全球债务规模是全球经济总规模的两倍。

英国、日本、瑞典、加拿大和美国的债务总和约占各自GDP的250%。以前，这种规模的债务一般通过鼓励通胀和允许货币贬值的方式来处理。

9. 下一代技术对经济的刺激。到2040年为止，物联网、智能家居、智能电网、绿色技术、生物技术、机器人技术和纳米技术等新技术推动全球经济的增长，由此产生70万亿美元的价值。同一时期，仅仅绿色技术和能源节约就可以缩减超过40万亿美元的支出。这个数字可能因原油价格的变化而提高。尽管由于全球经济低迷，环保技术发展，油价曾多次跌至70美元以下，但大部分时间里，油价高于125美元一桶。

10. 到2030年，亚洲的经济总量将大于欧洲和美洲的总和，这一事实将主导本书要论及的大部分其他趋势。在积极而雄心勃勃的政府决策推动下，国家将把大量资源投入到重要部门以促进创新，从而加速亚洲经济的进一步增长。例如，中国将主导全球风力涡轮机的生产，而韩国将在数字化和生物科技领域投入巨额资金。

修正千年周期，全球财富再平衡

我们正目睹着财富在全球的再平衡。1500年，印度和中国的GDP总和占全球的50%，到了1900年，这一占比降至17%，被工业革命后的欧洲所超越。因此，我们今天看到的印度和中国的发展状况不过是千年周期中对上一个500年的修正部分。

然而，短期内的现状仍然是这样的：欧盟和美国的GDP总和仍占全球的60%、全球贸易的33%和全球服务销售额的42%。

在这个全球财富的再调整阶段，更多新兴经济体发现，为了实现增长而匆忙废除既有的贸易和货币限制可能会导致这样的后果：全球化市场交易者的赌巢里一片混乱，国家无力应对惑众的谣言、失控的情绪、不良的预感和消极的舆论，内部冲突可能加剧。

我曾参加过联合国和世界经济论坛召开的会议，在会议上，大多数新兴国家的领导人都被要求系统性地废除本国的经济管制，以便融入经济全球化。但是有时候，他们为此付出了巨大努力，获得的奖赏却是被国民视为本国经济遭受劫掠的罪魁祸首。

不稳定且混乱的市场

一些国家会出现更大的反全球化浪潮。一些人会认为，不稳定的大量货币流和其他市场力量会使他们沦为“经济的奴隶”。全球每天的货币交易额超过 5.3 万亿美元，但菲律宾、秘鲁、波兰、英国等国家对抗投机者的外汇储备不足 800 亿美元，在货币攻击下坚持不了几天。

2001 年 2 月，我在土耳其发表过一次演讲。当时的土耳其货币贬值幅度超过 10%，利率飙升至 3 000%，央行损失了 50 亿美元。1992 年 9 月，英格兰银行也在一天之内损失惨重。为了阻止货币的进一步贬值，该银行一小时内买进了 20 亿英镑。在承认阻击失败前，它已损失了 34 亿英镑。与此同时，乔治·索罗斯甚至将不属于自己的 10 亿英镑卖给了该银行。我们也看到，在俄罗斯近年来也出现了类似的风险。

为了在变化莫测的市场持续获得（或避免失去）巨额财富，一些金融大鳄不时试图攻击某些国家的央行。类似的攻击会越来越多。我们将看到，既有对大宗商品价格、公司股票卖空交易的投机性攻击，也有针对整个交易所稳定性的攻击。试图遏制此类攻击的新规定会出台，例如强迫投资者披露市场上的头寸信息，或者减缓与计算机链接的过量交易的速度。

得益于强大的外汇储备和紧密的联盟关系，与 10 年前相比，许多亚洲国家具备更强大的防御货币攻击的能力。随着全球化的进程持续推进，各国之间的联系更加紧密，市场力量会持续增强。

移动+网络：持续而深刻的商业模式革命

当前的媒体上充斥着许多关于电信和 IT 产业耸人听闻的预测，这些预测大多不过是无稽之谈。事实上，我们仍处于移动数字世界的初级阶段。在接下来几代人的时间里，这些技术的真正影响恐怕到 2030 年之后才会逐渐显现。

这是基于常识的看法。现在，移动电话用户的数量比地球上的总人口还多。超过 30% 的人将拥有至少一部智能手机——许多手机的价格低于 100 美元，品牌知名度相对不高。到 2025 年，一半以上新智能手机的价格可能低于 70 美元，而且还会迅速下降。我们后面将谈到，银行和电信部门甚至会赠送免费的智能手机。

越南是一个将会受下一波移动手机浪潮深刻影响的典型国家。该国的人工成本仅为中国的一半，然而 9 000 万人拥有超过 1.1 亿张 SIM 卡。数百万人从未接入过有线网络，也从未听说过宽带，直接开始使用移动网络。

英国现在的年轻人很少使用语音通话或电子邮件，火爆的社交媒体已经将这些旧模式取而代之。

电信和 IT 业将朝着设备体积更小、移动性能更好、功能更强大、价格更便宜、运行速度更快且以云计算为基础的方向发展。我们预计，到 2025 年，在世界许多地方，线上和线下生活会进一步融合，消费行为、零售业、个人银行、社会关系、决策、学习和娱乐方式都将发生翻天覆地的改变。

网络如何重新定义时间

互联网让人们变得没有耐心。我在全球各地演讲时，大多数听众反映，在网速太慢时，他们会在忍耐不超过4秒钟的时间里按下浏览器的后退键。这意味着在短短4秒钟内企业会损失90%的客户。即便不失去客户，这也意味着客户对此非常不满。到2025年，90%的发达国家的年轻网络用户会在1.5秒内按下后退键。客户是否失去耐心会对每一笔业务产生影响。

客服热线也是如此。大多数人讨厌按太多的键，每一秒钟都至关重要。一位企业领导人告诉我，浪费他人的时间是盗窃行为，安装浪费时间的系统是社会犯罪。然而，在这些企业领导人中，仍有很多人对我透露，他们给客户安装的恰恰是这样的糟糕的系统。这种双重思维真是奇特。当然，这是一个经典的制度性失明的案例，也是一种近乎疯狂的行为。因为现在，能使我们获取来电号码的技术很便宜，通过大数据可推测手机号码的拥有者以及呼叫的可能原因，如此呼叫便可被自动引导给合适的客服人员。

以分、秒为计时单位，彻底反思业务关系，能做到这一点的企业将赢得巨大的竞争优势。那么，要花多长时间才能找到店员，帮你解决问题？买单要等待多久？ ATM机多久出钞？完成一笔在线交易要多长时间？回复一封电子邮件呢？获得一份书面的成本评估文件呢？反馈合同呢？

为了加速并简化程序，以提升客户体验，企业将付出巨大的努力。多点击一次网页就有可能失去销售机会。每一秒钟都如此重要，增加一次选择意味着销量降低。即时的身份核验将非常普遍，利用移动设备上的生物传感器，预授权的消费限额能够即时得到确认。

到2025年，语音和文本之间的转换将成为所有商务手机的标配。语音信息被即时发送给手机、邮件账户等。各种形式的短信将在个人交流中取代电子邮件。如果想要领先于竞争对手，企业就要更多使用短信。文字信息具有强大的情感力量，比声音或视频更有效，这也是我们预计短信量会快速增长的一个原因。传统的电信商业模式将被彻底颠覆。

到 2025 年，在许多发达国家，超过 90% 的网络流量来源于视频。在英国，BBC iPlayer、Netflix 和 YouTube 产生的流量占据该国网络流量的 50% 以上。

两小时的高清视频流量相当于一亿封电子邮件、数万张照片或许多天连续不断的语音产生的流量。因此，忘了因语音、短信、网页浏览等收取的费用吧，提供这些服务的成本与提供流畅的视频相比，简直不值一提。

电信运营商正变为视频提供商

未来 5 年内，手机消耗的数据流量将增长 1 000 倍。将有 500 亿部手机与 5G 网络连接，以每秒 10G 的速度运行。这意味着，用手机下载一部完整的高清电影，不到 3 秒就能完成。

电信①运营商正在努力拓展新业务，比如帮助企业运行 IT 服务，提供综合的数据存储，进入银行领域等。

移动支付：移动运营商和银行的大考

我们看到，近年来移动支付数量暴涨，特别是在新兴市场。在非洲，每 4 人中就有 1 人使用手机钱包账户。非洲正在彻底改造大众市场银行业务，亚洲紧随其后。

令人纠结的是，电信公司可通过网络在一个月内完成 1 亿次支付，但它们实际上并没有赚到钱。真正完成这些支付过程的到底是谁？谁

①本书所指的电信运营商既包括传统意义上的电信运营商，还包括移动网络运营商，并偏重指后者。（除特别说明外，本书其余注解均为译者注。）

向客户提供财务报表？谁得到了大数据？谁与客户建立了联系？

在英国，到 2020 年，以手机完成支付的人数将超过 2 500 万，然而这一创新会因客户的困惑、谨慎和习惯而受阻，例如非接触式支付卡的普及非常缓慢。请关注移动支付平台的新成员 PayM，到 2017 年，英国 90% 的银行账户都可能使用它。

10 亿美元的穿戴式设备市场

正如我几年前预测的，手机屏幕的大小正发生变化。最优的尺寸应是多大？这一问题曾引起广泛的争论。

穿戴式设备的发展要比预测的缓慢得多，因为它们缺乏“杀手级”的应用程序，缺少一个让你的衬衫、腰带、裤子和鞋走向数字化的令人信服的理由。没错，我们已经看到，这些设备在某些方面已使用了应用程序，比如测量心率或步行距离的应用程序，但在大多数人看来，这只不过是皮毛而已。谷歌眼镜则被视为噱头，遭遇滑铁卢式大溃败。

尽管如此，到 2023 年，穿戴式智能设备的使用人群将超过 2.5 亿，比如佩戴可拍摄现场的腕带或者综合了手机功能的智能手表。越来越多身患严重慢性疾病的人将主要在家里完成对疾病的监测，包括血氧、血糖水平、心律等，但健康的正常人不会这样。

如何为智能手机和各种可穿戴设备制造出大量的低成本传感器，这是一个难题。谷歌公司研发出测量血糖水平的智能隐形镜片，用非常细的线做成天线传送监测结果。家庭健康监测将以应用程序（模块化）为基础，同时与其他应用比如家庭安防应用建立联系。

产品趋同，创新放缓

对电信运营商而言，趋同是可怕的游戏，它意味着趋同的设备价格和功能，趋同的手机式样和感觉，趋同的操作系统和工作方式。这也意味着每个设备都拥有无人使用的数百种功能。

趋同与创新相对立。从定义来看，真正的创新是以不同的方式处理问题，给客户提供更出色的服务。历史给出的教训是，由于竞争对手对同一事物趋之若鹜，所有成功的创新都会被迅速复制。

趋同意味着，由于其他方面都很相似，降价成为让产品脱颖而出的唯一方式。而这意味着企业将沿着令人悲哀的趋势行进，一直滑至利润的底部。

因此，在未来几年内，电信市场会迎来数百个新进者，这些新成员都在复制好东西，而能存活下来的很少。一两位新成员会变得家喻户晓，在 5 ~ 10 年里白手起家，仅凭价格就赢得了一切。今天的电信业巨头届时将面临巨大的利润压力。

在移动设备领域，真正的创新的步伐将有所放缓，因为人们的手指长度、口袋的尺寸不会有太大变化，人类的视听方式也已被自然所限制，而在此范围内，每一种设备都已称得上尽善尽美了。

大部分设备仍具有大多数人很少使用的过多功能，这使生活变得过于复杂。触屏平板电脑之所以成功，一个重要原因就是使用的简单性，这就是为什么 iPad 消费者中增长速度最快的群体是 65 岁以上人群的原因。

许多 IT 系统仍然出售漏洞百出的软件，这些软件存在不兼容或失灵的问题，这确实匪夷所思。若汽车或飞机上发生同样的情形，制造商可能会因此身陷囹圄。

常有 IT 企业或电信公司邀请我谈谈对未来的看法，通常情况下，我的看法与其他人有很大差异。

在针对尚不完善的产品进行创新之前，应先弄清楚现有产品存在的各种问题，使它们正常工作，并更好地为客户服务。客户将越来越无法容忍复杂的产品，简洁会成为每一家成功的 IT 企业和电信企业的核心价值。

尽管如此，真正的科技创新仍然举步维艰。最近几年，我一直在订购一份发行量很大的欧洲杂志。原本每一期都应附赠最新潮的小工具、应用软件、游戏或其他有突破性的玩意，但事实是，由于赠品选择困难，该杂志已改为每 3 个月才附送一次赠品，但仍没有足够新颖的东西可供附送，更别指望每个月都能附送了。我收到的赠品也不过是采用另一种视网膜显示技术的智能手机，又一款帮助人们穿行于繁忙街道时使用的导航应用，又一款音乐流媒体服务，测试睡眠质量的又一种方法和像素更高的摄像头。

大多数所谓的创新不过是对其他厂商优秀产品性能的复制，或者基本设计不变而提升规格或其他功能。复制、改动或修补产品远非用户真正的期望。

许多智能手机用户每天睡觉前做的最后一件事和醒来后做的第一件事都是查看手机。他们每天查看手机屏幕的次数超过 200 次。未来会怎样呢？

事实上，设备和大脑之间的链接相当迟缓。人们的阅读速度不会因智能设备而加快。实际上在许多情形下，使用智能手机的阅读速度不及正常阅读。阅读打印的文字要比阅读屏幕上的文字更快，在移动设备上打字的速度也比较慢。

为了使人们在不查看口袋里或手腕上的屏幕的情况下就能获知即时信息，企业会不断创新。很多人（包括我自己在内），一直对谷歌眼镜这样的粗笨之物持怀疑态度，但人类确实需要重新思考界面。

更多类型头部佩戴的显示器会出现，可由手势控制。所有这些最终都会受到直接式数字大脑界面的威胁，后者中第一个此类设备是游戏玩家的头盔，可用脑电波控制动作。

生物数字技术改造大脑

正如我在 15 年前预测的，我们已看到，生物数字大脑技术业已取得迅猛发展。这种技术使脑细胞融合到芯片表面，并且与移动应用程序相链接。1993 年，科学家首次进行了此类实验。当时的科学家将微型芯片植入几只老鼠的大脑内，之后老鼠之间便能以光速传递思维，比如对食物和水的要求。

最近，关在北卡罗来纳州和巴西笼子里的老鼠，虽然远隔万水千山却能彼此沟通。几只老鼠被链接在一起，形成一张“脑力网”，老鼠们可借此通力解决问题。

现在，头部植入耳蜗芯片的人已超过 45 万，每年增加的人数超过 5 万。这些耳蜗植入物与耳朵内的听觉神经相连接，能成功地恢复某些类型的中度听力损伤且不会造成任何脑损伤，也不会引起癫痫或其他副作用。

单凭意念发送电子邮件或者图片

一些将芯片植入大脑的视觉皮层或者与眼睛内的视觉神经相连接的实验让盲人具有了初步的视力。我见过一位瘫痪者，他单凭意念就可控制手臂、手掌甚至手指的动作。发挥作用的不是植入他大脑内部的芯片，而是手臂内的芯片，该芯片可以感应神经的激活。

哈佛医学院的科学家已能使人只靠意念就向远隔千里的人发送简单的信息了。他们的做法是，用一个头盔探测使用者的电波，而其他头盔可以感应前者大脑组织的思维闪烁。

从目前的趋势看，到 2050 年，生物数字芯片将成为许多人生活中相对正常的部分，使用这类装置的人可能会超过 2 500 万，目的主要是恢复听力或者视力，以及克服脑部或者脊髓的损伤。对少数采用此技术的人而言（生活富足但充满好奇心），目的不过是为了拓展思维境界，提高记忆力和智力以及思维的速度和专注性。该技术的一大挑战是，将芯片直接植入大脑组织会使大脑受到刺激，增加罹患癫痫的风险。

普通却奇怪的数字洞察力

数字洞察力会给人何种感觉？想象一下，当你在街上行走时，一种难以名状的直觉告诉你，你想去的店铺就在右手边不远处，或者你的“直觉”告诉你，你的心率提高到了每分钟约 80 次，或者“察觉到”刚从你身边经过的人是某位熟人的亲属。

大多数人会对植入本人大脑内或者他们的孩子大脑内的芯片感到心理不适。那么芯片植入对健康的危害呢？或者芯片遭到黑客攻击的风险呢？这又是一个不仅和创新相关而且和情感相关的案例。**你可以拥有世界上最令人拍案叫绝的发明，但如果不能使人们克服情感上的抗拒，那么也会遭遇不期而至的失败。**

对电磁辐射的担忧

低剂量电磁辐射对身体有伤害吗？人们会对此越来越关注。这些辐射来自电线、移动电话、植入的芯片以及其他设备。有人指出，癌症和频繁且长时间地使用手机存在某种关联。这样的研究暗示，打电话时挨着手机一侧的头部更易长肿瘤。

会有更多证据显示，手机辐射会影响脑功能和其他细胞的功能。

人们会采取法律行为，尽管对个人而言正常使用手机的风险看似极低，而且随着电话变得不再那么风行且被网络通讯、移动网络等取代，这样的风险还会降低。

移动端视频创造流量奇迹

几年前我曾预测，个人视频会变得非常重要，但我错估了现场视频被认可的速度。

人们喜欢上传录制的视频。为了匹配个人形象，还会仔细检查、编辑和选择视频。YouTube 用户每分钟上传的视频播放时间超过 100 小时，每个月使用 YouTube 的人数高达 10 亿，每人每月平均观看视频的时长为 6 小时，其中 40% 的视频是通过移动设备观看的。

目前，YouTube 80% 的流量产生于美国之外的其他国家，但与任何电视网络相比，在 18 ～ 25 岁的美国年轻人中，YouTube 的普及程度最高。

人们痛恨现场视频的原因

尽管存在上述预测，但我认为，与关系亲密的家人和朋友之间的视频通话相比，大多数在工作场所录制的现场视频不受欢迎，原因在于这样的视频会泄露信息。

要明白其中的原因，只要看看使用具有内置摄像头手机的人的数量，再看看他们视频通话的次数，把这些数字和喜欢语音电话会议甚于视频会议的人数做比较就可以了。

视频通话揭示的事实远远超出你的认知。通话前你是否梳过头发？你看起来是否醉醺醺的？身为居家男性，是否刮过胡子？对方会否看到水槽里几天没洗的碗筷？会否看到你家孩子只有狗狗陪伴？

会否看到洗衣筐里堆积如山的脏衣服？若是家人间的现场视频通话，此类信息泄露会令人着迷而且倍感愉快，有身临其境的感觉。看着孩子们到处打闹或者与小伙伴一起玩耍，通过视频畅游花园并留意到很多变化，感受家庭的氛围，分享彼此的体验，这是多么珍贵的幸福。

中国很快将主导网络世界

未来 50 年，网络对日常活动的影响进一步加剧，文明生活的方方面面都将通过各种途径与网络产生深刻的关联。

未来 10 年，10 ～ 20 个全球品牌会完全主宰大多数人的网络世界。这样的主导品牌在今天可能是亚马逊、谷歌、YouTube、脸书、易趣、阿里巴巴和领英。这些公司的实际价值在于其品牌知名度，而且每家公司都面临着下一代竞争对手的威胁。

近年来，普通话超越英语成为网络用户最常用的语言，已有 5 亿多网络用户使用普通话。漫步在北京、上海或昆明的街头，你会亲眼目睹革命性的变化。大多数年轻人一边埋头盯着手机，一边沿街前行或横穿马路，许多人时时刻刻都紧握手机。

中国已成为世界上最大的电子商务市场。2015 年，中国的电子商务交易额高达 5 400 亿美元，而作为世界上最大的智能手机制造国，中国也将成为世界上最大的移动商务市场。

阿里巴巴是中国最大的网络零售商，以大约 50% 的高速实现年销售额的增长。阿里巴巴 2014 年的年销售额约为 800 亿美元，同期亚马逊的销售额为 1 000 亿美元。

阿里巴巴的销售额将很快超过易趣和亚马逊全球销售额的总和，约占中国 GDP 的 2%。该公司的股票市值将超过 1 500 亿美元。每天有 6 亿注册用户和 1 亿店主在阿里巴巴活动，代表了中国 80% 的电子商务。阿里巴巴的移动业务收入在 12 个月内增长了 10 倍，占总销售额的 1/3，而上一年该比例仅为 12%。同时，中国智能手机店主的数量在短短 6 个月内从 1.36 亿增加到了 1.88 亿以上。

但要注意，中国出现了新的非常聪明的电子商务竞争对手，如腾讯和小米。为了生存，这些竞争对手会以极具吸引力、简单而聪明的创新来争取足够大的市场份额。这样的创新迎合了数亿人对未来几天或几周的想象，使阿里巴巴现有的数量庞大的用户群体看起来“土里土气”。大多数新产品会通过并购的方式，被人们熟知的大品牌所吸收。

谷歌将设法管理你的整个生活

未来 20 年，谷歌将在许多新领域设定创新的步伐，包括无人驾驶汽车、下一代生物技术以及智能家居等。为了实现这一目标，谷歌已收购了众多小公司。举个例子，谷歌斥资 5.5 亿美元收购了 Deep Mind 公司，后者的业务是教计算机像人一样思考。谷歌还斥资 32 亿美元买下了 Nest Labs，该公司是家用无线局域网智能设备行业的领头羊。

截至 2014 年，谷歌的安卓系统占手机操作系统市场 72% 的份额，同期苹果仅占 14%。谷歌将受到越来越严格的审查，尤其是在欧洲。由于谷歌在欧洲搜索引擎市场的份额高达 90% 以上（在美国则为 68%），欧洲担忧谷歌会滥用其垄断地位。而一些国家如俄罗斯，正试图实行更严格的网络审查（因担忧反社会行为）。在谷歌与美国间谍机构有合作的消息曝光后，它将和其他大型美国 IT 公司一样，继续感受阵阵凉意。为了阻止谷歌日益扩张的实力，欧盟也将持续采取措施。

更多人利用网络发家致富

预计未来会有许多新的网络亿万富翁诞生。通常情况下，从开始创业到并购或上市，他们会历经 4 ～ 5 年。大多数人以天才的创新获利，这些创新显著地补充了业内巨头如谷歌、亚马逊、易趣、脸书、阿里巴巴的业务范围。大多数情形下，至少一半的价值被锁定于忠实的用户群，他们能使公司的买家扩展到新的社区。

这样的发明会彻底改变客户在个人银行和网上支付、理财、个人通讯、照片处理、存档、音乐处理、笔记或捕捉思绪、语音识别、文档创建、健康监测和自动化家居等方面的体验。其中一些最成功的发明将出现在需求非常确定的领域，就像我们看到的那样，使用 Uber 方便打车，使用 Airbnb 方便住宿。一个漂亮、雅致且酷炫的网站或用户界面，通常是它们成功的秘诀。YouTube 并不是第一个视频流媒体网站，但却是迄今为止使用起来最简单、最有趣的网站。

线上娱乐持续火爆

那么，视频、电影、音乐、戏剧、电视直播和其他类型的娱乐在未来会有如何的改变呢？手机已彻底改变了人们对视频和电视的消费模式，同时，由于在线流媒体和数字下载，音乐产业也在经历最剧烈的转变。

音乐产业的年产值仍高达 650 亿美元，而且，人们每年花费在新唱片上的支出为 150 亿美元，但大唱片公司正处于危机之中。40% 以上的全球音乐产业销售额来自数字领域，在一些国家这一比例超过了 50%，但仍不足以弥补音乐产业线下销售的缩减。

许多大型音乐唱片公司将被社交媒体音乐所淘汰。年轻的听众希望所有音乐都是免费的，或者近乎免费。音乐市场满是才华横溢、在家从事创作的音乐家，他们创作了大量免费的娱乐作品，希望有朝一日被某家唱片公司相中，将其“签约”旗下。

过去，大唱片公司会给许多小乐队投资，希望其中的一两支能脱颖而出，但未来，唱片公司选择签约的乐队会非常少，而且签约对象都是在网络上获得初步成功的乐队。

到 2020 年前，唱片公司仍将主导全球唱片销量，但 85% 的收入将来自极少数超级成功乐队。大多数有前途的艺术家将被迫绕过唱片公司，与发起人和活动组织者进行合作，开展直销活动。到 2020 年，预计 8 000 万～1 亿人将通过 Spotify[①]这样的服务平台付费收听无限的流媒体音乐，但大多数音乐家从每次播放中获得的收入不会超过 0.002 美元。

传统的音乐流媒体当然是广播，而且广播将继续给庞大的观众群带来娱乐，因为将其作为家中或车内的背景音乐很方便。另一个原因是，由于数以万计的人可同时分享同一首歌，它能给人带来陪伴的感觉。

现场音乐产业一年的产值是 250 亿美元。2013 年，全球范围内的演唱会上座率提高了 26%。更多火爆的音乐会将会举行，例如 2009—2011 年 U2 举办的 360° 世界巡回演唱会，门票收入高达 7.36 亿美元，吸引了世界各地 720 万人现场观看。

大多数成功的艺术家会通过演唱会、赞助、广告、出席商业活动等方式获得大量收入。更多顶尖艺术家将通过各种渠道分发他们的音乐作品，以获得更高收入。

① Spotify 是全球最大的正版流媒体音乐服务平台之一，Spotify 提供的服务分为免费和付费两种，免费用户将被插播一定的广告，而付费用户则没有广告，且可以拥有更好的音质，在移动设备上使用时也可以拥有所有功能。Spotify 只提供在线收听，不能下载音乐。

电影、游戏，合二为一？

相较于音乐产业的急剧转变，电影业的变化缓慢得多。未来将会出现更多耗资巨大的电影，而且电影里将出现逼真程度惊人的虚拟生物、世界和事件。电影业将努力制作高品质的作品，以满足超高分辨率的家庭影院的需求，这也是电视制造公司和有线电视公司努力的方向。大多数电影制作商将继续以美国市场为导向，因为在全球电影业 1 000 亿美元的收入中，美国市场的收入占 31%; 其次是中国，为 29%。到 2017 年，全球电影业的产值将高达 2 万亿美元。

盗版仍将是一个长期存在的恼人问题，但无法阻止世界各地去影院观影人数的快速增长。观影人群不仅会被影院令人震惊的视听效果所吸引，也会享受和许多人共享经验产生的兴奋感。

至于音乐，到 2025 年，发达国家和新兴市场的大多数视频将可被个人下载和观看。与此同时，DVD 和蓝光光碟①的销量会暴跌。

视观众和影片类型的不同，3D 电影将继续给观众留下深刻的印象或带来失望。越来越多的家庭影院可使一部分人在不佩戴眼镜的情况下获得良好的 3D 体验。第一块高清弧线型屏幕的诞生预示着这一切将成为可能。点播观看电影的人数将大幅增长，而大型电视直播节目和体育赛事将继续获得大量人群的青睐（人们喜欢获得公共观赏的体验——我们习惯称之为看电视）。

现实感增强和完全浸入的游戏

电影业与游戏业将继续融合，带来交互式高清动画和“真人”演

---

① 蓝光光碟是 DVD 之后的下一代光盘格式之一，用以存储高品质的影音以及高容量的数据存储。蓝光光碟的命名是由于其采用波长 405 纳米（nm）的蓝色激光光束来进行读写操作（DVD 采用 650 纳米波长的红光读写器，CD 则是采用 780 纳米波长）。

员发出的指令。耳机将得到更加广泛的应用，和玩家配备的更高分辨率屏幕一起，对头部运动做出更平滑的反应。然而，到 2025 年之前，由于眼睛疲劳、不堪重负、缺乏舒适感、性价比低、不美观而且电池的寿命短，大多数常玩游戏的人不再使用戴在头上的耳机。但这不会阻止成本不菲的实验继续进行，正如我们已经看到的，脸书在 Oculus 上投入了 20 亿美元巨资。人们会对儿童大量使用 3D 眼镜的现象感到担忧。

增强现实感的眼镜会在众多领域得到专家的使用，包括手术医生（佩戴眼镜可看到更多数据）、游客（参观博物馆或画廊或名胜古迹时佩戴）以及军人。

量子计算机可以摆脱摩尔魔咒?

数字革命尚未开始。未来 15 年你看到的变化将比 1979 年个人电脑问世以来发生的变化还要多。

未来 10 年，微软和苹果会面临同样的挑战：如何实现根本性创新以推动业务的增长。这两家公司目前都拥有一系列相当完美但日渐老化的产品，而个人电脑市场将持续被更多数量的移动设备所蚕食。

微软将继续从视窗系统和办公软件中获得收入，它还会从范围日益扩大的商业企业产品中获利，这样的局面会持续到 2023 年以后。2025—2030 年，该公司的大多数新投资和收入的增长可能都来自基于云的服务。

苹果公司需要重塑自我

苹果以其简单、实用且优雅的产品引领了潮流，改变了消费者的预期。不过，2017—2020 年，苹果至少要推出两款更具突破性的产品，如第一代 iPhone 和 iPad 一样，要完全不同于之前的任何产品。

苹果将会受到三星这样的业内巨头的威胁。到 2020 年，苹果有可能在与三星的竞争中败北。苹果电脑、iPad、iPhone 和苹果电视都将成为历史——由于创新是渐进的，它们之间的差异会变得模糊。下一代网络设备中，有的体型将更大，有的变得更小。苹果将在快速成长的可穿戴式设备领域投入巨资，不只限于研发 iWatch 设备。苹果也将推出更大的智能电视中心，它集娱乐、网络、移动、家居集成于一体，这是在家居自动化领域追加的投资。

企业会投入巨资将所有渠道活动整合为联合体验。到那时，iPhone 知道你正在观看一档电视智力竞猜节目，而 iPad 也知道你的电话正在连接呼叫中心，同时在寻找更好的网络服务。其他制造商获知信息后会尾随而来。

量子计算意味着速度提高 100 万倍

我们将看到，政府情报部门和军方会为量子计算（QC）投入巨资，主要是为了破解强大的加密技术。QC 也可以被用来完成复杂的任务，比如更长时间范围内的天气预测以及核武器模拟战争。另外，QC 将改变个人计算，届时人们将能够访问云上的 QC 力量，我们以后会看到这一点。

对于普通电脑而言，未来 25 ～ 30 年，摩尔定律将继续发挥作用。也就是说，计算或存储能力的价格每 18 个月会减到原来的一半。但传统的计算最终会受到二进制电子产品的限制。每比特数据都以开或关状态存储，而无论是对磁性存储器还是存储芯片，开 / 关存储器的规模和速度都是有限的。

量子计算机使用量子比特而不是比特。基于原子、离子、光子或电子的性质，每一个量子比特都有各种不同的形式。试想用只有点和线的莫尔斯电码写一本书，然后用字母或汉字写同一本书，那会是什么情况？这就是量子计算机的单项目处理能力是普通计算机的100万倍的原因所在。因此，原本需要两年才可能破解的军事密码，使用量子计算机，只需要几分钟或几秒钟就能完成。

电子标签，物联网的燎原星火

我们需要仔细审视这三个对未来真正重要的领域：物联网、大数据和云计算。每一个领域都已存在一段时间了，但以新方式将三者结合将产生革命性变化。如果你不关心技术发展，你可能想跳过下面几页内容，但你的整个未来都由这里描述和解释的内容所决定——事实上，国家安全、个人隐私和自由可能都处于险境。

三者融合将创造出良好而持久的机遇，但也可能带来被严重滥用的风险。我们会看到，所有制造商、经销商、管理者和客户都会从中获益良多，但同样，所有黑客、恐怖分子和间谍也能从中获得巨大好处。我们正在谈论的东西，即三者融合，其巨大的潜力毫无夸张。

物联网的真相

物联网堪称制造、零售、批发、分销及系统控制等领域20年内获得最大发展的单项技术。它是一种能够跟踪、监督和管理数百亿个不同物品的系统。

到2020年，至少300亿个不同物品将通过网络联系在一起；到2030年，这一数字将增至1 000亿。它们通过硬接线方式被接入网络，或者以无线射频（RFID，俗称电子标签）识别装置相链接。这些微小的芯片，只有一粒沙子那么大，再加上一个小天线，就可以给装置提供动力，并且在需要时接受或传输信息。这就是所谓的近场通信。

每年有60多亿新的RFID标签投入使用。它们被用于商店（15亿家）里的服装、食品包装、航空行李、供应链组件、农场的牲畜和宠物、机票和护照。空客公司最新型的飞机上使用了150万个带电子标签的组件。RFID标签每年的市值高达200亿美元。采用RFID标签提高了效率，减少了生产线故障，使供应链实现了自动化，减少了产品失窃数量和人为错误。

RFID标签也具有局限性。由于水、金属箔和钢会干扰无线电信号，而且可传输的距离通常只有一两米，因此当它们混在一堆普通生活用品中时，难以读取它们的数据。更可靠的是完全靠电力驱动的无线设备之间永久性的网络连接，如手表或灯。

预计在未来，你家里的冰箱能够感知室外天气的变化，会在炎热的夏天多冷冻一些冰块。你的燃气灶出现故障时会发出信号。你的闹钟会在下雪天提前叫醒你。

尽管存在健康隐患，但人类确已成为物联网的一部分。一些人已在皮肤内植入了与兽医在动物身上使用的相同的RFID芯片。2002年，VeriChip公司获得美国政府许可，在人体内植入RFID。但2007年人们发现，植入RFID的数百个动物罹患癌症，公司随后倒闭。

人类在皮肤内植入RFID芯片的目的是为了获得安全便利。鹿特丹一家名为巴哈海滩俱乐部的夜总会曾使用VeriChip公司的植入装置识别贵宾客户，这些客户还能通过这些装置支付饮料费。

与此同时，比RFID芯片大得多的GPS设备正在警察部门被广泛使用，如英国警察部门使用它们标记罪犯和其他被限制的人。许多忧心忡忡的父母也使用这样的装置获悉孩子的行踪。以手机内隐藏的程序进行跟踪的各类人数会快速增长。专制政权的政府为了控制大批不同政见人士会滥用这样的设施。家庭成员为了刺探彼此的行踪也会如此。

然而，物联网也包括植入体内的可穿戴式设备，这些设备多用来监控健康状况，测量血糖、心率及一大堆其他指标，并始终与医疗服务端连接。许多新型黑客威胁会因此而产生，人们对隐私的担忧会增加。例如，若一名恐怖分子侵入一个涵盖 10 万辆正在行驶的无人驾驶汽车（每辆轿车上平均装有 60 台处理器和 1 000 万行软件编码）的系统，会发生什么样的后果？如果黑客威胁说要控制 3.5 万个心脏起搏器，那又会如何？

大数据时代，生活在“云”端

物联网正使所谓的大数据（有关人、系统和活动的信息的大量存储）以更大规模呈爆炸性增长。一个重大问题是，我们将如何应对这一切？全球约 90% 的数据是在过去两年内产生的，这相当于每天产生 250 万亿字节的数据。以往的数据将成为世界上最重要的资产，但如何保护这些数据，使之免受攻击呢？对大数据最感兴趣的是大公司的营销部门，然而大多数公司仍很难在这一领域获得投资回报。数据被犯罪分子所获取仍是这些公司竭力避免的噩梦。

在世界最繁忙的网站上，多达 1 300 家公司正目睹着你的所作所为。即使数据是匿名的，它们也能很容易根据线索获知你的身份。

到 2020 年，全球每年产生的数据将会超过 400 万亿字节，每人每年产生的数据超过 5 万亿字节。单美国公司每年收集到的数据就足以装满约 20 多个国会图书馆了。新数据生成器将被安装在网络汽车、智能电网、智能电力计算器和智能建筑里。大数据有多种表现形式。

你的手机所处的地点：过去5年里每一秒钟的位置信息；

你所有购物和上网习惯：完成的每一次支付、搜索的每一个网页、在每一个网页上停留的时间；

社交媒体：你的每一位朋友以及你们谈论的内容；

全球产品追踪：每个时刻每个部件的信息；

公交时间：每一班被追踪的公共汽车、火车的信息；

医疗统计数据：个人每次检测、诊断、治疗的结果，用手机程序持续进行监测的健康信息；

自行车交通事故：有关每条街道、时间、日期、年龄、骑车人的信息。

大数据已经揭示了你的真相

如果有人能用数据勾勒出你日常生活的完整画面，那会发生什么事？许多公司在未经你许可的情况下就会出售与你有关的数据。一家数据公司已为10亿人建立了档案，每份档案平均包含50条不同的信息。在有针对性的网络广告中可以大显身手。目前，全球营销支出5 000亿美元，而有针对性的网络广告的支出占比已达25%。

2013年，斯诺登曝光了美国的机密文件内容，此时我们才恍然大悟：所有情报机构都使用大数据跟踪人、侦察事态的发展、阻止或解决犯罪问题，并进行政治监视。

对大数据企业进行投资可能会盈利，但也可能亏损，而且，为了识别模式，专家对大数据的需求巨大。下面是体现大数据价值的一些例子：

- 在多伦多的儿童医院，婴儿离开新生儿病房时，医生会分析所有数据。这样一来，医生可通过观察新生儿的心跳速率与正常速率的差异，确定如何在婴儿表现出病征前24个小时内，预测婴儿是否存在血液感染的情形；
- 你的开户银行发现，你的银行卡在陌生的地方被用于一次非正常的购物，银行会向你发出欺诈警示信息；
- 在你下单前，亚马逊会预测哪一种产品存放的仓库离你家最近。这有点类似于超市根据社区以往的购买习惯在店面为社区人群准备产品。亚马逊的计算依据是你的购物习惯、年龄、收入，甚至你的光标在某个图标上徘徊的时间；
- 特斯科利用大数据主导了消费市场。从采集的数据中，它能为具体的客户量身定制颇具吸引力的报价；
- 政党追踪社交媒体上的舆情。企业也以同样的方式了解自己的声誉；
- 洛杉矶警方利用过去的犯罪数据预测最可能发生新犯罪的地区，并在这些地区加大警力。结果是这些地区的入室盗窃案减少了26%；
- 五角大楼从无人机与地面的定期活动和当地的爆炸或袭击事件之间的联系中寻找蛛丝马迹，发现隐藏的趋势；
- 大数据使安然丑闻曝光。当时的识别模式显示，可疑的交易都冠以珍奇鸟类的名字；
- 通过不同地域的人在搜索中对新模式的请求，世界卫生组织和谷歌监测病毒的传播情况，如埃博拉病毒的传播；
- 气象机构通过解读过去几十年里世界各地成千上万个传感器传回的数据确认模式，提高天气预报的精确水平；

◆ 雇主确认员工的工作模式，例如监测银行里的欺诈行为或监测办公空间的使用，或者作为知识管理体系的一部分，明确哪些人了解哪些知识，特定领域需要哪些专业技能。

基于地点的营销

在一个移动的世界里，最重要的是知道你的客户现在在哪里以及去过哪里，你会从中获知有关客户的感觉和行动的信息，尤其当你将这些信息与已经拥有的信息相结合时。

举一个基于地点进行营销的例子。可口可乐公司开发了一款应用程序，能够记录消费者最喜爱的饮料信息，而且自动售货机能为顾客提供多种口味的定制饮料。当你移动位置时，可口可乐公司（经过你的允许）可确定你的位置。如果你离自动售货机比较近，它会识别你。当你走向机器时，它会为你调制好你喜欢的饮料，而当你拿起饮料时，机器会在你的手机上记账。

另一个例子是，我们每次乘坐出租车都会泄露个人数据。我坐上一辆伦敦出租车，车内有一块电子屏幕正在播放新闻。出租车检测了我眼镜上的 RFID，所以现在知道了如下信息：

◆ 我戴着一副可变焦距的眼镜，因此我需要佩戴老花镜。这意味着我可能 50 多岁了；
◆ 我戴着一副知名设计师为男性设计的眼镜，因此我是一位喜欢高档品牌的男士；
◆ 在这个周二的下午，我正从 A 地出发，打算到位于伦敦市中心的 B 地。

然后，出租车内的屏幕上显示了一则为我量身定制的广告："您想做激光矫正近视手术吗？10分钟内致电我们的伦敦诊所进行咨询，即享25%的手术费优惠！"

我在街上的速度放缓后，为手机提供服务的电信运营商也看出我此刻正在移动。对方做出的一个合乎逻辑的推理是，我刚踏入一辆出租车或公共汽车。模式识别显示，这样的情况通常发生在周二和周四的这个时间，因此，电信运营商可根据我的习惯很快猜测出我此行的目的地。该公司也可以看到我大部分的网上购物和网上搜索情况。一些人可能认为，对客户进行这样的监督令人恐惧，但它确实已经发生了，而且发生的方式很微妙，很少有人能充分意识到。

在一个数字化、多渠道的社交媒体世界里，营销的关键不是对数以百万计的人传递同样的信息，而是要成为每一位客户的专业顾问或朋友，为他们的人生之旅提供指导和建议。在英国16～24岁的年轻人中，有一半人边看电视边用社交网络或手机发送信息，这削弱了广告植入的影响。他们使用第二屏幕的目的是谈论节目，而不是与商家互动。同样的事在全世界每天上演。

正如前文所述，营销人员看到的数据要比大多数客户意识到的多得多。当他们透露出过多自己知道的信息时，客户会感到很不舒服。

谁在注视着你？

我曾坐在屏幕前注视着网页，看着网页上显现出来的一个个字母和数字，那是居住在另一座城市的一位客户在键盘上敲进网络表单里的信息。客户完全没有意识到他正在被严密监控，一秒钟都没落下。

想象一下，你正在网络上盯着一个人，她打算花很多钱去度假，此刻正向旅行社输入相关信息。你看到她输入的护照号码连续三次都是错误的，她的鼠标彷徨不定，你感受到她的沮丧，而且害怕她会放弃操作。你应该按她之前输入的号码给她打电话，并说："您好，您是玛丽·琼斯吗？我看您输入的护照号码有误，要不您通过电话告诉我号码吧？"还是会等 20 分钟，然后假装从公司给她打一个随机的销售电话？答案是，此时不要打扰她，而是运用你获得的数据完善自己的网页，并在几小时之后给她打电话。

小数据甚至比大数据更重要

确认一种模式需要大数据，而确认一个人的特征需要小数据。大多数大企业需要截取大数据中的小部分，并关注小事情，从而为客户做出实质性的改变，否则它们会被大量的分析淹没。未来 10 年，企业会在无用的大数据系统上耗费数十亿美元，这些系统除了给人带来失望之外别无他用。

让我们想象有这样一位富裕的电信客户，他喜欢航海，并准备购买一艘游艇。下面列出关于他的小数据信息，这些小数据如何对销售发挥作用：

- 几个月以来常常用智能手机在网页上搜索游艇和游艇码头相关信息；
- 参观了许多码头；
- 在一年半的时间内，在休假时期购买了游艇杂志，并向游艇租赁公司付款；
- 用网页搜索游艇贷款、游艇保险和游艇所有权的信息；
- 用智能手机查看参观全国游艇展的人，而全国游艇展是游艇制造商们的销售盛事。

游艇展前好几个月，电话公司或银行就已不时地发送有关游艇的各种信息了。除了网页之外，它们还在脸书上大秀美图，在 YouTube 上展示视频，一些推送的相关标题如：

获得美妙度假航行体验的小诀窍

和家人一起游弋在希腊湛蓝的海上

一艘负担得起的游艇：时尚品位，豪华不贵

您想买一辆新车、新游艇或汽艇吗？我们已审核了您的账户，并预先承诺可向您核发高达 5 万欧元的低息贷款。点击这里，马上实现您的愿望！

这种在线营销方式的独到之处是，公司不必对屏幕上出现的所有广告支付任何费用，只有当客户点击链接并进一步接洽时，才会产生费用。“按点击量付费”已经彻底改变了营销预算。

现在，我们把话题转到下一次数字革命的第三个因素即“云计算”上，它已经影响了我们所有人，还将对每一家企业产生巨大影响。它既可能带来无可比拟的利益，也可能招致难以想象的风险。

20 世纪 70 年代初，计算机的计算力量是集中式的，访问它们需要通过终端和长长的网线。1975 年，个人电脑诞生，从那时起，每个人都可以拥有自己的智能机器。我任职的第一家公司是一家刚成立不久的 IT 企业，它拥有世界上第一代台式机，最大内存为 32 000 字符。这台机器可记录医疗信息、工资单，进行文字处理和健康诊断。到了 1980 年，台式机已变得比 10 年前的超级计算机更为强大。

现在，我们差不多是转了个圈，所有的计算力量又被集中化了，通过无线网络接入的移动设备即可访问它们。移动设备使用的“云”

的威力无限强大。云功能的一个早期例子是语音识别。最出色的系统需要大量内存和极快的速度，这超出了小型设备的能力。通过手机发送语音到远处并立即解码要高效得多。

所有人都将生活在“云”中

全球超过 90% 的互联网用户都在使用基于云的电子邮件或网站，如脸书、领英、YouTube、Twitter 或 Instagram。作为防止数据丢失的一种手段，云计算也会得到快速发展，如此一来每台计算机或移动设备的内容可实现自动备份。

但云的真正威力还有待观察。云“作为一种服务软件”将按日、周、月或年在云上而非你自己的机器上运行，其好处是巨大的，不仅云能力在不断提高，而且软件还可得到持续的更新。

SalesForce 就是云世界的一个范例。该公司的宗旨是，即时地建立和运行呼叫中心并管理客户关系。鲜有公司能依靠自己的力量达到这样的水平。该公司拥有 12 000 名员工，每年的预算超过 30 亿美元。

企业会将现有 IT 基础设施的许多不同要素融入到云计算中，许多时候是通过建立自己的云平台实现的。同时，由于云攻击和关键数据被泄露给犯罪团伙或竞争对手会带来风险，会议室里关于云平台的争论会加剧，特别是在银行和金融服务部门。而且，云平台的规模越大，对黑客的吸引力就越大。

银行家为何不起诉穿墙黑客?

将物联网、大数据和云计算这三个方面和由网络、移动设备与个人电脑组成的世界联系起来，我们会发现，几乎是事故性的，一连串巨大的风险生成了。

在人类历史上，还从来没有人能够如网络作案者般，远距离施加如此大的威力，制造如此严重的破坏和混乱。因此，网络犯罪将是未来50年内甚至可能是未来几个世纪内世界面临的最大挑战之一。没有任何办法可以避免这样的未来，除非我们抛弃将我们联系得更紧密的所有电子系统。

正如我所预测的，世界上每一家大型企业都在遭受频繁的网络攻击，要么是它们的运行系统，要么是云系统，无论它们是否意识到了这一点都是如此。华盛顿国际战略研究中心估计，企业因此遭受的损失每年高达3 000亿美元。

到2025年，网络攻击造成的损失可能超过1万亿美元，特别是我们看到，敌对政府授意的大规模攻击时有发生。我们所说的不只是对传统目标的攻击，如银行网站，而且也包括商业侵略式攻击，如索尼公司发行了一部有关朝鲜的争议影片后，内部网络遭到黑客攻击，大量机密文件被盗。

网络滥用已经不是什么新鲜事了。全球每天发送的2 470亿封电子邮件中，至少有80%是垃圾邮件，其中不乏所谓的网络钓鱼攻击，假装银行发送的诱使收信人输入密码的邮件。

每年100亿次攻击，10亿人信息被盗

迈克菲（McAfee）①每年检测出的不同的新计算机病毒、恶意软件和木马高达6亿多个，也就是说，每秒钟就会出现好几个。医药、化工、矿山、电子和农业企业遭受恶意软件攻击的数量每年以600%

①迈克菲（McAfee）总部位于美国加州圣克拉拉市，致力于创建最佳的计算机安全解决方案，以防止网络入侵并保护计算机系统免受下一代混合攻击和威胁。

的比率递增，这一数据在能源、石油和天然气企业中则为400%。试图从零售商处窃取数据的网络攻击数量每隔12个月就会翻一番。

在各种信用卡信息被盗案中，涉及信用卡达数千万张。一家名为塔吉特（Target）①的公司在一次网络攻击中损失了7 000万人的数据。韩国的一家承包商试图窃取2 000万信用卡用户的信息，这比韩国工作人口的一半还多。两年前，3 500万韩国人的个人信息被从一家名为赛我网（Cyworld）②的流行社交网站盗取。

类似的攻击事件已发生于世界各地。最近，黑客盗取了2.13亿条eBay用户的个人信息；索尼丢失了1亿位客户的信息。2014年，“心脏出血”（Heartbleed）安全漏洞横扫全球，给许多跨国公司、零售商、银行和电子邮件公司的网站造成了巨大破坏。

另一个例子是对摩根大通的攻击。连续几个月，该公司每天都遭受成千上万次攻击，这些攻击大多可追查至俄罗斯。在这些攻击中，7 600万条姓名、地址、电话号码和电子邮件地址被盗，受影响的美国家庭占美国家庭总数的2/3。

为什么黑客被捕后通常能逃脱起诉？

我曾遇到一些银行家，他们不起诉甚至不解雇侵入自家银行系统的员工。由于害怕事件的曝光会引发负面舆论，他们会给这些黑客把薪酬结算清楚，再发一份再好不过的推荐信，让他们离开并去竞争对手那里工作。在竞争对手那里，同样的事情可能再次发生。大多数

①塔吉特（Target）位于明尼苏达州明尼阿波利斯美市，在美国47州设有1 330家商店，为客户提供当今时尚前沿的零售服务，物美价廉。

②赛我网（Cyworld）是韩国最大的社区网站，以提供有线和无线的互联通信平台为核心，向广大网络和手机用户提供包括日记、相册、论坛、涂鸦、留言等各种互联网服务。

国家并没有相关法律规定，要求银行遭受黑客攻击并丢失数据时进行汇报，这意味着大多数攻击并不为人所知，而且实际的攻击次数远超人们想象。

甚至连基本的银行安全保障都羸弱不堪。记得有一次，在拜访一家瑞士银行的董事会之前，我决定亲自进行一次测试。我用书里常见的古老的套路轻易进入了高度安全区域，并且没有遭受任何盘问。这一小花招就是，分散接待人员的注意力，并用手指轻轻地拉开滑动安全门。

猫鼠游戏：更复杂的加密，更放肆的入侵

在数据传输过程中，所有 IT 公司和智能手机公司都会以终端到终端（end-to-end）的加密方式来加强个人安全，并且对存储在服务器上的“闲暇”数据进行加密。多数银行仍然没有为服务器上的数据加密，这着实令人吃惊。黑客每年会发起几次对银行的进攻，一旦成功侵入，他们就可以轻轻松松地阅读这些文件和数据。索尼公司让黑客轻易地读到了所有归档的电子邮件、合同等文件，不能不说是极为疏忽大意。最好的做法就是给所有信息加密，这会显著增加黑客攻击及破解信息的难度。

客户将在安全系统的设计下被迫完成两个验证步骤，用系统发送到移动设备上的验证码确认密码。因此，对电信公司和所有移动装置的攻击会急剧增加，因为黑客试图侵入短信系统并拦截这些验证码。这样的攻击在 2014 年比上个年度增加了 100 倍。

网络战：新形式的冷战

未来 20 年，许多国家和企业将遭受大规模网络攻击，这种攻击

通常由犯罪团伙而非政府工作人员主导，受其他国家的安全机构资助。最大规模的攻击有可能导致不同国家下一代人之间的冲突或争端，使整个政府机构瘫痪数日，银行和电信系统中断，公用设施被破坏，如发电站或国家电网的组成部分。

这样的事情已经发生。例如，德国一家炼钢厂的冶炼高炉系统遭到黑客攻击，导致工厂部分功能瘫痪。不过，为了国家利益，由于可理解的原因，大多数对重要设施被攻击的信息都是被严格保密的。一个越来越流行的常见方式是，让数千台电脑感染病毒并命令它们每秒多次访问企业网站进行攻击，使企业网站陷入瘫痪。直到企业交付了赎金，攻击才会停止。

针对个人、企业和国家的网络攻击

实物网络基础设施也容易招致黑客的攻击，例如光缆网络。世界大多数宽带依靠光缆运行，而光缆非常容易遭受攻击，阻断光缆很容易，只需要拖着一艘船的船锚，贴着海床绊住光缆即可。要查出阻断光缆传输的是哪一艘船就很困难了，特别是在相对繁忙的海域。近年来，光缆受损导致印度的网络接入减少 70%，埃及减少 60%，中东许多国家也受到了影响。一个有趣的插曲是，有潜水者在埃及海域破坏电缆时被逮个正着。

鉴于上述种种原因，北约将网络攻击视为联盟可共同应对的事件之一。然而，要证实谁是此类袭击真正的幕后黑手几乎是不可能的，因而也无法实施有效的报复。根据惠普公司的监测，美国海军通常每小时遭受 10 万多次独立的网络攻击，但攻击来自哪里？出于什么目的？又是何人指使的？一切不得而知。

有时候，偶然留下的蛛丝马迹会透露出始作俑者的信息，例如，一段代码以某个国家著名的电视喜剧演员命名，在复杂病毒之内深加密。但有时候，一些线索被遗留下来是有意而为，是某些情报部门或犯罪团伙向无辜国家的栽赃。

活力熊（Energetic Bear）是一个网络间谍程序，在乌克兰—俄罗斯—欧盟危机期间，它感染了欧洲关键的能源基础设施。它针对的目标很广泛，包括工业控制系统、国家电网、电站、风力发电站和生物燃料工厂，目的是监测能源的实际使用并奉命使能源系统瘫痪——但奉谁之令呢？未来的能源病毒将针对智能电网和智能家居发起攻击。试想一下，敌国或某组织的黑客同时开启 1 500 万台空调，导致立即停电，影响有多大？

在发现活力熊几周之后，俄罗斯电信和保健公司、公用事业和政府机构再次发现，他们遭到了有史以来最致命、最先进的病毒群——瑞晶（Regin）的攻击。这些病毒群可在多个应用程序中运行，它们窃取密码，从众多系统中提取信息，并可完全控制各种不同类型的工业设备。

塔吉特也在沙特阿拉伯、墨西哥、爱尔兰、印度、伊朗、比利时、澳大利亚和巴基斯坦遭受了攻击。在很多案例中，尽管确实进行了检测，但病毒未能被发觉，在系统中潜伏了长达 6 年之久。这些病毒不时地通过网络接受指令，引爆遍布各国各个角落的“数字”炸弹。据报道，俄罗斯现在对美国的渗透不无忧虑，以至于该国的情报部门在讨论高度敏感的主题时，用在纸上写字的方式进行交流。

2007 年，爱沙尼亚的银行、政府机构、议会、广播和报纸遭受到连续三周的网络攻击，致使这些机构的网络全面瘫痪。尽管肇事者从未被证实，但因这一攻击发生在该国和俄罗斯产生分歧后，因而引发了人们对发起者的猜测。

因此，我们看到，在许多国家，尤其是一些最富裕的国家中，政府、银行、证券交易所，特别是公用事业部门投入巨资建设系统恢复能力，但收效甚微。至少 1/4 的攻击属于间谍活动，目的是窃取国家机密或仍受专利权保护的企业研发信息。

黑客会被间谍和犯罪团伙招至麾下

全职职业黑客的人数会增加，他们会充当犯罪团伙和情报机构的独立顾问，与其他人一起策划大型攻击。许多时候，这些黑客天才永远都不知道他们最终的客户是谁，例如，他们可能认为自己正在为英国的军情六处（MI6）服务，但实际上，他们是在为保加利亚的一伙人服务，该组织则是在为俄罗斯联邦的情报机构、美国中央情报局或摩萨德服务。

许多攻击是多层次、有步骤的。在重要的支付通道被攻陷之前几小时，往往会发生大规模的身份盗窃，目的是创建新的个人识别码。几分钟后，200 人带着复制的储蓄卡在 50 多座城市的自动取款机上肆意提现。

各国会彻底思考如何处理被证明有罪的黑客：他们具有破解系统的公认才华，可能是世界上测试自己的安全系统的绝佳人选，而且还能帮忙完善安全系统——真的要看到他们在监狱里浪费生命吗？

一些黑客可能从政府获得资助，攻击并摧毁所谓的暗网。他们的目的可能是确认以百万计的 Tor 网络浏览器（Tor 网络浏览器看起来和普通网页浏览器没有区别，但可以防止任何人监视自己的网络活动）用户和使用其他“秘密”工具的用户，这些用户希望他们的活动和支付信息得到 100% 的保密。

仅 2014 年，就有 400 多家暗网被关闭，包括出售毒品的网站、进行非法武器交易的网站、为职业杀手做广告声明可以刺杀配偶或政客的网站，还有其他各种容易诱使人堕落的网站。然而未来，许多暗网用户只不过是为了逃避“难以忍受”的政府监控，尤其是在某些国家，网络控制已变得非常严重。在克里米亚加入俄罗斯后的几个月内，俄罗斯使用 Tor 网络浏览器的用户就从 6 万跃升至 20 万。

《1984》终将成为现实？

老大哥正看着你——乔治·奥威尔在其著作《1984》中讲述了独裁者如何利用技术控制数百万人的画面，确实令人不寒而栗。但在今天，政府可使用的工具远远超出了奥威尔的想象。

政府从未拥有如此强大的力量，可以入侵公民的隐私并监视公民。用于国家监督的预算会急剧增长，相关部门使用公众现有数据、商业数据、合法及半合法渠道获取的数据进行国家监督。网络间谍活动飞速增加，专家自己认为的雇主并非真正雇主的风险将持续存在。

你应当也能预测到，大多数发达国家的情报部门都能够远距离进入他们想要进入的任何电脑或手机。他们能够使用内置话筒收听信息，即使在设备未被使用的情况下也是如此。而且，他们可以用内置摄像头监视每一个画面、每一次按键。

正如我们从举报人近来透露的信息中获知的，所有的电脑和手机操作系统都已成为美国中央情报局、英国军情六处和其他机构的目标，目的在于控制属于私人或公司的设备、读取文件、截取密码、远程开启内置摄像头和话筒等。

未来还会有人指出，视窗、苹果和安卓系统的大部分版本在很久之前就被成功地植入秘密的编码“后门”，甚至包括一些加密和安全企业，如赛门铁克，也被植入后门，而涉事公司毫不知情。因此，我们可预计，深感忧虑的消费者会越来越多，他们生活在压迫制度下，当他们想要“一个人静静”时，会关掉所有设备。

许多公司，如谷歌，将安全密钥移交给了政府机构，这使间谍活动变得更加容易。这些公司一直因此备受诟病。许多 IT 公司和电话公司正在开发即使情报部门下达指令也无法解码客户数据的安全系统。苹果和谷歌已率先开启了这一进程，这引发了人们新的担忧：恐怖组织使用他们的新智能手机就可逃避监管。

有关意图化解这些“安全担忧”的媒体采访毫无疑问只不过是情报部门释放的烟幕弹，因为它们不愿意公众意识到自己正置身于这些新系统的监测内。基于此，一个人单枪匹马的间谍活动变得从未如此容易，而且未来还会更加简单。通过藏在标准电源适配器、钢笔及装饰品中的无线设备或者隐匿的微型照相机，每个人都能向千米之外的基站传输信息并通过基站将信息立即传出，或者使用秘密安装在他人手机上的应用程序几秒钟完成传输，或者使用配有视频摄像头的无人驾驶飞机同时完成信息的秘密取得和传输。

企业领导人应有这样的认识：每一次会议可能都被记录或被即时传输给会议室外的广大人群。只要利用藏在上衣口袋里的智能手机即可做到：打开手机上的语音备忘录，或者将一个正在进行中的语音通话设置为免提即可。

医生、护士和家庭护理人员发现，他们粗心大意的习惯可能会成为 YouTube 视频中的经典画面。其他工作场所也是如此。而且，家人、朋友、竞争对手或敌人之间也存在秘密跟踪。由于每个移动设备都内置了跟踪设备，再加上间谍应用程序的广泛可用性，使得秘密跟踪变得异常容易。

在某次参加一个为资深银行家举办的研讨会时，我在现场做了个测试。我决定为坐在第二排的一位银行家的接收器植入一个强大的漏洞，以说明他们的信息安全是何等脆弱。在此过程中，没有一位观众看到我做了什么。我是在演讲的过程中完成了这一行动的。虽是在众目睽睽之下，但因为时间很短，观众们并没有意识到这一点。在我说明了所做的一切之后，尽管当时接收器就紧握在银行家们的手中，他们仍然花了很长时间，才找到被植入漏洞的人及漏洞植入的位置。

当然，所有大型企业和政府面临的最大风险仍然来自于内部——无论是罪犯、间谍还是在敲诈勒索之下被迫协助他人的“无辜”工作人员。

无冕王之争：新媒体将掌握舆论

我们已经看到了间谍活动的状况，那么，大众媒体、由新闻机构主导的政府审查或图书作者又将如何呢？

电子书的销量会持续快速增长。除了某些特殊的领域，除了采用有光泽的纸印刷的旅游书籍或者为孩子们打造的“体验书籍”之外，其他纸质书籍和杂志的销量会逐渐下降。书籍本身的物质特性将变得更加重要，如触感、外观、感觉和气味等。

在英国，到 2018 年，电子书的销量会超过纸质书，届时至少 50% 的人将使用某种形式的电子阅读器，甚至在智能手机上只使用一款电子书阅读应用程序。未来 5 年内，电子书的销售额可能增加两倍，从 3 800 亿英镑增加到 1 万亿英镑。仅 2012 年，英国的电子书销售额就飙升了 66%，占英国图书销售总额的 12%，同期纸质书市场份额却下降了 2%。然而，在 2014 年，Kindle 的销售业绩平平。不过，在圣诞节前夕，在最大的连锁超市里纸质书的销售额增加了 5%，童书销售额提升了 9%。由此可见，纸质书仍发挥着重要作用。

专业杂志将富有弹性。事实上，过去几年里，许多国家新发行的杂志数量不断增长，甚至为更多优质读者群体所喜爱。各类杂志的销售将继续因便利性获益，也会因读者通过移动装置阅读时感受到的精美外观和精致感觉中获益。

纸仍然是快速阅读的最好载体

有关“无纸化办公”的愚蠢预测已风行多年，但事实是，在大多数企业里，管理人员每天使用的打印纸比以往任何时候都多：92% 的行政管理人员每天都打印文件，45% 的管理者每天打印的数量为 10 张或更多，15% 的管理者打印量超过了 50 张。正如我多年前预测的，纸张还会伴随我们很长一段时间。

尽管电子阅读器和网上新闻频道的数量急剧增长，但电子书和所有的电子媒体将在未来很长一段时间内面临传统印刷业带来的压力，原因就在于这一简单的事实：阅读速度由页面大小、格式和分辨率所决定。在阅读器上看一部小说时不大考虑阅读速度，但在工作中就大大不同了。

正如每一位事务繁忙的管理人员都知道的，要想以最快的速度阅读并标记一套冗长的董事会文件或篇幅很长的合同，最好的方式就是将它们打印出来看。多数人阅读纸质文件的速度可能是阅读屏幕文件速度的 10 倍。阅读纸质文件时，人们发挥无意识的功能，如页面扫视，而且不会遗漏重要的部分，但若他们阅读需要一直滚动的电子文档页面时，就可能出现失误。

阅读完纸质文件后，读者通常能更好地回忆起内容，特别是当他们具有“照相”记忆时。此外，在董事会会议中，用笔在纸上做旁注更利于激发出重要的思维活动。有些人还时常发现，他们用纸质文档中查找内容比在电子文档中使用“查找”功能还要快。

快速阅读助力报纸

为朋友和你自己设立一个快速阅读挑战，看看实际情况会怎样？大多数高级领导人在屏幕上一分钟仅能阅读约 500 个字，但在 5 ~ 10 分钟里，他们却能容易地领会纸质出版物中 40 000 个字的意思。因此，任何严格实施无纸化办公的企业正是在浪费大量的时间和金钱。

你可能认为，随着屏幕变大、分辨率提高，所有问题会迎刃而解。但在很长一段时间以内，这都不会成为事实。我们现在已拥有大型“视网膜”屏幕，它们具有眼睛能够承受的最大分辨率，但难以移动。我们需要等待电子纸的出现——它们平整、折叠膜具有相同的对比度，与大纸张具有同样的分辨率，而且携带方便。到 2020 年，这样的电子纸就会出现，但直到 21 世纪 30 年代，大型的视网膜分辨率纸张仍然极为稀少，而且造价高昂。

新闻疲劳VS负面的天使

人们常常说“新闻就是别人不想让你打印的东西。其余内容都是广告”。但网络上传播速度最快的内容是感人的视频、搞笑的段子和醒目的头条新闻，内容大多积极、煽情，并通过朋友圈迅速传播。

未来 5 ~ 10 年内，几乎所有发达国家的报业都将加速衰落，而在一些热爱新闻的新兴国家如印度，受中产阶级人数增多的影响，阅读报纸的人数将增加。5 年内，美国阅读报纸的人数将下降 47%，但在印度至少会增加 15%。全球 1/5 的日报在印度，名称五花八门，有 100 多万种，在这些报纸上花费的广告支出占所有广告产业的 45%。

在发达国家，传统的报纸企业很难将老读者转变为可持续带来利润的网上用户。许多情况下，这种努力会将 60% 原本可预计的利润化为流水。报业会出现倒闭、兼并、合并潮。由于员工被解雇、办事处关闭以及区域性报道和专业性报道的停止，报纸的内容质量可能严重下降。在美国，报纸记者的人数从 2007 年的 55 000 人下降至 2013 年的 38 000 人，到 2020 年，这一数字会降至 20 000 以下。

与此同时，某些免费报纸蓬勃发展，其中有些是日报。这种报纸有些是以最低数量的编辑团队完成的，在地铁站里免费派发；有些是地区性周报，刊登本地的大企业尤其是地产代理商的广告。

新闻媒体的未来

越来越多美国人通过网络而非有线电视获得新闻，其中包括一半以上 18 ～ 29 岁年轻人。约 500 家数字新闻公司创造了 5 000 多个全职职位，其中一些职位适合离开传统报纸企业的经验丰富的记者，比如在《纽约时报》和《华盛顿邮报》工作过的记者。网络新闻报纸将开发出全新的运行模式，例如，文章的长度不存在成本考虑带来的限制，也不需要像纸质报纸那样符合版面要求。

数字新闻的增长无法阻止通过新闻网站浏览新闻的人数呈现下降趋势。例如，通过点击脸书上的新闻链接获得新闻的用户，每个月平均花在新闻网站上的时间只有 90 秒。

正如我预测的，新闻传播现在是一种社交活动。一半的社交媒体用户会共享新闻并对新闻报道发表评论，同时 7% 的美国成年人在社交网站或新闻网站上上传过自己制作的新闻视频。

研究表明，许多新闻会像病毒一样传播开来，但悲伤的新闻故事不含在内。正能量的故事往往会得到最大程度的分享。这样的趋势会深刻地塑造我们的社区，并影响所有的新闻公司。事实上，娱乐业务的规模比新闻更大。目前，尚没有经过验证的付费新闻商业模式，因为任何提供该服务的商家将会面临与免费新闻机构的强大竞争，这些机构数以百计且备受推崇，如 BBC、《卫报》和《赫芬顿邮报》（一个新闻百科网站）以及谷歌这样的综合新闻网站。

此外，我们预计会出现若干“集群式”新闻网站，这种网站的商业模式和《赫芬顿邮报》类似，当然也都是免费的。网站的内容管理人员将成倍增加，这些人不仅会采集不同类型的相关网页上的内容，还时常自己对这些内容进行编辑。

在 20 年内，高品质的深度新闻调查平面媒体几乎会在发达国家销声匿迹。有抱负的记者将转而为电视新闻服务，这些电视新闻一般在网上都有内容链接（免费的）。不过，即使大型电视新闻公司未来也将难以支付其在全球各地的报道成本。美国三大新闻频道——美国有线电视新闻网（CNN）、福克斯新闻频道（Fox）和微软全国广播公司节目（MSNBC）一年里就失去了 11% 黄金时段的观众。

自由记者和摄像团队的数量会快速增长。他们并不正式受雇于新闻公司，因而无法获取新闻公司的支援或保护。他们要么独立工作，要么互相合作，也许冒着巨大的风险，竞相挖掘事件或者获得惊人的图像，结果可能是更多新闻工作者的死亡，尤其是在战区。人们进而担忧，有些人可能因此丧失敬业精神，或者产生职业歧视。

只赚眼球，缺少深度？

大多数新闻报道都是悲伤的或负面的事件：残杀、斗殴、强奸、失业、自然灾害、空难、爆炸、战争、商业丑闻等。编辑将最恶劣、最轰动的事件塞进大标题，或填满 60 秒的头条新闻。图像愈是可怕，事件愈是轰动，新闻的传播就会越广泛。

观众们正在经历“新闻疲劳”。他们被灌输了更加耸人听闻的故事，而这些故事主要围绕着可获得的图像构建。对电视新闻而言，这个现象尤为明显，因为没有视频几乎无法报道任何事件。每一个拥有智能手机的人都可能成为新闻来源，但新闻的整体质量在下降。

电视新闻甚至比报纸新闻或网页更会歪曲现实。看过电视新闻后，你可能会理所当然地认为，整个世界每周都遭受着恐怖分子炸弹或者可怕的谋杀，还有自然灾害的影响。然而事实是，在一周的大多数时间里，没有足够的而且真实的国内新闻以供发布。

观众对时事辩论和政治访谈也越来越厌烦。正如我们将在第5章看到的，政治家之间的差异通常被媒体辩论夸大了。发达国家的大多数人无论如何都不相信政客，为何还要听他们说些什么呢？

受多种因素影响，包括更少的媒体监督，更易受影响于相对封闭且一边站的媒体宣传的劫持（第5章“激进面”内容），民主政治会被削弱。

☆☆☆

本章阐述了变革速度是如何加快的以及变革的意义。我描述了意外事件的风险、新兴经济体在未来的增长以及数字技术的影响，同时也指出一个悖论：在快速变革的时代中，有一些方面的变化缓慢到令人吃惊。

随着全球人口数量发生巨大变化，数十亿人迈向城市，人们对生活的预期迅速提升，下面我们来看看，在我们的世界中人群是如何迁移的，这一切对人类的未来意味着什么。

第2章

城市面

城市脉动影响全人类

政府、企业、保险公司和养老金管理机构都需要对预期寿命做出精确预测，而大多数官方预测都不准确得无可救药，这是由于某些预测过分乐观，还是背后有着不可告人的惊人合谋？

风行一时的“冰桶挑战”将“渐冻人”这一罕见疾病推到了公众面前，但令人讶异的是，当今医疗技术如此发达，甚至“换头”都不是难题，治疗罕见病的特效药物的研发却为何依然进展迟缓？

城市面　城市脉动影响全人类

未来的第二个面是城市面——特大城市、移民、人口、健康和平均寿命等方面均发生根本性的改变。整个世界正以惊人的速度城市化，而且，任何城市或国家的人口统计都能预测到这种城市化的未来。比如，儿童玩具市场规模将有多大，未来 10 年需留出多少中学校舍用地，多少妇女会罹患乳腺癌，多少退休人员将从政府领取养老金。

未来 15 年内，有 10 亿儿童将成长为消费者，这是人类史上最大的增幅。在非洲，现在的 3.5 亿儿童未来会看到你的生活方式并与他们的生活相对比——他们每天的生活费不足 3 美元。他们中的大多数人将带着财富梦想在城市度过成年期。

到 2025 年，亚洲拥有这个星球上的大部分人口。事实上，全球 85% 的人口将生活在新兴市场或当今的发展中国家，而且大多数人会居住在城市；仅有 1/7 的人会生活在当今的发达国家，他们对全球经济增长的贡献不超过 10%。

不对称的人口增长

尽管全球每对夫妇生育孩子的平均数已下降至 2.4 个（生育率约为 2.2），但到 2040 年，地球上的人口将超过 90 亿，比 2014 年的人口多出约 20 亿。许多专家预测，全球人口会于 2050 年达到或超过 90 亿的峰值，但在尼日利亚这样的非洲国家，人口出生率远高于专家预测水平。我们可以看到，到 2100 年，地球上的人口将多达 110 亿。

许多国家生活着大量的年轻人，25 岁以下的年轻人口占总人口的比重高达 50%。在未来 20 年，这些年轻群体将为人父母，即使其他年龄段的人不带来任何一个新生儿，他们也会使整个国家的人口数量激增，除非发生全球性瘟疫或灾难性的世界大战。

要解决多达 90 多亿人的吃、穿、住、用电和用水等需求，在不过分索取地球资源的情况下，将面临着巨大困难，尤其是在全球经济增长和个人收入增加的大趋势下。

人口增长不可能突然放缓而不带来其他危机。当今欧洲和日本面临的人口老龄化问题使其他问题都相形见绌。预计到 2025 年，全球 60 岁以上人口将超 10 亿。仅在意大利，到 2026 年，超过 90 岁的人口将多达 100 万——这个数目足以左右该国的任何一场选举。

财富差距驱动人口移动

未来 30 年，大约有 10 亿人口进入城市，以寻求更美好的生活。未来 25 年，中国从农村迁移到城市的人口将超过 3 亿，印度这一数目与中国持平，非洲则会达到 4.75 亿。未来 20 年内，全球一半的

GDP 增长将来自新兴市场约 450 个城市。这些城市中的大多数对于跨国公司的高管来说简直闻所未闻，而他们大概也从未涉足过这些国家。

这些城市将创造出世界上最大的新市场，涌现出数以亿计的零售商，其中许多都是街头小贩。这里还会诞生数以百万计的汽车维修厂、家具制造商、空调安装人员、快餐销售人员。这种增长将催生更多跨国企业。到 2035 年，50% 以上的全球 500 强公司将在新兴市场设立分公司，而 2000 年这一比例仅为 5%。

当全球 1/3 的人缺乏自来水、基础卫生设施和足够的食物等生活必需品时，迁移到能获得这些必需品的地方就成为他们理所当然的选择了。全世界有一半人口的日生活费用不足 3 美元，而且，每天因贫困死亡的儿童多达 22 000 人。全世界有近 10 亿人口是文盲。每天有 8 400 万人处于饥饿状态。在最不发达的国家里，约 1/3 的人口不到 40 岁就去世了。

世界上最富有的 1% 的人掌握着 50% 的财富，最富有的 20% 的人拥有 75% 的财富，他们的人均收入是最贫困的 20% 的人的 60 倍，而且差距仍在加速加大。地球上最富有的 80 人拥有的财富相当于最贫穷的 34 亿人拥有的财富。约 1 600 位亿万富翁拥有 6.4 万亿美元，比世界上最贫穷的 120 个国家收入总和还要多。在美国，最富有的 3% 人口占有的财富从 2007 年的 51.8% 增加到了 2013 年的 54.4%，同期底层 90% 的人口占有的财富从 33.2% 下降至 24.7%。其他大多数发达国家也出现了类似趋势。

这种对比在快速发展的城市里极为鲜明。例如，孟买是世界上房地产价格最昂贵的城市之一，在这里，你会看到大量居住在贫民窟里的人，他们住在塑胶和胶合板搭建的简陋住所里；你也会看到人行道在晚上被密密匝匝的打地铺的工人所占据。

倘若这些低收入移民中的0.1%受到政治激进分子的鼓动并被组织起来，从而爆发新的反抗活动，其威力将胜过以往任何一场对抗。

世界上有超过一半的人口居住在城市，其中大部分人生活在人口过千万的特大城市。10多年前，许多预测者发出城市将衰落的荒诞而愚蠢的预测，他们声称，数百万富裕人口会因城市的噪音、污染、房价以及暴力犯罪而逃离城市，搬到乡村生活。

在我看来，这纯属无稽之谈。正如我们已经看到的，人们喜欢在城市中生活。他们喜欢城市的繁华，这里机遇无处不在。鳞次栉比的酒吧、咖啡馆、俱乐部、餐厅、电影院和剧院，使人们的生活更加多姿多彩。许多城市的犯罪率也在显著下降。城市对环境保护也有好处，它使人口集中在相对较小的区域，从而减少了对自然环境杂乱无序的破坏。在城市中，人们从居住地到工作场所、学校、商店及医院的距离较短，搭乘火车、汽车也更为便利，因而生活更加高效。

贫民窟诞生百万富翁，不只是电影

在大多数新兴市场的城市里，出租车司机在15～30分钟就能把你从高档酒店林立的闹市区带至拥挤不堪的贫民窟。在这里，三四层楼高的临时建筑破败不堪，摇摇欲坠。沿着狭窄黑暗、坑坑洼洼、污水横流、垃圾成堆的街道行走，你会看到孩子们和居民饲养的禽畜一起在阴沟里玩耍打闹。一户挨一户的房子之上是盘根交错、杂乱无章的电线。这里没有自来水，也看不到几个公共厕所，疾病和贫穷肆意横行。

然而，若有幸被居住在这里的人邀来做客，你通常会发现屋内干净整洁，主人拥有手机或笔记本等移动技术产品，年轻人接受过良好的教育且胸怀大志，家里的父母亲可能还具有一些专业资质。

再过 10 年，你到访过的大多数贫民窟将发展为新兴中产阶级的居住区。这里将建造起混凝土住宅，配备自来水和污水处理设施。不过与此同时，可能又有 100 万人抵达城市，人们又建起了新的贫民窟。城市经济的发展就是这样持续增长。

在城市化进程中，有些昔日居住在贫民窟里的人正在成为房地产业的百万富翁。这些人过去曾在贫民窟的土地上建造了可供日常使用的较好的住房，并以某种方式获得了土地使用权。这些住房随后将逐渐被一栋栋新建的智能高楼大厦包围。

未来 25 年内，20 多亿人会赚取更多财富，拥有更多选择，更容易得到医疗保健、网络媒体、电子商务、金融服务等。至少有 10 亿人将成为第一代中产阶级。他们是家族中第一个上大学、第一个拥有汽车、第一个定期休假、第一个拥有自己房产的人。

许多大城市的人口规模可能稳定在 2 000 万～ 2 500 万。由于基础设施的限制，人口过多会使城市生活变得不再惬意。因此，每 100 万低薪移民到大城市，另 100 万中产阶级人群将离开大城市，走向附近的小城市或城镇。当一个国家的大多数人进入城市时，这种城市化过程会终止。例如，巴西就已出现这样的情形：在里约热内卢这样的大城市里，密密麻麻的贫民区新增的人口已不像以前那么多了。

大型基础设施建设和大宗商品价格的不稳定性

大城市需要更多大型基础设施。预计在 2020—2055 年，人们在基础设施上追加的投资将超过人类史上任何时期，这些投资包括学校、医院、电站、国家电网、供水、污水处理、公路、铁路和机场。与此相关，我们将会看到房地产市场、建筑市场和大宗商品市场的价格起起落落。

许多此类基础设施的建设周期会超过大多数人的预想。每一座城市的发展在土地上留下的印记至少在未来 3 万～ 5 万年都能清晰可见，即使因某些原因城市被废弃或毁坏。许多新建的高速公路、铁路路堑、路堤、采石场、隧道和海港会被旅客或商人使用数千年。2000 年前罗马建造的许多公路今天仍然车水马龙。石器时代的许多工程至今仍在农村地区清晰可见，尽管早在 5000 年前就已废弃了。

快速城市化导致钢、铜和铝等大宗商品市场在一定时期内不稳定和混乱。由于投机商的活动，这些市场的价格会出现多次大幅波动。受中国房地产行业的兴衰和全球产能过剩的影响，钢材价格波动的幅度明显加大。每年全球钢材产量达 1.6 万亿吨，中国的钢材用量是印度、美国和欧盟总和的两倍。

矿业公司不得不向地下挖得更深，而得到的不过是更低质量的矿石；而要收回投资，还要看未来四五十年的产品价格。由于商品价格上涨，矿业公司会在原来的矿渣中寻找被过滤掉的矿石。中国将积极抢购采矿权，收购更多矿业公司，大力发展采矿技术。

矿业丰富的国家将被迫在国防和国家内部安全方面加大投入。国家领导人可能侵占国家财富而变得极为富有，司法腐败，甚至可能发生内战。这些国家的经济表现可能不佳，因为一旦商品开始输出，汇率会上涨，马上导致出口商品的竞争力下降，影响波及其他经济部门。

殊途徘徊的欧亚非城市

从工业产值来看，非洲将持续成为全球经济增长最快的大陆，除非该区域发生灾难性事件，如爆发传播速度非常快的新型流行病。尽管历史上发生过种族流血冲突，但撒哈拉以南地区已经历了十多年的和平，现在这里没有任何实质性的边界冲突，许多内战隐患也已解决。

过去40年里，我曾在非洲许多国家与当地普通人密切共事。虽然在几乎所有农村都能发现传统生活方式的影子，但大城市的经济增长引人注目，而且保持着持续性增长。

1988年，乌干达内战结束后不久，我第一次来到坎帕拉。当时，这座城市里有许多人死于艾滋病，1/3有过性行为的成年人感染了艾滋病毒。现在，坎帕拉已经发展成为一座充满活力、喧闹而繁华的大都市。在这里高楼林立，到处是旅馆和新建的办公室，外围是新建的工厂。然而，沿着穿越丛林的土路前行到这座城市的25公里之外，你会发现，大多数人居住在泥砖搭建、顶部覆盖着茅草的房屋里。这里的农民自给自足，没有自来水，电力供应也断断续续。

投资涌入非洲

普里马克（Primark）①、H&M②和通用电气等跨国企业正在进入非洲。3G和4G移动网络快速普及，这刺激了非洲各国的经济增长，也加速了手机银行业务的拓展。非洲国家与中国签订合作协议后，成千上万的中国人将会驻留非洲，并在当地投资兴业。近10年来，非洲人发表的科技论文数量翻了三番，达到55 400篇。

未来20年，尽管面临区域性挑战和政府腐败，但主要得益于城市发展的强劲驱动，我们会看到许多非洲国家的经济增长率高达

① 普里马克（Primark）是一家爱尔兰的服装零售商，在爱尔兰（包括多家名为PENNEYS的门店）、英国、奥地利、比利时、德国、葡萄牙、西班牙和荷兰连锁经营。该公司是英国食品加工公司ABF的子公司，总部设在都柏林。

② H&M是一家于1947年创立于瑞典的服饰连锁店，是目前欧洲最大的服饰零售商。

5% ~ 8%。随着亚洲因通胀导致的价格上涨而被挤出全球外包市场，非洲的海港城市方圆 50 英里辐射圈内的制造业和服务业将实现快速增长。

尼日利亚是非洲人口最多的国家，尽管这个国家的人均收入仅为南非的 1/3，但它却是非洲最大的经济体。不久之后，尼日利亚的人口总量将从现今的 1.85 亿增加至 3 亿，到 2050 年将超过 4.4 亿，届时将成为世界第三人口大国。

未来 40 年内，因为石油生产及近海贸易的便利，尼日利亚大部分财富将在南部基督徒占多数的城市里产生。最不稳定的区域是穆斯林占多数的北方区域，那里是恐怖组织博科圣地（Boko Haram）的基地。

1967—1970 年，尼日利亚爆发了比夫拉战争，当时约 100 万人丧生。在不久的将来，尼日利亚有可能爆发一场旷日持久的内部冲突，并可能导致国家分裂。

南非是非洲第二大经济体，但与非洲大陆的大多数其他国家相比，南非在过去 10 年里的经济增长异常缓慢。南非创造的最伟大的奇迹是实现了种族隔离的和平转变，人们通常将此归功于一代伟人纳尔逊·曼德拉和杰出的黑人基督教领袖斯蒙德·图图大主教。

年轻人和黑人社区的失业率极高；由于白人和黑人在财富与机遇方面存在巨大差异，导致大企业领导人中白人占大多数；白人社区对黑人封闭，因而存在革命的暗流。这些都是南非面临的巨大挑战。

城市移民的一个结果是，来自最贫穷国家的数百万工人会把挣的钱汇回家里。在尼日利亚和乌干达等国家，大部分在城市打工的年轻成年人把钱汇给在农村生活的父母和亲人，这种收入将成为农村未来收益的重要组成部分。

整个支付行业将随着现金跨境移动的需求增长而增长。通过移动设备要比通过西联汇款[①]或“人骡”完成支付便宜得多，也更受欢迎。这里的“人骡”是指受委托携带现金并将现金送交委托人亲属的人。

目前，全球每年汇款额已超过 5 400 亿美元。对一些国家而言，汇款量贡献了近一半的 GDP，例如塔吉克斯坦的 47%、利比里亚的 31%、吉尔吉斯斯坦的 29%、莱索托的 27%、尼泊尔的 22%。

遍布欧洲和亚洲的涌向城市的移民

正如我们看到的，人口迁移的一个关键动因是人们想在城市里找到工作；另一个原因是，中国和日本等国家人口出生率较低，从而导致城市劳动力短缺。

今天游历印度，你会在街道上看到拥挤的公交车和学校里到处都是儿童，但在中国，儿童数量要少得多。中国政府已经放宽了生育有关政策，不久后你会看到更多“双人婴儿车”出现，生育了两个孩子的父母会骄傲地推着它行走在大街上。来自农村地区的移民将继续填补老龄化带来的城市劳动力缺口。

韩国也是如此。40 年前，一对韩国夫妇平均生育 6 个甚至更多个孩子，但到了 2014 年，该国的生育率急剧下降到 1.1。每个国家都有部分地区存在这样的趋势。一项全球性研究表明，当家庭年均收入达到约 12 000 美元时，每对夫妇养育的孩子数量会急剧减少。而另一方面，要在不移民的情况下维持城市人口的平衡，一对夫妇需要平均养育 2.3 个孩子。

---

① 西联汇款（Western Union）是国际汇款公司（Western Union）的简称，是美国财富五百强之一的第一数据公司（FDC）的子公司。它是世界领先的特快汇款公司，拥有全球最大最先进的电子汇兑金融网络，代理网点遍布全球近 200 个国家和地区。

如果韩国的生育率持续下降，而且没有更多移民迁入，那么到2050年，韩国人口将由现在的5 000万降至4 000万，其中38%的人已到了退休年龄。

在日本，除非发生新变化，否则到2050年，该国将有超过1 000个乡镇和村庄没有育龄妇女。政府预计，未来50年内，日本人口将会从目前的1.27亿减少1/3。到了2110年，日本人口会锐减至4 300万，原因是一对日本夫妇平均只养育1.4个孩子。日本社会并不欢迎大规模移民，因此，其总人口中只有2%来自海外。这一局面会有所改观，因为日本政府近来建议每年可允许新增20万海外永久居民。我们也可预计，随着该国政府出台各类奖励措施鼓励生育，并将生育提升为本国夫妇的国家责任，养育孩子将在日本再次成为风尚。

对于俄罗斯而言，人口问题一直是国家安全问题。尽管俄罗斯的出生率正在回升，但短期内总人口仍减少了1 000万。法国政府为了鼓励生育，提供了慷慨的税收和福利补贴。

从中亚到欧洲，人口正在进行大迁移。哈萨克斯坦工人到了俄罗斯，乌克兰工人到了波兰，波兰人到了英国，英国人到了美国。莫斯科的中亚工人如此之多，以至于这座城市20%的居民都是穆斯林。

我们将看到从非洲到欧洲城市的类似迁移，这使得西班牙和意大利面临越来越大的压力。这两个国家因非法入境但充满活力的年轻移民而不堪重负。在北非，超过60万非洲人无时无刻不在等着越境进入欧洲的机会。每年有超过10万人乘坐小船，冒着极大风险从北非非法进入意大利。与此同时，中东地区的内战不断，从土耳其进入希腊的移民一年内增长了150%。

朝鲜也正坐在移民的定时炸弹上。某个时候，对朝鲜政权的压力将压垮这个政权。在此期间，预计朝鲜会发起更多军事挑衅。

无论去往哪里，新移民往往会选择居住在与自己的文化圈相适应的社区里（几乎是贫民区）。许多移民保留了传统的风俗和生活方式，与东道国格格不入，这加剧了当地的紧张局势。低收入移民社区的出生率通常比富裕的东道国高出很多，增加的这些移民儿童有助于缓解当地的人口老龄化。

在过去一二十年里，许多非欧洲地区的经济学家都认为，欧洲正在快速衰落，最终会沦为文化博物馆和老年人公园。这样的观点肤浅而有误导性，因为事实并非如此。然而，人们确实有理由对欧盟产生悲观的看法，因为这一组织缺乏领导力，繁文缛节过多，社会成本过高，还过于仰仗德国。除此之外，欧元区的国家也面临着形形色色的问题。

在德国，照目前的趋势看来，8 名曾祖父母才会拥有 1 名曾孙，这是不争的事实，也是一对夫妇平均只生一个孩子的结果。意大利、葡萄牙、西班牙、希腊和英国的部分地区也是如此。

然而，在一些地处西部的欧盟国家，部分由于移民迁入的影响，人口出生率有可能快速提高，比如英国。每年有超过 170 万人进入欧盟，另外欧盟内部还有 170 万迁移人口，他们主要来自新加入欧盟的国家，这些国家的工资水平非常低。迁入人口中的大多数是年轻单身移民，他们可能定居下来，并成家立业、生儿育女。出生率可能提高的另一个原因是，妇女生养孩子的时间延后了 10 ～ 15 年，她们会选择在生理上无法孕育之前诞下婴儿。

过去 10 年里，每年涌向英国的人口超过了 50 万，而离开英国的人数仅约 30 万（其中许多都是在英国出生的）。在涌入的人口中，40% 来自欧盟其他地区，但大多数来自世界各地。就目前的趋势看，未来 20 年内，除非英国脱离欧盟，否则涌入英国的人数将超过千万。

这些涌入英国的千万人口将诞下200万名婴儿，这会缓和该国的低出生率。到2037年，白人小孩将成为少数群体。未来10年内，小学和中学里少数民族小孩的占比将飙升至60%以上。

未来30年内，移民将成为一个热门的政治话题。我们将看到，政府为控制移民数量会付出诸多努力（也会经历很多失败）。与此同时，极右翼团体日益受欢迎，对少数民族的攻击也会增加。然而，英国仍是一个非常有吸引力的目的地。**对于任何国家，人口规模与经济规模都具有很强的相关性，因此，英国的经济也将持续增长。**

同时，在一些国家的农村和小城镇生活的人口数量将大幅下降，如波兰、捷克、保加利亚、阿尔巴尼亚、斯洛伐克和原来的东德地区，因为未来10年内，超过1 500万年轻人会为了更好的工作机遇而选择背井离乡，他们中的许多人都接受过良好教育。大多数人将在其他国家工作一段时间，然后再回到祖国最大的城市定居。

德国很可能对移民采取更为两极化的态度，街头抗议会变得司空见惯。同时，劳动力老龄化的问题更为严峻，这将威胁该国的经济增长。

冷热不均、酸甜自知的全球房地产业

在大多数国家，房地产市场的未来将取决于大城市的变化。在某些时期，房地产投资能产生比股市更稳定的收益。此外，房产还具有情感上的吸引力，因为它看得见、摸得着，而且具有历史意义。

未来30年内，世界各主要城市的房地产业将经历繁荣和萧条的周期，但全球房地产的总价值将在2014年180万亿美元的基础上扣除物价因素再增100万亿美元，因为城市规模在不断扩大，经济在不断增长，而且中产阶级业主人数在不断增加。

航空旅行人数的增加表明，跨国企业的高管们与航空枢纽城市的联系极为紧密，无论他们的工作团队是多么虚拟。“核心效应”也同样适用于高铁、高速公路线路。

那些厌倦了城市生活的人和部分能够承担得起逆流而行的代价的中产阶级们，将“回归自然”，走出城市，过一种更绿色、更安全、住房成本更低的生活。而很多富人会过两种生活，他们有两三个、十个或二十个家。越来越多的超级富豪拥有私人直升机或飞机，可载着他们穿梭于办公室、住宅、酒店、度假区和机场之间。

英国的房地产价格将与伦敦、曼彻斯特、爱丁堡等大城市的未来发展密切相关。多年之前以及2009年英国房地产崩盘期间，我就曾指出，房地产仍然是较好的长期投资对象，原因是多方面的，包括：

- 由于每年有超过20万的入境移民净数，英国总人口数量会快速增长；
- 由于地处小岛且规划严密，英国用于新建房屋的土地严重短缺；
- 由于低工资增幅和低汇率，英国竞争力增强，外包于其他国家的工作会回流英国；
- 银行业日益复苏；
- 服务业和创意产业增长强劲；
- 与其他不安定的欧盟国家和地区相比，英国被视为安全的避风港；
- 家庭分解意味着家庭的人数更少，但户数更多；
- 人口日益老龄化，老年人需要在家得到更好的照料；
- 父母出售股权，以助孩子置业；

- 即使会导致新一轮的房地产热，英国央行也会保持低利率政策，直到经济实现一定程度的复苏；
- 国债、银行存款和企业股票回报率低，这使得房地产投资更具吸引力；
- 许多人不相信养老金储蓄，他们更愿意置业；
- 基于传统思维或者财产所有权心理，人们视房产为投资；
- 对自住房屋不征收资本增值税；
- 对拥有房产的个人的养老金收益给予税收优惠。

过去10年，伦敦的人口增加了100多万，未来10年可能还会增加100万，但伦敦的住宅数量很难增加。一些国际买家由于担忧本国的未来，他们或家人可能需要迅速转移资产，伦敦会持续经历繁荣期。这一切导致人们相信伦敦房地产市场的坚挺，相信国际和国内投资者会纷纷涌入伦敦，购买更多房产。

伦敦将继续被视为世界上最宜居的城市。这里的私立学校和私人医疗保健都堪称世界一流。街道很安全，以至于巡警执勤时并不佩带枪支。伦敦是法国人聚集的第六大城市。这里的餐厅和酒吧林立，电影院、宾馆和夜总会鳞次栉比。伦敦已成为工作和休闲大都会，可为那些夜以继日围着时钟转的高管们的闲余时间提供世界级的享受。

伦敦将继续扮演全球金融服务中心的角色。为了保持外汇中心的地位，伦敦将面临一场“激战”。这座城市将力争保住世界上最大的外资银行聚集地的地位。它将面临来自纽约和上海日益激烈的竞争，来自新加坡、香港、东京和孟买的压力也不容小觑。即使金融从业者的总人数与2008年金融危机之前相比不可同日而语，但银行和其他金融服务商仍然是最大的雇主，这种状况会一直持续到2020年。

伦敦也将继续成为具有丰富创造力和想象力的人才的聚集地，如自由思想家、数字产业营销者、网游从业者、电影制作人、艺术家、企业家、管理顾问和咨询师等。未来10年内，在新的风险投资的刺激下，伦敦高新技术产业从业者的数量年均增幅至少达5%。

美国房地产业有望于2016年全面复苏，除非本地发生了极其不利的事件，比如发生在底特律的市政府破产。原先剩余的住房将很快被消化，民众将度过无力偿还贷款的难关，经济可能实现良好增长。

在近期的危机中，一些东欧国家的房价降幅超过40%，而在乌克兰等国家，早在几年前房价就出现过大幅下跌，并且可能再次上演。

从俄罗斯来看，要更换掉斯大林时代兴建的式样相同的低档混凝土公寓楼，并安置好今天仍住在其中的1.75亿民众，恐怕需要超过50年的时间。老一辈人将持续感受着斯大林的微妙影响，许多人将继续带着温暖的感情回忆旧苏联昔日的雄风。

重新设计人类：基因疗法改变所有人

我们已经看到每个国家的人口、迁移和城市是如何与未来相联系的，下面我们看看这些方面与健康的关联。这不仅涉及有多少人口出生，而且还涉及人口如何适应变化和人口的寿命。未来30 ~ 50年内，大部分人将目睹健康领域内发生的惊人变化。

现实是，发达国家所有的医疗开支中，65%的支出花费在65岁以上的老年人身上。这些人中的大部分患有几种慢性疾病，而且这些疾病几乎都是老年性的。因此可以说，**每家制药公司和医院的存在主要是为了满足老年人的需求。随着许多新兴国家出现人口老龄化的趋势，未来20年内最大的健康挑战几乎都与老龄化有关。**

提高机体性能比治病更重要？

整个医疗保健的重点已经从对症治疗转向了疾病防御、身体保健和提高机体性能。今天单纯用于治疗疾病的许多药物明天将可能用于提高性能。从过去 10 年里对性病和记忆丧失的治疗中可以看到这样的趋势。伟哥和西力士最初是为了治疗男性不同程度的阳痿而开立的处方药，但现在，这两种药被广泛用于增强“正常”的性功能。在网络黑市上，它们的销量不断增长。

利他林和其他类似药物也是如此。无论是思维活跃的年轻人，还是记忆有显著损伤的老年人，都可以使用这些药物增强大脑功能。就提高性能而言，20% 的美国和英国学生使用相关药物帮助自己通过考试。

过去的问题可能是“你这个年龄期望什么”，未来的问题将变成“做什么能使你感觉不到年龄的增长”。

老年人常因精神不振、易感疲倦和行动迟缓而被人抱怨。任何时候，最畅销的药物都是那些能在细胞层面上针对系统发挥作用、像发电一般使衰老的身体和大脑产生活力、同时能提高线粒体的效率的药物。线粒体有自己的基因，它们能够分裂，而且可在动物和人之间进行替换。例如，用帕克帕克硫辛酸①结合其他药物进行治疗后，老鼠身上的衰老线粒体能得到恢复。老鼠跑得更快，而且能更快地辨认复杂的路线。

我们在化妆品行业也看到了类似的趋势，即人们使用化妆品是为了增强皮肤性能。化妆品销售的最大驱动力将来自老龄化人口和新兴的中产阶级。到 2020 年，全球化妆品的市场总值约为 3 000 亿美元，

① 帕克帕克硫辛酸（Alpha Lipoic Acid）是一种水溶性和脂溶性代谢抗氧化物，类似维他命。

年增幅为 3% ~ 4%。数百万年龄超过 30 岁的女性希望自己看起来更显年轻。一些富有女性每年会花费超过 1 000 美元在那些最新的号称会产生“奇迹”的皮肤护理产品上面，比如面霜、化妆水等。

臭氧层的空洞面积仍然多达 1 000 万平方英里，这将持续引起人们对罹患皮肤癌的担忧。越来越多的疾病被归咎于阳光的照射，包括白内障和非霍奇金淋巴瘤（一种癌症）。护肤品将越来越强调其防紫外线功能。“日光屏幕”的辐射是如此强烈，以至于在其照射下，人们几乎不可能拥有“正常晒黑的”皮肤。深褐色、棕褐色的皮肤在欧洲将不再流行，印度已然如此。人们的审美观会回归传统，白皙的肤色将被视为有教养的标志。这呼应了 18 世纪的风尚，当时棕褐色的皮肤是户外体力劳动者的标志。越来越多的人会对到热带国家的海滩度假持怀疑态度。

未来 10 年，我们将看到，有可靠的研究证明，某些配方确实能够阻止皱纹的产生，恢复皮肤胶质，让肌肤具有自然厚度并恢复弹性，让人看起来年轻 10 岁。

9大健康问题挑战未来40年

大脑退化——阿尔茨海默氏病①现在是导致英国妇女死亡的最常见疾病。到 2050 年，全球将有超过 1.3 亿人受老年痴呆症的折磨。2015 年，这一数字是 4 400 万。在 20 年的临床实验完成之前，科学家会进行大量的研究，以确认待测药物发挥作用的早期特征。这一研究也会告诉我们更多有关大脑的生理知识，比如，人类如何思考

①阿尔茨海默病（AD）是一种起病隐匿的进行性发展的神经系统退行性疾病，临床上以记忆障碍、失语、失用、失认、视空间技能损害、执行功能障碍以及人格和行为改变等全面性痴呆表现为特征，病因迄今未明。65 岁以前发病者，称早老性痴呆；65 岁以后发病者称老年性痴呆。

和记忆？有关事件的信息储存在大脑哪个区域？大脑如何制定决策？什么是有意识的思考？

癌症——若能较早诊断出并且获得最佳治疗，大多数癌症患者可被治愈。许多新的疗法能够促进免疫系统对癌细胞的攻击，而且医生会根据每种肿瘤的精确特征进行基因筛选，以选择抗癌药物。未来30年，大多数癌病患者将得到结合不同疗法的综合治疗。到2065年，在大多数发达国家，癌症导致的死亡将变得极为稀少。

与肥胖有关的病症，包括糖尿病——30%的人超重，这导致了相当于全球GDP 2.8%的支出（医疗保健费用和工作日减少带来的损失）。而且在所有死亡中，与肥胖有关的死亡占比达5%。到2030年，随着更多人变得富裕，世界一半的人口将变胖。纽约2015年出生的婴儿中，有1/3将可能在孩童时代就罹患成人式的糖尿病，因为他们太胖了。肥胖导致美国不健康和劳动力方面的经济损失超过1 000亿美元，而且每年因此死亡的人数达30万以上。所有发达国家20%的医疗成本都与肥胖有关。治疗肥胖症的新疗法会出现，比如基于甲状腺素的疗法，这种方法能在加快新陈代谢的同时不影响心脏功能。针对未成年人的巧克力广告、速食品和饮料中的含糖量等相关法规会增多，而且政府还会采取大力举措，鼓励民众健身。

心脏病和中风——我们将看到，由于对成人的血压和胆固醇水平进行筛查，也由于吸烟人数的减少，全世界因心脏病和中风死亡的人数大幅减少。到2025年，将有超过3.5亿的老年人使用降压药和降低血液中胆固醇的他汀类药物。我们会看到，越来越多的心脏病患者会以心脏搭桥或安装支架的方式来解除心脏动脉的阻塞。在美国，每年有12.7万人使用心脏搭桥术，即通过微创手术将一条导管通过腹股沟放入体内，然后用细金属丝做导引，疏通直达心脏的血管。随着溶栓药物更广泛的使用，中风患者将减少，一旦罹患也能得到较好的恢复。

慢性创面——到2025年，全球约有1亿老年人受到慢性创面的影响，尤其是因血液循环不畅，他们的小腿会遭受折磨。人们会投入大量资金研制新敷料和新疗法，目的是加快创面的愈合，包括端粒酶的愈合以及重新激活创面边缘老化无力的纤维细胞。当细胞分裂次数太多时，细胞内遗传密码的端粒会变短，这样细胞就无法再分裂了。端粒酶能够延长端粒或者使其恢复至更“年轻”的状态，这样细胞就可再次分裂。

细菌感染和败血症，包括肺结核（TB）——抗药性细菌对外科医生和患者而言可谓梦魇。美国每年有200万人因其致病，相关医疗支出高达200亿美元，而且抗药性细菌每年的致死人数高达2.3万。如果任由不负责任的做法继续延续，到2045年，全球将有超过800万人因抗药性细菌死亡；而再过30年，这个数目将达到1.5亿，经济损失会高达50万亿。上一次新抗生素的重大突破发生于20世纪60年代。制药公司不会从抗生素中赚大钱，因为过不了多久，这些药物的效果就会大打折扣。预计会产生新的政府与医药行业的伙伴关系。政府会更加严格地控制抗生素的滥用，并禁止农民在饲料中添加抗生素。由于耐药问题日益严重，肺结核的治疗已变得相当棘手，而且变得与艾滋病紧密相关，艾滋病患者更易感染肺结核。

寄生虫感染，包括疟疾——未来20年，疟疾将继续成为人们面临的最严重疾病之一。每年感染疟疾的人数达1 000万，其中66万人会死亡，特别是年幼的儿童。到2020年，疟疾疫苗和治疗方法会取得重大突破。到2030年，在疟疾肆虐的国家，越来越多人会接种疫苗。

不孕——未来不孕症将会流行。全球会有越来越多年纪偏大但渴望孕育孩子的父母。这是因为，更多妇女直到 35 岁或更大年龄时才尝试初次怀孕，但此时她们的生育能力已随着年龄的增长迅速下降了。全球患性病的人数也在增加，男性精子的数量 50 年来已减少了一半。

看护老人——未来 20 年，有超过 1 000 万老人需要在家或养老机构里得到看护。一般看法是，老人临终前需要看护的时间不比 20 年前延长多少，仍少于两个月，即使高寿老人也是如此。大多数老人都是在患病一段时间后平静地逝去，有些老人则需要小心地看护几年。家庭看护的需求会大幅增长，电子监控需求也会增加。机器人在这方面发挥不了显著的作用，即使到 2050 年也是如此。未来 25 年内，低成本的移民劳工将从事许多相对低技能的新的看护工作。

病毒：天然的纳米机器人？

每年我们都会看到新型变异病毒的出现，而且随着人口数量的增加，这些变异病毒发展和传播得更快。当人类感染动物携带的病毒时，或者在使用抗病毒药物进行治疗时，病毒还有可能发生突变。

人类很容易受到病毒攻击，因为我们对抗病毒的方法不多而且力量薄弱。今天，没有哪种抗病毒药物能像青霉素被首次发现时那样有效。抗病毒研究滞后于抗生素研究 50 年。我们唯一真正有效的武器是接种疫苗。丙型肝炎病毒不过是一种病毒，但对人类造成了很大威胁，携带此病毒的人占全球总人口的 3%，其中包括 400 万美国人和 21.5 万英国人。每年因乙型肝炎和丙型肝炎死亡的人数超过 100 万。

艾滋病已造成超过 4 000 万人死亡，3 500 万人被感染，这些人口主要分布在非洲。到 2040 年，艾滋病将持续成为威胁全球的健康杀手。几十年前，艾滋病毒从动物身上传染到人时发生了突变，人类没有任何免疫力、疫苗或有效的治疗方法对抗这种病毒。这警示我们，其他病毒也有可能发生类似突变。

我曾在伦敦从事国民卫生服务（简称NHS）工作，为癌症患者服务。在此期间，我发现艾滋病患者临终前承受着身体和精神上巨大的双重痛苦，因此，我于1988年成立了国际艾滋病防护机构ACET，并深度参与该组织的各项活动。今天，ACET已在18个国家开展了艾滋病的预防和护理项目，大部分位于世界上最贫穷的地区。

早在1987年，我就说过，艾滋病毒的变异极其迅速，能够逃过我们已知的任何疫苗的攻击，因此，研制对抗艾滋病毒的疫苗将十分困难。我当时预测说，疫苗被研制出来至少需要15年的时间。从目前来看，直到2035年，人类都不可能研制出任何有效的、能被广泛使用的艾滋病毒疫苗。

对艾滋病的治疗已有所改善，可采用的疗法也有所增加，艾滋病正转变为一种慢性疾病。然而，目前仍然没有彻底治愈艾滋病的方法，而且治疗产生的毒副作用会使患者终身受到影响。人类正在探寻能够部分或全部防止艾滋病毒感染的罕见基因，基因疗法将成为未来艾滋病防治的一个方向。

然而，即使明天就发现了治愈艾滋病的疗法，要证实其安全性还需要12年以上的临床实验。而且，要使艾滋病毒得到有效控制，至少还要再花25年的时间。例如，人类已于1944年就可治愈肝炎了，但直至今天，这一世界上最大的流行病仍有可能爆发。

令人欣慰的是，许多国家卓有成效的预防工作使艾滋病感染率下降或保持稳定，比如在乌干达，通过性交感染艾滋病毒的比率被稳定在30%。但在许多国家的许多地区，不在乎的态度仍将是防治艾滋病工作面临的一大挑战。

1918—1919 年，西班牙爆发了流感，这次流感流行的规模最终与后来的艾滋病毒流行规模不相上下。仅仅几个月内，病毒就通过徒步、骑马、骑驴、乘火车和轮船的人传播至全球，最终导致 3 000 多万人死亡，而全球总人口当时仅 20 亿。如果类似的具有高度传染性的致命病毒明天开始流行，那么，在短短几天或几周而不是几个月之内，就有可能在全球扩散开来。人类将猝不及防，没有时间开发或在全球分发疫苗，那么，一年内因这种病毒死亡的人会多达 1 亿——这就是为什么世界卫生组织一再提醒各国政府注意此类威胁的原因。

西班牙流感病毒的基因密码几乎与猪流感相同，因此，当 2009 年猪流感病毒出现在墨西哥时，人们深感担忧。尽管墨西哥动员了大量的卫生资源，发布了旅行预警，而且几乎在第一时间就封锁了部分地区，但病毒还是在几周内扩散到全球，导致了 14 000 人的死亡。

2003 年，SARS 也是在毫无征兆的情况下出现。尽管各国为遏制病毒的传播付出了巨大努力，但短短几周内，仍有超过 8 600 人被感染，且有 860 人死亡。其中 1% 的病毒携带者传染性如此之强，以至于在 24 小时内接触他们按过的开关都可能会丧命。、加拿大和其他国家都采取了积极的追踪和隔离措施，SARS 的传播才得以遏制。假如一位“超级传播者”乘坐一架拥挤不堪的列车游遍非洲，在偏远的农村地区播下传染的种子，那么后果更加不堪设想。

2014—2015 年爆发的埃博拉疫情使数千人死亡，许多儿童成了孤儿。非洲许多国家因为这场疫情导致经济瘫痪，种植业停滞，市场关闭，并爆发大范围的饥荒，诱发了各种其他疾病，导致许多人死亡。除此之外，丛林中受感染的动物将病毒传回人类的威胁继续存在。

我们还需要多少证据？变异的病毒将成为未来的一大威胁，政府会投入更多资金用于研究对抗病毒的疗法、疫苗以及疫情的监控。

大约 28 年前，我在《艾滋病的真相》（*The Truth about AIDS*）一书中预言，有朝一日，医生将把病毒当作治疗工具使用。这样的想法在当时听起来不可思议，但就在我写本书时，我正担任一家旨在用病毒摧毁癌细胞的公司的董事长。

病毒是天然的纳米机器人，它们不需要食物，不使用任何能量，是纯粹的生物机器。病毒具有带探测功能的触角，能够探测到接触的细胞的类型。一旦这些触角接近它们试图感染的细胞，病毒体就会与细胞膜融合，注入有效的遗传物质。

几分钟内，细胞就会读取到遗传物质，制造出新的蛋白质。每一个病毒都包含劫持到的受感染的细胞并下达将其转变为病毒工厂的指令。细胞很快就填满新的病毒颗粒，直到它爆裂并死亡，这样的过程会一直进行下去。

为了有针对性地感染并摧毁癌细胞，同时不破坏健康的组织，科学家设计了各种不同类型的病毒。许多人造病毒还激活了抗癌细胞的免疫反应。作为治疗的一部分，人造病毒也可被用来传递额外的基因，指示细胞以特定的方式做出治疗行为。

当受体难以对抗某种特定病毒时，人造病毒技术很有可能被当作战争武器使用。然而，尽管生物武器毋庸置疑地存在于不同的国家，但大多数生物武器的针对性很差，运用它们的国家会承担较大风险。

一些人担心艾滋病毒和其他危险的病毒是在生物武器试验室制造出来的，但艾滋病毒已经存在很多年了，而且没有任何证据表明，有任何新的危险病毒被制造且释放出来。然而，我们确实需要非常谨慎地规范病毒的使用，尤其是那些已经变异了的病毒。

我们也要认识到，某些时候，旧病毒会不可避免地被当作“低技术含量”的武器使用，比如有意使敌对国的农村地区爆发手足口病。做到这一点非常容易，只需一个人驾驶一辆面包车，在某些农场扔下被感染的猪肉即可。事后如何证明这件事的幕后黑手呢？这样的疫情在英国爆发一次的损失就高达130亿美元。

先进的医疗技术改变未来20年

几乎所有伟大的医学进步都来自于医疗技术、医药或生物技术，或者是以上三者的组合。仅医疗技术，就能改变未来20年医疗保健的面貌，此处仅举几个例子：

◆内窥镜——微型窥镜的使用更加广泛，微创手术的数量快速增长，缩短了患者的住院时间。到2022年，这一市场的价值高达750亿美元。

◆ 3D成像——能够异常清晰地观察到“游走”于血管内的活组织、心脏内部的情况，能在手术过程中检测癌细胞。

◆超清显微手术——能够观察到单个细胞内正发生的一切，可观察光子如何激发视网膜细胞，如何激发附着于受体上的药物分子。

◆数字病案记录——实时记录所有检验结果、扫描图像等医疗记录。美国退伍军人健康管理局（US Veterans Health Administration）建立了包含2 000万病人档案、20亿文本条目以及1 600万X光图像和15亿张处方的大数据。

◆计算机辅助诊断——让机器人参与对疾病的探讨，利用大数据预测未来。这一工具将改变医生需要记忆的内容以及他们接受训练的方法。到2025年，在某些国家，根据不同的条件，计算机辅助诊断将成为普遍现象，医生使用该方法不是由于法律规定，而是受保险公司所迫。

◆远程监控、远程医疗和家庭诊断——用于虚拟医疗和家庭监护的装置数量大幅增加，医生和专科护士可远程做出诊断。然而，我们不会看到许多外科医生控制千里之外的机器人的现象，因为从外科医生给机器人发出指令再到图像传回，然后外科医生再根据图像做出判断，整个过程会因传输延迟而显得太慢，而且当情况恶化时，无人能在手术现场当机立断做出处理。

◆自我保健的人数增加——网络诊断的普及和辅以生物传感器的手机应用程序的广泛使用，使得许多病人对自身状况的了解更甚于医生。

◆社交媒体和分享健康经验——对护理人员打分，对医生和医院进行评级。

◆通过在角膜中植入微型水凝胶，改变角膜的屈光度，替代近视镜和老花镜。

◆低成本的基因检测方法。

“武装”到牙齿

未来30年内，主要得益于医疗技术的进步，牙医业将迅速发生变化。更多人将负担得起牙齿美容，新兴市场的政府也将提供更多免费的牙齿护理项目。

由于诊断技术、即时3D成像技术、本土3D制造业和打印技术的巨大进步，再加上新型牙齿填补材料的完善和纠正不整齐牙齿的“无形”牙套的诞生，牙齿治疗和整形将发生巨大变化，可达到近乎完美的效果。

新一代牙齿清洁技术将加强对牙齿微小缺陷的日常修整。而全球发生的最大转变是，新兴市场国家为了加固儿童的牙齿，会更加广泛地使用氟化物，当这一代人变老时，氟化物会继续保护他们的牙齿。因此，未来 50 年，从牙齿修补到牙齿美容，牙医业将呈现全新的面貌。

新药研发与罕见病治疗

要想了解制药业的未来，只要看看今天医药网站上列出的尚处于临床实验阶段的药品名单就可以了。采用新疗法的药品名单非常短，大部分药品平淡无奇，疗法趋同。比如降压药，只不过是种类增多了而已。我在 30 年前就取得了医师执业资格，然而可悲的是，今天的大多数药物都是我上医学院时学习过的或是仅发生了微小的变化。

大型制药公司发现，真正的创新很难、速度很慢而且成本高昂。全球规模最大的 5 家制药公司在药品研发方面的预算总计为 320 亿美元，对于全球前 50 家制药公司，这个数目则达 1 000 亿美元，比世界上最贫困的 35 个国家的 GDP 总和还要多。尽管如此，在未来 25 年内，大型制药企业对全球新药的贡献不足 40%。

未来 25 年内，大多数技术突破发生在 2 万多家小型生物技术公司里，其中大部分公司目前尚未建立。这些小型生物技术公司通常会与大学团队展开合作，它们的运营模式往往是，在临床实验之前或其中的某个时刻，向制药公司出售前景看好的药物配方。全球每年的药物销售额是 7 500 亿美元，其中采用生物技术的药品所占的份额为 21%。在未来 10 年内，这一比例有望每年增长约 7%，而同期小分子药物的增幅仅为 4%。

未来 20 年内，在市场上推出一种新药的总成本每年至少会增加 4%。从发现到早期研发、动物试验和全面的临床实验，新药上市的成本超过 13 亿美元。其中 80% ~ 90% 的新药会中途夭折，而且制药业和生物技术产业仍属高风险事业。过去 5 年里，制药企业在临床试验阶段失败的药品上投入的资金超过 2 400 亿美元。

由于大多数情况下，专利的有效期仅为 25 年，而且通常有 15 年的时间被花在了药物研制上，因此，制药企业要在不到 10 年的销售期中获得较高的回报。

许多新的专用药物在未来的销量会低于过去，尤其是那些具有毒副作用的药物，比如癌症的活血疗法药物。原因在于，医生使用基因分析法（药物基因组学）为每位病人选定精确的疗法，这意味着人们对“最佳处方药”的渴望降低。

未来 10 ～ 15 年，药品价格会迅速下降，因为今天出售的几乎所有药品的专利将在这一时期内失效。这意味着未来 10 年内，制药公司将面临数亿美元的收入损失（同时政府和保险公司会节省支出）。

今天使用受专利保护的药物，一个疗程的花费超过 100 美元，而 2030 年专利到期后，使用通用药的花费将不超过 5 美元。

当然，到那时，医生手里又会多了一系列同样昂贵的新药。但制药公司会对大多数药物进行渐进式调整，专利期和销售期也因此得以延长。

对制药公司而言，更棘手的是，如果他们的药品对某种疾病比如疟疾的疗效特别显著，那么在最贫困的疟疾肆虐的国家，就将面临道德上的巨大压力，可能不得不以成本价出售药物。

因为不可预料的健康风险，一些大型制药公司可能会停止生产一种或多种“畅销”药，它们的收入可能在一夜之间大量缩水，降低至少 35%。

尽管如此，我们的世界仍需要一个有利可图的制药业冒着风险开发下一代药物。正因如此，我们可以预计，监管机构可能会做出更多让步，在加速新药开发的需求与患者的安全之间寻得平衡，尤其要考虑到可能因药物的不确定性很快致死的病人的安全。

政府会扩大罕见病囊括的范围。由于罹患这些病的人数太少，无法引起制药企业的兴趣。政府会给予研制罕见病治疗药物的企业特殊补贴及税收优惠，并会快速审批，准其以更优的定价及更长的专利保护期进入市场。

研发药品的新模式将会出现。知识和专利归大众所有，纳税人自主进行药品研发工作，而生产和分销活动由制药企业完成，正如艾滋病的研究模式。

医学出版业也将发生巨大变化。更多自主研究的公共机构会向所有人公开已发表的成果。合作竞争、众包、开放创新、集资等新合作模式将会出现。超级富豪也会像社会企业一样，在生物技术领域，资助许多创新。

尽管许多制药企业的领导人曾声称，诞生新型畅销药的时代已经结束了，但事实是，我们一次又一次地看到，由于实现了关键性突破，一些企业的新药获得了惊人的销量和利润。试想一下，若一种新药被证明能使老年痴呆症的发病时间推迟 3 年，其销量会如何？治疗类风湿性关节炎、哮喘和糖尿病的药物，甚至让人们“感觉”更年轻的药物呢？正如我所说，在一些生物公司或者大学实验室里，某些具有突破性的新药已不仅仅只是概念了。

基因疗法：人代替上帝

毫无疑问，我们生活在基因时代，人们在基因方面所做的工作远远不止于将生物技术方面的发现销售给制药公司。其实，我们很难理解人类为了重新设计生命自身的基础而迈出的这一大步。

地球上所有的生命形态都具有同一种 DNA 和 RNA 生物技术语

言。我们的大部分基因与阿米巴原虫、昆虫、蚯蚓、老鼠、兔子、马等动物的基因并无区别。人类可以很容易地剪切和复制部分基因序列，无需事先知道这样做可能导致的结果。基于"仅是一小段"的理由，人类基因已被添加到老鼠、奶牛、绵羊、兔子和鱼等动物身上了。

大量经过基因设计的动物诞生了。欧洲的实验室里每年会完成数百万次基因突变的试验，每一次突变都是两个、三个或多个不同物种的独特组合，例如转基因绵羊项目是为了让绵羊泌出的乳汁具有刺激人类生长的激素或其他复杂分子。科学家们还创造了携带蜘蛛基因的山羊，这样山羊就可泌出含有蜘蛛网蛋白的乳汁。人类可提取这些蛋白，用以制造一种具有与芳纶①差不多的弹性和超高强度的纤维。

植入人类基因片段的奶牛未来可生产出低脂牛奶。基因技术的另一个目的是，孕育出能生产人类母乳的奶牛。然而，由此将产生新的动物福利问题，比如，经过程式化改造的奶牛的产奶量可达正常奶牛的数倍，但如此一来，相关养殖农场将因动物福利问题遭遇质疑。

读取基因序列（基因组）的能力

到 2025 年，医生可在两小时之内读取个人的基因序列，所需费用不超过 3 500 美元。通过大数据、云计算，再加上数以万计的基因组、医疗技术和生活方式数据，人们可以更精确地预测医疗行业的未来。

解码单个基因组需要花费 30 亿美元和 15 年的时间。到 2035 年，运用纳米孔测序和其他技术，解码单个基因组的成本会降至 500 美元。到 2040 年，基因解读装置就如同今天的 U 盘一样小巧，可在 30 分钟内解码每个基因序列。

① 芳纶是一种新型高科技合成纤维，具有超高强度、高模量和耐高温、耐酸耐碱、重量轻、绝缘、抗老化、生命周期长等优良性能，广泛应用于复合材料、防弹制品、建材、特种防护服装、电子设备等领域。

大数据已经确认了与语言、记忆、谋杀、成瘾、过度冒险、害羞、肥胖、忠诚、幸福等有关的基因。而且，一旦基因被精确定位，且设计出了正确的测试方法，那么在试管胚胎已受精而被移植入人体之前，该方法可被用来选择早期分裂后的胚胎，如此会带来系列新的伦理问题。不选择移植携带具有缺陷、可能导致终生疾病的基因的胚胎是一个问题，而选择具有增强性特征的胚胎是另一个问题。

研究人员已经发现，被关押在美国死囚室里的很多杀人犯具有共同的基因，随之而来的是关于责任或者疗法的深刻问题。在美国，自 1994 年以来的缓刑申请中，具有“错误基因”的理由被援引了 50 多次。具有 XYY 染色体的男性更有可能行凶，其基因会影响大脑中单胺氧化酶—A 的产生，与攻击行为有关，因而被称为“战士基因”。

如果你在自己的基因组中发现了一个流氓基因，而且它肯定会让你在某一天表现得令人厌恶，那么，为什么不纠正这个缺陷呢？这是基因疗法的基础。而且正如我们已经看到的，相对于使用人造病毒纠正缺陷，这是一个相对简单的方法。

人类会尝试不同方法增强自己原本拥有的基因。一些运动员为了提高成绩，甚至会在体内注入基因片段，这会产生短期影响，而且很难检测。反对生物兴奋剂将成为奥运会的一大难题，而兴奋剂也会带来每项新的运动记录是否真实有效的疑问。

世界将很快不得不面对与基因变异动物的所有权有关的众多难题。一家公司拥有一个完整的物种，这合理吗？创造一个物种时，基因决定了该物种必然遭受痛苦的折磨，这合理吗？第一批肿瘤鼠诞生后，这两个问题便出现了。这些肿瘤鼠在出生 90 天后被注入了致命的癌细胞，美国科学家制造这些肿瘤鼠是为了测试癌症治疗的效果。这些肿瘤鼠属商业企业所有，受专利保护。

企业保留人的基因，这对吗？美国一名身患癌症的男子将自己的细胞供给科学家进行研究，科学家使用这些基因开发出了一种诊断及测试癌症的新方法，并获得了专利保护。该名男子得知一切后非常愤怒，他声称："我才拥有自己的基因。"他起诉了获得专利保护的公司并一直上诉到最高法院，但最终败诉了。显然在美国，人们并不一定拥有自己基因的所有权。

我们迫切需要利用基因技术养活世界上的人口并防止疾病，但我们需要思考的问题是，既然人们现在有能力改变生命本身最基础的东西，那么，我们正在创造的，将是一个什么样的未来世界呢？

孕育尴尬

我们会深入探究衰老过程以及这一过程如何阻止我们的生物钟顺利运行，但首先要探讨的是，生育科学将如何改变婴儿孕育过程的方方面面。

无论是男孩还是女孩，青春期总会到来。在美国，27% 的非洲裔女孩和 7% 的白人女孩到 7 岁时会出现明显的青春期前期身体变化，例如乳房增大。女性体内会分泌雌激素，因此随着女孩年龄的越长，血液里的雌激素就越多。一些食物中也有自发生成的雌激素，被避孕药污染的水源也含有雌激素。

许多极为年少的儿童将成为"父母"，如 9 岁的父亲和母亲。

医生将不得不重新书写医科教科书的内容。哪些现象是正常的？哪些人需要治疗？在情感成熟之前，孩子们必须应付似乎成人世界里才有的激素。因此，到 2030 年，在许多忧心忡忡的父母要求下，发达国家的医生将采取措施，推迟儿童的青春期。

环境中的雌激素也可能是许多国家的男性精子数量在近 50 年来

减半的原因。照目前的趋势看，到 2050 年，全球将有 5 000 万男性无法生育。如果未来下降趋势不变，在 80 年后，全球大多数男性的精子数量将严重偏低。然而，这几乎不会对 21 世纪的人口总出生率产生影响。同时，罹患睾丸癌和前列腺癌的人数会增加。

正如我们已经看到的，发达国家的大多数妇女会推迟生育孩子的年龄。目前，在许多欧盟国家，妇女生育第一个孩子的平均年龄是 30 岁。这意味着许多妇女在初次排卵 20 多年后才初次怀孕。然而此时，生育率已经在下降了，生育的并发症也更常见。由于想怀孕的妇女年纪比较大和衣原体病菌迅速漫延，不孕不育会成为流行病。尽管尝试了各种办法，目前仍有 4 800 万对夫妇无法怀孕。但与此同时，每年堕胎的人数超过 4 400 万。在许多国家，随着避孕药具的普及以及人们对堕胎态度的转变，未来 20 年内的堕胎率会持续下降。

发达家国可供收养的婴幼儿数量也将持续下降。尽管世界上被遗弃的婴幼儿有 1 800 万，其中许多仍在街头流浪，无家可归，但跨国收养的人数会下降。在许多最贫穷的国家，政府已禁止跨国收养。

我们将继续看到令人不安的堕胎现象，特别是在新兴国家。想象一下，在德里或莫斯科繁忙的医院里，两个女人彼此相邻而坐，她们都存在早孕问题。其中一个来看妇科医生是为了“终止妊娠”，而另一个来看产科医生是为了咨询“保胎”事宜。如果妇科医生谈论如何“终止妊娠”，而产科医生谈论如何“保胎”，两个人都可能被指责为冷漠无情，甚至不道德。

在我们生活的时代，可能威胁婴幼儿健康或情感幸福的任何事情都令人难以接受。我们从下列事项中可看出这一点：人们担忧乘车儿童的安全，担忧孩子在学校或通过网络受到不良影响，人们比过去更难以忍受恋童癖。这个新时代崇拜儿童，儿童被视为这个日益褪色的、受污染的、以自我为中心的世界里纯真而完美的象征。“为了孩子”被当作座右铭来证明诸多事情的合理性，包括婚姻忠诚度、结婚、离婚、净化环境或者禁烟广告等。

父母变得更执着于孩子的幸福，他们甚至会让孩子过“茧式生活”，即远离风险的侵袭。例如，自己单独骑自行车去公园或单独步行至学校的孩子将越来越少。作为对此类现象的反思，我们也将看到，新一代父母认为孩子需要在“真实的世界”里成长，需要减少对成人的依赖。

预计妇女中将出现一股颇具争议的风潮，她们会在60岁左右时使用捐赠的或她们自己被冷冻多年的卵子孕育孩子。到2050年，随着预期寿命的延长，甚至有妇女在70岁高龄时通过此方式生育孩子。未来20年，孕育技术将出现极大进步，每一个进步都将不断挑战人们可接受的极限。然而，社会上也会出现反对“扮演上帝”的声音，而且人们越来越渴望以“自然方式受孕”和在家里完成分娩。

巨大的克隆市场

动物克隆技术已出现很长时间了。20世纪50年代，第一个克隆动物出现，当时被克隆的动物是青蛙。克隆哺乳动物是相对较新的技术。通过使用新鲜或冷冻的细胞，这一技术目前已取得了良好进展，其大致步骤是：

1. 移除卵细胞的细胞核；
2. 将成年动物体细胞或生殖细胞的细胞核注入；
3. 利用微电流刺激模拟受精过程，使二者融合；
4. 在温暖的充满营养物质的水中促使细胞分裂。

此后，所有细胞核中的基因都会被卵细胞的细胞质激活，细胞开始分裂并形成胚胎。如果这样的早期胚胎被植入子宫，就会成长为捐献者的同卵双胞胎；如果被终止，则可作为干细胞的来源对捐赠者施以治疗。

许多实验室都进行了克隆人试验，一些人声称，克隆出的胚胎在植入时失败了。目前仍没有克隆婴儿公开问世，但这只是时间问题。

即使此类克隆成功，“父母”和医生对他们带至这个世界的新人类的一切都会非常敏感，他们想要保护这类不同寻常的孩子，希望他们不会受到任何污名的伤害。因此，克隆人消息的公开可能显著滞后于实验的成功，世人要了解事实的真相需要时日。

当然存在一个规模相当大的克隆市场。尽管我持坚决反对态度，但多年来，访问我网页的许多人都问我，他们是否能被克隆[①]。一位女士告诉我，她想克隆自己奄奄一息的父亲，而且她要用自己的子宫孕育胚胎：“我打算看着他来到这个世界。”也就是说，她想生下自己的父亲。如果她留存下冷冻细胞的话，她的愿望终有一天会实现。另一位妇女患有不孕不育症，她想用自己的细胞而非捐赠的精子和卵子培育一个婴儿。一名学生写道，被克隆“如此整洁干净”。但是，首批克隆人成功诞生后的验证申请恐怕会引起一片哗声，这些人认为科学已令人类失控。

克隆技术会在有钱人中流行，他们的终极目标是生育带有自己血统的孩子。超模可将自己的细胞卖给克隆商人赚钱，克隆商人通过克隆技术和代孕体可以帮助无法生育的夫妇实现梦想。未来的人源化猿猴也可能被当作代孕体使用。科学家已能在完全人造的子宫里孕育

① 详见 *http://www.globalchange.com* 的克隆部分。网友在此提出这些克隆问题的原因是，我的关于克隆人争论的网页是这一领域知名度最大的网络资源。——原书注

哺乳动物的胎儿了。尽管代孕在一些国家仍不被道德和法律允许，但在网络上很容易雇用到代孕妈妈。

克隆将意味着，不孕夫妇可以让丈夫或妻子的孪生兄妹做他们的新生儿，或者他们可以“再造”一个已经离世的孩子，或者创造出一个克隆人，向活着的孩子或成人捐赠身体组织。以上这些都会成为克隆的理由，但对克隆出生的孩子来说，他们有可能存在巨大的安全和心理隐患。在克隆的动物中畸形和流产很常见，因此未来35年内，克隆技术不大可能被广泛使用。

即使克隆的孩子是健康的，当他长大后得知自己是爸爸或妈妈的孪生兄弟姐妹之后，情绪会有怎样的波动？父母对于“再次发挥”自身基因潜力的压力有多大？比如观察到克隆孩子在音乐课上的乐感时感受到的压力。当然，父母经常给孩子带来压力，但如果父母试图通过超前培养孩子来证明自己基因的潜力时，孩子的压力会更大。

科学家运用一些和常规试管婴儿技术类似的设计，已能够订制婴儿，最简单的方法是从一些早期胚胎（桑葚胚）中取出细胞冷冻起来，以供后期植入。然后，科学家会分析每个细胞的基因，并利用基因大数据，找到具有合意的特性的细胞。

克隆技术将导致有趣的长期变化：女人不必依靠男人就能使卵子受精，由此可建立一个完全由女性组成的女儿国。或者一旦动物被人源化，并足以在其子宫里孕育人类，那么也能建立一个男儿国。

对于基因确定的人而言，还可通过外科整形手术继续改造其外形，包括耳朵、乳房、臀部和大腿等。而且，随着下一代人积极地向衰老发起挑战，试图延缓衰老过程，相关手术将变得越来越普及。

科学家已使用冷冻细胞成功地克隆了动物，因此从理论上说，任何一个坟墓中的人都可以“复活”为婴儿，前提是去世前或去世后不久他们的细胞马上被冷冻起来。一些人去世后一周体内仍存在可用的活细胞，因而提取细胞的时间得以放宽。克隆逝者的另一种方式是细胞培植。温暖的环境有利于培植细胞，培植出的细胞可存活几十年。一个死于癌症的孩子可能被“复活”，只要父母用其细胞生出一个他的兄弟姐妹即可。

正如我多年前预测的，我们不久就可以“复活”灭绝的动物了。从被深埋在冻土中的猛犸象的组织中提取基因，或者在现有动物比如马的身上添加一些已发现的猛犸象的基因片段，人们可以完全或者部分复活猛犸象。

通过大规模绝育或者种族灭绝来改变人种结构，在人类社会已有相当长的历史。

瑞典在 1935—1976 年，使 6 万名“心理和生理特征有问题”的妇女做了绝育手术。丹麦、挪威、芬兰、瑞士也都出现过类似情况。。

基因研究最终会走向微型化。传统的合成胰岛素的药厂会占据大量土地，消耗数十亿资金，还需配备大量工作人员，而事实上，整个生产单元可以压缩得非常小，不是一座房子或者一个房间，也不是一个烧瓶或者试管，而是单个活细胞的细胞质。

一旦单个细胞获得了可以生成胰岛素的人类基因，就会一直分裂下去，消耗营养物质并生成胰岛素。胰岛素的生产过程变成如酿造啤酒一般简单而优雅。

甚至你能想到的任何一种复杂的化合物，比如药物、疫苗、新外科手术的前体细胞、新型碳氢化合物燃料等，都可通过基因技术，在含有细菌或动物细胞的啤酒桶里制成。一些非常复杂的物质可以通过基因设计的昆虫来制造，或者利用牛或羊等哺乳动物的泌乳过程制造出来。

人们现在可以在大小适宜的幼畜体内或类人组织内（奇特的人体组织聚合体，具有供血等功能）培育完整的器官，充满营养胶质的物质和不同类型的人体细胞将被培育的器官包裹了一层又一层。

许多种基因技术带来的伦理问题与“孕育”有关。问题并不在于某些做法是否正确（太令人困惑以至于无法判断），而是这些做法能否被大多数人接受。

科学家将运用生物技术制造新一代智能机器，并将其与各种生物体组织内植入的芯片或数字传感器进行链接。正如我们看到的，科学家已进行了许多成功的实验，脑细胞可在芯片表面生长，芯片融入了瘫痪者的大脑，瘫痪者由此可通过意念控制机器。

人猴出世

无需多久，人猴就会与我们同在。也许这样的胚胎早就存在了，这项技术已得到了证实。杂交生物很容易被创造出来。山绵羊——山羊和绵羊的结合体，就是在受精后马上从两种不同的羊胚胎中提取两个细胞，并将它们融合在一起生成的。

然而，一只动物必须获得多少人类基因才能拥有人权？我们与猴子的基因差异不超过2%，与变形虫的基因差异约为14%。因此，如果你在猴子的受精卵中添加1%的人类基因，你最好准备好接受非同寻常的结果，因为只要0.3%的人类基因就足以让一只猴子开口讲话了。

神学家、哲学家和律师需要考虑，当一种杂交生物出现在世界上时自己应如何反应，因为这样的事情必定会发生。它是应该被消灭的怪物吗？它享有人权吗？人类能吃它吗？它需要承担法律责任吗？它会因谋杀罪而受审吗？应当允许它与“正常人”结婚生子吗？允许它与其他动物交配吗？它需要被救赎吗？它有灵魂吗？

许多生物技术发明已经使人与动物之间的界限变得模糊。对许多人而言，这产生了对人类是“按上帝的形象创造的”这一传统教义的信仰危机。那么，上帝的形象是什么样子的？猴子与上帝的形象有98%的相似度吗？一切生命都在一定程度上展示了上帝的形象吗？

根据我的经验，生物技术专家对各种争议非常厌倦，而且对自己的工作中一些细致入微的特征非常敏感。许多专家害怕公众出现过激反应，因此力图躲避争议，特别是当他们的工作需要以动物或人类流产的婴儿为实验对象时。这样的恐惧是可以理解的。他们可能选择对私下进行的实验保持沉默。

未来寿命的惊人真相：是社会灾难还是受欢迎的转变？

我们讨论了未来人类的健康面临的挑战以及通过医疗技术、药物和生物技术克服它们的途径和方法，我们也讨论了人类孕育后代方式的变化以及重新设计生活的能力可能引起的重大伦理问题。

现在我们要开始讨论衰老过程本身。人类可以拥有的寿命极限是多少岁？医疗保健方面的改变如何干预人类的衰老过程？

我们到底能活多久？

本书每一位读者的寿命在过去一小时里平均延长了15分钟，这是根据过去20年来对世界上许多城市和国家受过一定教育且具有一定财富的人的统计得出的结论。对许多人来说，这个事实让人精神为之一振，但在那些研究人类预期寿命的了解全球统计数据的人看来，这不算什么。

以伦敦为例，在2004—2006年和2008—2010年，这座城市所有人的平均预期寿命都延长了一岁，无论是这些年份里刚出生的人，还是已经年满65岁的人。日本和德国也是如此。在许多新兴市场国家，预期寿命提高得更快。但未来50～100年会如何呢？

政府、企业、保险公司和养老金管理机构都需要对预期寿命做出精确预测。大多数官方预测都不准确得无可救药。

下面要讨论的是寿命的真相以及政府和企业合谋淡化这些真相的原因。**每个人的预期寿命每延长一年，政府和企业的养老金赤字就会增加3%。**因此，若预期寿命延长5年，那么许多大公司的所有养老金储备就会荡然无存，或者政府债务会急速上升。

衰老可被逆转？

科学家已在试验中得到了相当于人类160岁的老鼠和500岁的蚯蚓。激活长寿动物的基因与那些至少能活到100岁的人身上发现的基因一样。

哈佛医学院的科学家通过提高老鼠体内NAD蛋白的水平逆转了衰老的过程，这种蛋白能够修复细胞核中的DNA和线粒体中DNA之间的通路。如此一来，一只6岁老鼠的身体组织可被转换回2岁的身体组织，相当于60岁的人体内的一些组织变得如他们20岁时一样年轻。

我们已经确认，某些岩鱼和一些鲸类没有显示出一般的衰老迹象。粗眼石斑鱼能活200年，而一般岩鱼仅能活20年，尽管它们在许多方面毫无二致。圈养的裸鼹鼠寿命可超过28年，是其他小型鼠类寿命的9倍。它们很少显示出衰老迹象，甚至从不患癌。鲸类存在类似的情形。由于基因的不同，弓头鲸的寿命从 20 年到 200 年不等。阿尔达布拉巨龟的寿命长达 255 年，而海蛤的寿命可以超过 400 年。

我们还可以从具有再生功能的动物身上学习。有些动物的器官可以再生，比如龙虾、裸鼹鼠和涡虫；有些动物的肢体可以再生，比如蜥蜴。

地球上每个角落生活的每个有机体身体中的每个细胞都经历着类似的衰老过程，昆虫、蚯蚓、青蛙、鱼、老鼠、老虎、大象、猴子和人类概莫能外。你会从它们身上发现这些衰老的迹象：

- 细胞消亡或萎缩；
- 细胞核基因突变（以及表观突变），引起癌症；
- 线粒体基因突变；
- 细胞衰老：无助于对抗死亡；
- 端粒缩短：正如我们看到的，每次细胞分裂后基因段变短，直到无法再分裂为止；
- 阻止细胞正常工作的细胞内垃圾；
- 堵塞心脏动脉的细胞外垃圾，如粉瘤；
- 细胞外蛋白质的随机交联带来影响，如减少肌肤的弹性。

要研究“细微的衰老”变化过程，上述每个现象都可成为考察的目标。考察一种机制，例如线粒体的基因突变，可能改善人体内 37 万亿个细胞的功能。Alteon 711 是一种能够持续降低老鼠血压水平、恢复老鼠皮肤弹性的奇妙化合物。但不幸的是，临床试验表明，这种化合物对人类动脉的影响很小，对人体皮肤也没有任何影响，但我们可以预期，针对基本衰老过程的试验会增多。

基因图谱正向人们精确地显示出上述长寿动物体内可延缓衰老的基因。所有这类基因都具有相同的功能，即命令细胞构建一种特殊的蛋白质。一旦我们找到正确的基因，制药公司就会想方设法将蛋白质作为治疗药物出售，而生物技术公司会尝试激活人体内此类基因。

用干细胞培育新器官

保持年轻的另一种方式是利用干细胞修复衰老的器官。这种方法已开始被人们使用，2025 年时在发达国家会变得司空见惯。正如我在《基因革命》（*Genetic Revolution*）一书中预测的，尽管人们的看法不一，但仍没有正当理由从胚胎或胎儿身上提取干细胞。我们可将成人细胞转换还原为更初始的形态来修复组织。更奇妙的是，用一个人的细胞修复他自身的器官时，这些细胞不会遭到免疫系统的排斥，除非此人患上了自身免疫性疾病。治疗白血病的骨髓提取技术已相当成熟，骨髓成了干细胞的常见来源。

我们已看到，医生已采用此类方法修复视网膜损伤，恢复视力以及改善心脏功能。有人认为干细胞可在如心脏这样的器官里长出新组织，但更可能的是，它们会释放细胞因子或特殊的化学信号，以帮助其他细胞修复器官。因此，我们也将看到，一些科学家会对注入受损器官内的干细胞产生的细胞因子展开研究。

大脑或脊髓的修复

医生已广泛使用嗅球细胞和鼻内上端的细胞修复大脑和脊髓。嗅球是脑内产生嗅觉的区域，内部挤满了成熟的脑组织和脑干细胞。我们已看到，一些科学家成功修复了人体受损的脊椎，从而使病人恢复了某些感觉和运动能力。

神经可在一天内自然生长两毫米左右，但在大脑或脊髓中，这种生长可能会被疤痕组织和残留体所阻止。鉴于近年来干细胞在动物和人类科学试验中进展较快，未来 30 年内的某个时间，人类将有能力完全修复新受损的脊髓，病人可以完全恢复感觉和运动能力。也就是说，只要得到及时治疗，而且伤口任何一侧的脊髓没有被完全损坏，患者完全可以治愈。我们已看到了成功修复脊髓严重损伤的例子。

头部移植——得到一个新身体

脊髓修复领域取得的技术突破有望使头部移植术取得成功，一些头部功能正常但身体严重受损的人可通过因严重脑损伤去世的人的身体生存下来。头部移植已在老鼠、狗和猴子身上成功实现。

20 多年来，头部移植术获得了良好发展。在麻醉状态下，“旧”头被切除，“新”头被缝合。在此过程中，要分外小心主动脉、静脉以及气管和食道的连接。在研究过程中，科学家没有尝试重新连接脊髓或其他神经，也没有防止移植后的头部被免疫系统排斥，因此术后几天，移植的头部迅速恶化。然而这些试验都持续到了动物苏醒之后，而且在一次猴子的头部移植术完全结束后，一名工作人员被苏醒后的猴子咬到了。以这一事实为辅证，研究人员证明接受手术的动物的精神活动完好无损。

在动物或人体上移植头部可能会显得荒诞、怪异和不道德，但如果有人自颈部以下完全瘫痪，而且因肝脏和心脏衰竭而渐趋死亡，那么，就没有理由阻止医生将他们的头部移植到那些完全脑死亡但身体仍健康的人身上了。

当然，一旦脊髓修复术达到极为完善的程度（而且会肯定如此），头部移植术就可使老人抛弃原先衰老的身体（从颈部以下），再次享受成为年轻人的欢乐。

未来寿命的惊人真相

抛开怪异和争议的可能性，只考虑我们之前讨论过的人类在防止衰老方面的医学进步，就可看出人类的衰老在一段较长的时期内会发生极大的变化。目前全球百岁以上的老人多达 32 万。到 2050 年，仅日本将有多达 100 万老人超过百岁，美国为 400 万，英国为 28 万。这还是在假设医疗保健领域几乎没有任何创新的情况下预测的数字。

我与数百名精算师讨论过预期寿命的问题，他们的工作是为银行、保险公司、养老金管理机构和政府预测人的寿命。下面我为读者介绍与他们讨论时我的思维。

以我的祖母为参考的人类未来寿命

首先从我的祖母谈起。她出生于 1905 年，1970 年 65 岁时正式退休，退休后仍兼职做医生，直到 82 岁时才不再兼职。在此期间，她大多数下午都打桥牌，每周还打两次高尔夫。10 年后，她与世长辞。

即使假定每一代人的寿命只延长 5 年，这也意味着今天的祖母会在 75 岁退休，然后从事 10 年的兼职医生工作，到 92 岁止。然后她会再过 10 年完全退休的生活，直到 102 岁时去世。事实上，我的一位表姐刚刚去世，享年 103 岁，去世时智力完好无损。

40 岁人的真实未来

现在，我们看看更近一代的状况。假设有一位叫简的女士，2015 年时刚满 40 周岁，正在阅读这本书。如果她生活在西欧、日本或者北美，根据政府的统计数字，她的预期寿命将会是 82 岁。这意味着她还能再活 42 年，也就是说到 2057 年去世。然而，她正在阅读本书，这意味着她属于社会经济群体的上层，接受过良好教育的中产阶级，这一事实使她的预期寿命增加了 5 年，因此她会活到 2062 年，那时她的年龄是 87 岁。

但对预期寿命的预测在不断发生变化。正如我们已经看到的，要与过去 20 年中无数的修正保持一致，我们还需要将预期寿命每隔 10 年就延长 2.5 年。因此，在不考虑任何重大医学进步的情形下，仅基于此，在未来 45 年内，预期寿命再延长 10 年是完全合乎逻辑的。这将使我们例子中的简的预期寿命会延长至 97 岁，也就是说，她能活到 2072 年。

然而，这还远非故事的全部。我们已注意到医学领域取得的巨大进步，如果了解医疗技术领域的研究和创新步伐，你就会得出，卫生保健知识和能力每隔 24 个月会翻一番。

这意味着 10 年后我们掌握的知识是今天的 10 倍，再过 10 年我们掌握的知识是今天的 100 倍，到第 3 个 10 年结束时，我们掌握的知识是今天的 1 000 倍，并可一直这样类推下去。因此，若只考虑现在到 2050 年医疗保健领域出现的几次重大进步，简的寿命在此期间至少会延长 5 年。这意味着她的预期寿命会达到 103 岁，也就是说，她能活到 2077 年。

从现在到 2077 年，由于与健康相关的科学进步在不断加速，简将能在最后 20 年即 2057—2077 年亲眼目睹最壮观的医学进展。这 20 年间发生的医学进步会多于此前人类历史上的所有进步之和，而且前者会是后者的许多倍。

我们很难完全想象从现在到 2077 年，卫生领域在这 62 年里的改善程度。为此，我们需要回望过去 62 年来所发生的一切。对比一下1953年人们的生活状况。只要回顾一下从那时以来卫生保健领域取得的巨大进步，你就能会很快明白一切。然而，创新的加速意味着，2057—2077年这20年时间里取得的进步将远远大于1953—2015年取得的进步。

因此，考虑到2057—2077年人类可能取得的新的医学进步，将简的寿命再延长5年是完全合理的推理。这意味着简“真正的”预期寿命是107岁，也就是说她能够活到2083年，而且这只是对平均寿命的推测。她这一代人中的某些人将有望活到2096年，达到120岁高龄，有些人还能看到22世纪的曙光。

是社会灾难还是受欢迎的转变？

现在我们来分析一下，为什么大多数精算专家认为被普遍引用的预期寿命数据不仅会误导人，而且会成为预测未来社会、未来医疗负担等方面的危险基础。

预期寿命的变化是世界上最大的社会变化，它会影响每一个国家和每一位公民的方方面面，包括每一笔养老金的偿付和所有大企业的资产负债表。

假定你现在还很健康，那么它当然还会影响你自己的平均预期寿命。大多数人都不会遵循自己的生物钟生活，他们预计自己的生命很可能更早终止，而且也会低估了退休生活的成本。

一些预测者已对社会危机发出了警告。他们声称，在一些国家，有数千万老人没有留下遗产，却需要得到持续的照顾。这的确是令人沮丧的事实，但正如上面的例子中所显示的，大多数年长者会在退休后继续工作，他们的身体要比一二十年前的同龄人年轻得多，而且他们也乐意延迟退休，这也是事实。

重新划分生命阶段

尽管如此，我们预计卫生保健领域的进步会产生反噬效应，从而引发人们的双重思考。

一方面，一些人迷恋于对抗衰老和永葆青春，为此不惜投入大量金钱和精力；而另一方面，一些人对个人健康却越来越淡漠。这两种截然不同的思维方式将同时存在，而且同一个人在不同的时间也会有完全不同的想法。个人健康问题一直是一个非常不理性的话题，而且在未来也仍会如此。

因此我们会发现，某个 80 岁的人会生平第一次决定从事某些冒险活动。他们年寿已高时方抛开某些羁绊和顾虑，冒着极大的风险去体验可怕环境和行为带来的刺激感。当他们成功完成冒险活动并得到人们的赞赏时，会感到无比快乐。

预计英国会有越来越多的新闻报道妇女以跳伞的方式庆祝她们的百岁生日。吃好、喝好、吸好（烟），“管那么多干嘛？生活就是生活。生命短暂，要尽情投入”。

越来越多的人会在八九十岁时投入极大的精力和热情，以建立一段新的关系，特别是在丧偶之后。而在以前，这种重大变故常常导致老人永久的孤独和寂寞。

到 2040 年，由于成家立业、养儿育女的延迟以及受教育期或培训期的延长，30 岁以前的阶段会将儿童期、少年期和青年期都囊括在内。

30 ~ 65 岁期间可称为第一阶段，这通常被人们视为正常的工作生活时期。65 ~ 100 岁期间可称为第二阶段，即成人期，是产生许多惊奇、获得新技能、从事新工作、滋生新梦想和体验新的生活方式的阶段。100 岁以上的阶段方称为老年期。

医疗服务配给之争

鉴于以上所有方面，政府的卫生预算究竟应当如何支出？若每个国家都提供免费医疗，那么很显然，人们对免费医疗的需求几乎是无限的。大多数政府处理这一问题的方式与以前并无二致，均为实行限额配给制——主要是让病人排队接受医疗，而且一些病人会等待很长时间。

过去一百多年来，医生一直是配给制中的稀缺资源。预计和医疗投入相关的争论会更加尖锐，并通过社交媒体持续发酵，特别是在2015—2022年需要偿还国债的国家。卫生部门将与教育、基础设施、国防及其他政府部门展开竞争。

医疗卫生部门的每一个专业也将处于竞争中，比如癌症与哮喘的竞争，髋关节置换手术与中风康复治疗术之间的竞争等。每一个专业领域内也存在竞争，比如分配给乳腺癌还是前列腺癌的预算应该更多一些。

奥巴马医改的未来

除了美国，几乎所有发达国家都对本国国民提供免费医疗服务，这是“文明社会的一部分”。在许多国 家，医疗保健的普及得到广泛认可，如同教育的普及一般。但这一点将遭受质疑。我们预计，各国政府为了避免医疗服务机构的破产以及抑制医疗需求，在推行配给制的过程中，将逐步对一些保健服务收取小额费用。

美国的人均卫生保健费用远高于其他国家。直到最近，美国17%的未退休成年人仍没有任何医疗保险，一旦患病就将面临巨大的压力。与人们想象的不同，美国大部分医疗保健资金源于税收收入。

由于奥巴马医改方案的出台，到 2020 年，没有参加医保的人数将下降至 3 000 万。有一点是明确的：美国的医疗保健体系需要提高效率，需要更严格地控制保险索赔和授权，并取缔大规模的舞弊。目前美国存在许多过度治疗和超额支付的现象，简直防不胜防。

NHS 在英国的未来

作为英国的国家医疗服务体系，到 2020 年，NHS 将面临高达 350 亿美元的赤字，存在医院破产、机构崩溃的风险。我们可以预计，为了削减成本，英国的医疗保健体系将快速向社区医疗转变，医院的床位将变得更少，住院期缩短，社区诊所增加并实现更多的医疗服务私有化。私人医疗保险和治疗的数量将增长，因为人们已厌倦了等待，而且担心 NHS 的医疗服务质量。

随着未来 10 年内许多家庭医生的退休，愿意从事压力过大但挣钱不多的医生工作的人才严重缺乏，一般医疗服务将面临危机。医院里的护理人才也是如此，由于长期人手不足和压力过大，越来越多的医护人员选择辞职。其结果是，医院从其他国家聘请了越来越多的医生和护士，其中一些人无法讲流利的英语，而且对英国文化缺乏了解。

更科学的医生评判指标

评判外科医生的一般依据是成功治愈的人数、并发症发病率、住院时间以及患者死亡人数，预计人们会对这些衡量指标进行反思。这些粗糙的指标正在助长不良做法，比如要求患者提前出院，尽管这种做法可能是“安全”的，但却让病人紧张、痛苦和不安。医生也可能拒绝对某些人动手术，因为病人较肥胖或因其他因素导致动手术的风险较大。

医疗旅游和医疗移民

对个人、保险公司和政府而言，减少卫生支出的一种方法就是将病人转移到海外进行治疗，我们已发现了很多这样的案例。“医疗旅游”已成为价值400亿美元的产业，年均增幅保持在15%。每年旅行至其他国家进行私人治疗的人超过了1 100万，仅美国就有100万。私人支付医疗费用的治疗通常会与在豪华酒店中的疗养度假相结合。

医疗旅游会给本国节省大量的医疗支出：巴西的私人医疗支出是美国医疗成本的25%，印度的73%，墨西哥的50%，泰国的65%、土耳其的60%。而匈牙利的牙科治疗费用远低于巴黎。

一些政府也已与其他国家的私人医疗服务提供商签订了合同，成千上万的老人被转移至东欧和亚洲进行长期护理和康复。据德国政府统计，该国有40多万老人住不起养老院——养老院的费用每年增加5%，目前有7 000位德国老人住在匈牙利的养老院。

我们也看到了医护专业人员的迁移。越南投入巨资培养的医生和护士在泰国工作，菲律宾的护士在优越条件的吸引之下远赴英国。对人才输出国而言，本国培养的大量医护人员迁移至富国带来的损失越来越高，这是一种令人担忧且无法持续的局面。预计未来政府会征收培训税，或者与政府出资培训的人才签订相关培训合同。

☆☆☆

本章讨论了10亿人迁入城市对世界产生了何种影响、人口如何成为影响每个国家和市场未来的关键因素、预期寿命发生了何种巨变以及如何在未来阻止衰老过程。接下来我们要讨论世界上最强大的力量：族群的威力以及人类是如何彼此相关的。

第3章

族群面

族群力量控制一切

马云入股恒大足球，陈雁升买下西甲球队，这是有钱人的任性？简单的资本游戏？抑或无意中透露出富翁的球队情结？拥有一个族群比如一支球队，到底意味着什么？

尽管家族式企业的弊端显而易见，但大多数家族式企业仍会继续倾向于雇佣亲戚、朋友以及朋友的朋友。这是家族式企业的食古不化，还是利用族群的影响力加强企业的凝聚力？

族群面　族群力量控制一切

族群主义是当今世界最强大的力量，要比美国、中国、俄罗斯和欧盟加起来的军事力量强大得多。族群主义是所有关系、品牌、家庭、社区和国家的基础，但它也要对人类历史上最黑暗的时刻负责。

大多数人属于多个族群 邻居是一个族群，体育俱乐部的成员是一个族群，球迷也是一个族群。在没有族群的地方，人类一天就能把族群创造出来。人们需要族群，这样世界才显得更有意义。

无论是客户还是朋友，要了解其人以及其动机、价值观和决策基础，就必须首先了解其所属的族群。

族群将创造新语言 从对语言的热爱中我们就可以看出族群主义。苏格兰的盖尔语 30 年前就几乎消亡，但现在，有人在商店里讲这种语言，在广播里能听到这种语言，学校也在教这种语言，而且路标也已采用了盖尔语和英语两种语言。法国电台严格限制播放英语歌曲的数量，中世纪的法国语言也有望迎来复兴。

语言保存了古代文献、诗歌和歌曲，反之亦然。语言会表露我们的身份，甚至口音也会揭示出我们所属的族群。2014 年年初，乌克兰新任总统宣布，以后在该国俄语区教授儿童俄语将被视为非法，该事件引起了轩然大波，原因就在于此。

新族群也会创造属于自己的独特语言，无论是街头黑话或者段子，还是全球网络游戏玩家使用的语言。

为什么人们渴望加入新族群 世界上有 20 亿人在成人后已失去了出生时的族群特征，或者他们与族群的联系已经减弱了。最常见的原因是，他们迁移到了城镇、城市或者其他国家。在迁入地，原有的社会联系不再紧密。另一个常见的原因是父母离异，这给家庭族群带来了痛苦。

无论是在生日、结婚庆典还是节日期间，族群主义是每一种文化都会颂扬的人类的基本特征。人们需要归属感，新的族群建立者填补了人们的需求。品牌总监、营销经理、足球教练、社会公知、俱乐部老板、教会领袖、清真寺布道者、音乐明星、母亲和幼儿群体、学校校长、大学教授甚至是友好的邻居，莫不如此，他们中的每一个都创造了由追随者或者支持者构成的新群体。

族群主义使 5 000 万人离开家园 现在全世界有 5 000 万难民，其中大多数是族群主义的受害者。每天有 3 万多人被迫离开家乡，有 330 万人在亲友家或是本国的难民营中避难。每年有超过 100 万人寻求庇护，还有 1 000 万人没有国籍、没有护照也没有办法得到护照。世界上最贫穷的地区容纳了 86% 的难民，其中叙利亚有 600 万，哥伦比亚有 450 万，苏丹有 140 万，伊拉克有 130 万。

我亲眼目睹过成群难民和他们的孩子住在拥挤不堪、泥泞满地的难民营里。用泥土和铁皮临时搭建的棚屋，就是他们的容身之处。对他们而言，放弃一切去逃难是一项重大的抉择。在每一位难民看来，尽管许多人生活在巨大的恐惧中，但他们仍然选择留下。我估计，今天有超过 3.5 亿人已成为难民或正在考虑逃难，占全球总人数的 4.8%。有些人在过去 10 年里一直都是难民，而有些人的亲属是难民。

即将到来的地缘战争

得过且过的欧元区

族群主义将主宰并威胁欧盟这一由族群组成的族群的未来。欧盟各国没有共同的语言和共享的文化，各国都在极力维护自己的利益。欧盟一直以来都在和稀泥，由此避免了许多艰难的决策，但却难以在危急时刻迅速做出反应。因此，在面临全球性的冲击时，欧盟仍会非常脆弱。

欧盟仍可能是族群内部妥协的聚合体，且主要受德国主导。同时，由于许多贫穷的成员国经济萎靡不振，未来 5 ~ 10 年欧盟的发展会受到牵制。

欧盟擅长为鸡毛蒜皮的小事制定法律，但对根本问题的处理却一塌糊涂。欧盟颁布的数千部法律让工厂和零售商的日子更加难过，成本更为高昂，而各成员国对这些法律的实施情况参差不齐。

2008 年金融危机爆发前，我曾预测，欧洲的族群压力和经济压力会变得非常大。从目前的状况来看，欧元区依然难以安然度过危机并生存下去。经济问题和商业周期存在巨大差异的国家仍然被统一的汇率和利率捆绑在一起。欧盟会采取更多措施整合各成员国，而这需要成员国或多或少地让渡部分国家权力。

希腊已被政府债务压得喘不过气来。该国的债务高达其 GDP 的 170%，而在 2008—2014 年，国民经济萎缩了 25%。如果不能达成撤销大部分债务的协议，希腊很有可能违约，而且很可能最终退出欧元区。若果真如此，欧洲银行的资产负债表就会比以前更好编制了。但希腊的退出很可能给整个欧元区带来动荡。人们会猜测，下一个退出的会是谁？

更广泛的欧盟计划正深陷政治的泥潭中。正如我所预测的，欧洲议会约有 30% 的席位属于反对党，比如英国的独立党（28%）、法国的国民阵线（25%）、丹麦的人民党（27%）和希腊的极左翼联盟（36%）。与此同时，大多数欧洲民众不相信欧盟政客，也很少有人能说出欧洲议会中本国议员的名字或者欧盟委员会主席的名字，选民的投票率很低。

美国对欧盟的投资超过了整个亚洲的 3 倍，而欧盟对美国的投资是对印度和中国投资总额的 8 倍，同时 1/3 的全球贸易发生在欧盟和美国之间。要实现强劲的经济增长，唯一的希望是增加与新兴国家的贸易，但在未来 20 年内，欧盟仍会非常依赖美国经济。

农业补贴仍占欧盟总预算的 40%。但正如我们已看到的，未来取决于对创新、下一代制造业、精密工程、航空航天、生物技术、医疗技术、纳米技术、大数据、物联网、移动金融服务、电子商务、新风险资本、创业区、新兴市场内的合资企业的投资。那么，要对这些领域进行投资，欧盟的资金从何而来？

欧盟的计划可能会被来自新兴市场国家的 5 亿民众所拯救。这些人喜欢在欧盟工作和生活，无论是通过合法抑或非法途径。其中许多人接受过高等教育，具有创业精神而且带来了投资，另一些人则从事低薪工作。

欧盟将持续作为一个腐败、臃肿、不负责任而且浪费的机构而存在。过去19年里，审计人员拒绝为欧盟账目的准确性签字。比如2013年，审计人员在报告中指出，欧盟的坏账高达60亿英镑，比上一年提高了23%。

那么，这么多的坏账和欺骗性决策是如何产生的?

我曾受邀对欧盟委员会的最高层领导人做了一场题为“道德领袖”的演讲。在事先没有通知的情况下，我启动了一个电子投票系统，与会的每一位观众都需通过手持遥控器对我提出的令人尴尬的问题作出回答。他们的回答非常令人不安，但并不出人意料。这次的演讲被录制下来，经过剪辑后上传到了YouTube①。

许多与会者承认，他们最近被迫违心地做了一些违背道德的事情，许多情况下后果非常严重，在本国有分量登上报纸的头版头条。不仅如此，大多数人认为自己除了服从之外别无选择。迫使他们做出与自己的意愿相违背的事的人通常就是他们的上司，而且他们无法向其他人求助。

这次会议过后，一位欧盟领导人向我走来，忧心忡忡地对我陈述了自己面临的严重道德问题。他不断环顾四周并压低音量，说到自己挥之不去的堕落感以及不知该何去何从的无力感和茫然。他曾泄露欧盟机密，此事一旦被他人知晓，不仅自己，家人也可能受到牵连。他期望我能给他一些实际建议。

那么，从与这些观众的讨论中显然可知，欧盟在支付报酬、分发津贴和给予特权时十分慷慨。但若有人离开委员会，其就业前景往往不容乐观，因而很少有人考虑离开。这正如我反复说过的，当高管

① *http://www.globalchange.com/leadership-ethics-and-dealing-with-corruption-eucommission-lecture.htm* ——原书注

害怕打破规则时，就有可能丧失灵魂。因而我确信，腐败将继续成为欧盟委员会及其所有附属机构日常运作的一大特点。尽管如此，由于规模和惯性，在相当长甚至是一两代人的时间内，就算欧元区或欧盟成员国的名单会发生变化，欧元区还会得过且过地继续运行。

英国解体的可能性

除了在国际体育赛事举办期间，绝大多数英国人生活在英格兰。英格兰是一个一直为身份而努力的国中之国。英格兰人没有属于本民族的语言（英语是全球性的），没有被广为认可的民族服饰，而且以前的人们常将英格兰人才视为英国人，这令许多苏格兰人、威尔士人和北爱尔兰人极为不满。

有关公共支出的激烈争论不会有任何缓和。而且不管谁当政，都将面临削减成本或增加收入或者同时解决这两大问题的压力。而且，国债对市场的吸引力愈低，借贷成本的增幅就愈大。因此，英国针对税收或支出的选择将非常有限。我们可预计，英国将：

- 进一步削减政府开支；
- 严格控制政府自掏腰包的奖励；
- 增加对中高收入者的税收；
- 允许通胀高于 2%，减少支付给低息政府债券持有人的款项额度；
- 降低企业税收并出台其他措施，以鼓励对英国的投资和在英国设立跨国企业总部；
- 继续提高时尚、电影、音乐、设计、医药、建筑和咨询领域的优势；

- 随着新的收入流入，特别是与新兴市场有关的收入增加，银行和金融服务业复苏；
- 发展英国的机械制造业，比如汽车产业；
- 吸引视英国为避难所的富裕且有才华的新一代移民进入；
- 鼓励主权财富基金投资新的基础设施建设；
- 受益于历史悠久的进出口贸易、广泛的文化和语言联系以及相对较低的工资涨幅，对新兴市场国家的出口不断增长。

英国的军事支出占GDP的比重在很长时间内位列全球最高水平，但在未来10年，这样的高支出恐怕难以为继。英国将继续守护这一日渐褪色的梦想：美国是世界警察，英国是世界上仅次于美国的第二大国。就其军事力量的衰减程度来看，这样的梦想相当荒谬。20世纪40年代，以伦敦为中心的大英帝国统治着世界上25%的陆地面积，因此，对这个长期以来独立自主的岛国而言，很难适应被总部设在布鲁塞尔的欧盟所约束的现实。

尽管欧盟其他成员国在很多问题上对英国作出了让步，包括移民问题，但英国确实存在以全民公决的方式退出欧盟的可能。

未来10年内，英国会出现关于苏格兰独立的第二轮公投，特别是在英国作为一个整体退出欧盟之时。尽管有人认为，石油收入太低，恐怕难以支持苏格兰的雄心壮志，但第二轮公投很可能导致英国解体。如果没有，预计几年之后还会出现第三轮公投。族群主义是非常强大的力量，自治和自我管理将确定无疑地成为全球性趋势。

族群主义会挽救君主制，尽管分量不算重。因为若非如此，英国或英国文化一直传承的东西就将所剩无几。君主政体的根本性问题在于，忠诚度要靠血统和家族谱系维系。在一个争取平等、正义和消除歧视的人看来，这种血统基础上的精英主义将愈发奇怪，而且会引起道德质疑。

预计我们会在英国看到族群的重生：新一代英国人想成为真正的英国人而带来新鲜能量，如同苏格兰人想成为真正的苏格兰人或法国人想成为真正的法国人一样。国葬、BBC 晚间音乐、国际足球赛事等有助于新族群身份的认同。

作为欧洲核心的德国

德国将继续作为主导经济体在欧盟发声，尤其是当法国经济持续低迷之时，德国的作用将进一步突显。

德国是欧洲人口最多、经济实力最强的国家，并且拥有雄厚的高科技实力。德国在欧盟的主导地位是德国统一带来的必然结果，但在未来有可能导致其他国家的不满。德国的经济增长有可能被快速增加的老龄人口所抑制，也可能因缺乏低工资的熟练劳动力而放缓，除非新移民能够填补这个缺口。

德国地处欧洲核心地区，这一点使德国在缓和俄罗斯与北约其他成员国家之间的冲突中发挥着关键作用。波兰等邻国要实现经济发展，德国将是非常重要的伙伴。要消除前东德和西德间的经济差异，恐怕至少还要 20 年的时间。由于历史原因，德国在扮演强大领导者的角色上驾轻就熟。

又一次法国大革命？

法国对欧盟的影响一直都相当明显。它将欧洲南部国家和北部国家连接起来，是世界上最大、最具社会意识的经济体之一。但法国现在正深陷于经济危机和社会危机之中，要解决这些危机至少需要

10年。法国经济一直停滞不前，负债是GDP的95%，而公共支出占GDP的比重高达58%，远高于其他欧洲国家。如何解决这些问题？

觉醒的大众反抗强大的上层统治而爆发了法国大革命，这是法国历史的核心部分。在过去的220年里，法国经历了11次剧烈而突然的政权更替。

今天的法国仍保持着对抗的老传统，比如2006年，150多万法国民众走上街头，举行了一系列“自由”游行，反对颁布一部新法律，原因是这部法律更容易使年龄在26岁以下、工作未满两年的工人遭到解雇。

2010年，在连续几周的时间里，有300多万人走上街头举行示威游行，抗议政府将退休年龄从60岁延长至62岁。如此大规模的抗议活动使法国陷入动荡，难以管理也难以改革。

选民有可能继续支持会承诺福利支出高于德国和英国的政府，即使这意味着大量举债、违反欧盟规定以及常态性地对财富创造活动或商业经营施以重税。

法国的未来将会如何？选民将继续寻找如拿破仑和戴高乐那样能够拯救法国的领导人。法国是欧盟的创始国之一，而且一直将自己和德国视为欧盟双雄，因此，他们对欧盟的感情比英国深得多。然而，法国国民阵线[1]在2014年欧盟选举的反欧盟投票中获得了25%的得票率，而且反欧盟势力还在迅速发展。

从某些方面来看，法国仍然是族群主义观念严重的国家，比如法国人对官方在国际场合使用英语持敌视态度。

预计法国最终可能会出现巨变，但在此之前，其经济有可能会进一步陷入停顿。

---

① 法国国民阵线是法国的一个极右翼政党。

如何与俄罗斯和平共处?

西欧未来的稳定和福祉取决于众多因素，但最重要的因素是能否与俄罗斯和平共处。

俄罗斯仍保有强烈的国家主义，是拥有160个不同民族的大族群。该国拥有1.4亿人口，领土跨越11.5个时区。俄罗斯是一个历经磨难的国家，俄罗斯人在逆境中建立了革命同志情谊。西伯利亚的面积超过俄罗斯国土的3/4，这一地区的平均气温在0℃以下，50%的面积覆盖着森林，11%的面积是冻土带，一片荒芜。

俄罗斯未来的经济状况取决于能源价格和汇率的走势。2014年，国际能源价格和汇率都在大幅下跌，俄罗斯经济因而萎靡不振。俄罗斯是全世界最大的产油国之一，石油和天然气的出口占该国出口总收入的70%，而且该国的支出对出口收入的依赖性非常强。

俄罗斯人习惯于接受强势而专制的领导人，因而，只要能够提高国民的生活水平、增强安保措施、提供更好的公共服务，或者至少由领导人的不当行动带来的生活水平降幅不是太严重，像普京这样的强势领导人就会继续赢得民众的支持。按照流行的观点，普京有望继续对舆论和政治运动施以强有力的控制。

110个寡头控制了俄罗斯35%的财富，其中一些财富是他们在苏联瓦解的混乱期通过不正当手段获得的。对那些在其他国家“用俄罗斯人的钱过着花天酒地的生活”的寡头和在俄罗斯境内挥霍着俄罗斯人财富的寡头，政府制定了长期战略，对其施以巨大压力。

与在苏维埃政权下生活过的人进行交谈时，你会发现，他们总是带着温暖的回忆回顾勃列日涅夫当政时的生活，同时还夹杂着淡淡的忧伤。他们会继续回味那个时期的充分就业、定期领取养老金、稳定有序以及对俄罗斯传统的尊重。但在1980年之后出生的俄罗斯人则没有这样的记忆。

俄罗斯大城市的生活与在许多欧洲国家的生活相似，消费主义、资本主义盛行，中产阶级财富增加。而在萨马拉或陶里亚蒂这些较小的城市中，也可能看到许多俄罗斯人所说的“失去灵魂的生活”。大城市的离婚率、吸毒率、抑郁率非常高，而且缺乏目标感和道德感。

为了对抗欧盟，俄罗斯领导人可能力促俄罗斯与格鲁吉亚、乌克兰等邻国建立自由贸易区，也可能结合外交、经济措施、舆论、军事压力和其他不太明显的行动影响前独联体国家。

普京一直担忧来自美国的力量会持续对俄罗斯进行破坏，其方式既可能是经济、外交或军事行动，也可能是隐蔽行动。他会继续为此劳心劳力。他也担心一些欧洲国家类似的行动。欧盟越强大，北约越团结，俄罗斯感受到的威胁就越大。

“二战”时期死亡的俄罗斯人数超过 2 000 万，是英国死亡人数的 60 倍、法国死亡人数的 90 倍。其他国家很难体会这场灾难对俄罗斯人的心理和国家自豪感造成的影响。这可以解释“永远不会再发生”和“别惹俄罗斯”这样的豪言壮语产生的原因，而这些语言几十年来一直都对俄罗斯的对外政策发挥着重要影响。正如 20 世纪 50 年代至 80 年代发生的一切对英国的影响一样，苏联的解体也给这个国家留下了深深的烙印，而且这个国家的人民也对其传统、文化和军事实力深感自豪。

因此，俄罗斯有可能继续强烈反对欧盟或北约的控制力向其边界地区扩张，而且因不信任和担忧，该国很容易采取激烈行动阻止北约和欧盟的东扩，此类行动有可能损害俄罗斯的经济增长。我们会从俄罗斯听到让人感觉到冷战时代意味的说辞，但这样的说辞在俄罗斯国内很受欢迎。只有俄罗斯民众的生活水平出现长期大幅的下降时，他们才会开始谴责政府，而不是国外势力的封锁或其他行动。

未来 20 年内，俄罗斯在国防领域的支出可能高于除中国和美国之外的任何国家，而且它会寻求与中国建立战略联盟，以降低对抗西方的政治和贸易风险。

从整个欧洲地区来看，不仅俄罗斯的火箭、大炮和军队数量无可匹敌，而且就其存储的战术性核武器而言，其他国家也无法与俄罗斯相比。相较之下，不依靠第一波核打击的威胁，北约几乎没什么本地力量，这真是难以想象。

尽管俄罗斯曾经是超级大国，但在 2014 年初，俄罗斯的经济规模仅与意大利相当。而且，随着油价的下跌和欧盟的制裁，俄罗斯的经济已缩减到了西班牙的水平。持续的区域冲突使俄罗斯的财富蒙受显著损失。

俄罗斯的国内安全仍是一大问题。直至目前，其内政部的支出已经远远超过卫生部的支出。其他方面的挑战包括：由于俄罗斯人将财富转移至“避风港”，资本外逃严重——仅 2014 年，俄罗斯外流的资金就高达 1 700 亿美元；部分由于酗酒、堕落，俄罗斯男性的预期寿命较低（64 岁，全球第 50 位）；俄罗斯的透明度在全球排第 127 位；制造业缺乏竞争力；存在伊斯兰分裂主义者；存在舆论点燃“颜色革命”的威胁；苏联时代建造的数以万计的居民楼正在摇摇欲坠。

尽管存在上述挑战，但预计 15 年内，地球上将出现一个更有活力、自信、好战且富有的俄罗斯，而且它不仅会与全球市场紧密结合，同时也会受到全球市场的约束。

族群主义撕裂乌克兰

自沙俄时代起，乌克兰就被称为“俄罗斯的面包篮”。它是苏联最富饶的区域，具有丰富的煤炭资源、扎实的重工业基础和大范围的产粮区。苏联解体后，在腐败无能的政府领导下，乌克兰的经济急转直下，政府濒于破产。在这种情形下，政府拒绝支付俄罗斯天然气工业公司输入乌克兰的天然气款项，该款项大量受乌克兰政府的补贴，而天然气是乌克兰赖以生存的基础。

2014年，从乌克兰分离出来的克里米亚仍处于俄罗斯的控制之下。克里米亚拥有俄罗斯重要的海军基地，俄罗斯极为重视该地区。1957年，俄罗斯与乌克兰签订了交换廉价天然气的协议，将克里米亚"割让"给了乌克兰。在当时，这样的"行政"举措在疆域辽阔的苏联内部产生的影响极为有限。

乌克兰有可能沿着族群"断裂线"一直分裂下去。在乌克兰东部生活的主要是讲俄语的民众，他们对俄罗斯文化有强烈的认同感。这个区域的采煤业发达，乌克兰大部分财富来源于此。

和在许多其他国家发生的内战类似，由于来自多个国家（特别是俄罗斯）的志愿者战士和雇佣兵的加入，乌克兰任何一方都难以控制特立独行的地方势力，内战形势变得异常复杂。

若乌克兰能在俄罗斯的支持下，以和平方式授予东部地区更大自治权，则该国可能不会分裂。是否会以联邦结构处理东部地区或者东部地区被实质性地并入俄罗斯，仍有待观察。

我们会在乌克兰看到持续多年的"僵持"，类似于曾在今天的南奥塞梯、德涅斯特河沿岸、纳戈尔诺—卡拉巴赫和阿布哈兹地区看到的那样。1991—1993年，上述地区以公投的方式从苏联独立。

狮蚊之战：未来战争的复杂变局

自"二战"以来，全世界已经爆发了数百次大大小小的战争，其中的20场战争仍在进行中。这些战争已持续了20年或更长时间，但也存在极少数的传统战争。

我们已经看到，自1945年以来，约有3 000万人在冲突中死亡，而相比之下，1941—1945年因战争死亡的人数高达1亿。因此整体来看，当前的世界是相对和平的。尽管可能会出现令人震惊的冲突事件，但这种相对的和平会持续下去。

目前，大多数冲突发生在非洲的贫困国家、中东和乌克兰这样的政治混乱地区，这些国家和地区的总产出加起来占世界总产出的份额还不到7%。

因此，在过去20年里，这些地区发生的冲突对全球企业利润的影响非常小。比如，在美国、英国和日本的对外投资中，流向这些地区的投资仅占2%。但是，这些地区发生冲突带来的经济风险会持续存在，实际上还会越来越大。

美国的霸权将继续引发冲突

美国每年用于武器和其他国防费用的支出超过1.8万亿美元，占全球GDP的2.5%，只比冷战时期降低了4%。

这个巨大的数额平摊在全世界每个人的身上仍有250美元。与之关联的是，全球100家最大的军工企业的年销售总额约为3 200亿美元。

仅美国一个国家的军费开支就占全球军费总开支的40%，比紧随其后的15个军费开支最高的国家的总和还要多。

这显示出全球军事力量的巨大失衡，这种状况将无法长期持续。

美国仅需花费3%的GDP，即可获得军费开支的主导优势，而俄罗斯因经济规模较小，需要支出4%的GDP。中国、印度、英国、法国均为2%，以色列为6%，沙特阿拉伯为9%，阿曼为12%。

未来20年，超级武器的研发成功将继续引发紧张、怨恨和恐惧。尽管俄罗斯和中国的军费预算会快速增长，但在未来15～20年，美国的陆、海、空军仍在全球难逢敌手。

然而，由于在阿富汗和伊拉克的军事行动、虐囚及酷刑的相关报道（虐囚持续多年而未受审判），以及使用无人机造成他国人员伤亡的事件时有发生，全球对美国“道德优势”的认同及美国作为“世界警察”的声誉会持续降低。

新的核威胁和太空竞赛

未来30年，随着不同国家或者群体声称拥有核武器或核原料，或者声称要发展并威胁使用核武器，全球会出现重大的核恐慌。我们将看到，越来越多的新兴市场国家会加入核军备竞赛，与此同时，俄罗斯和美国的小型战术核武器会快速实现升级。

在花费了近千亿美元和12年时间，而拦截洲际导弹的试验仍以多次失败而告终之后，美国仍在锲而不舍地尝试建立有效的反导防御系统。俄罗斯和中国也在尝试破解这一难题。难点在于洲际导弹以每秒10公里的高速飞行，且在飞行中会释放大量的干扰信息。一种外形普通但携带着隐蔽核装置的卫星可能被发射升空，可以在飞跃美国或俄罗斯这样的假想敌时被引爆。

1945年后，尚没有任何国家或群体在盛怒之下使用核武器。预计会有人威胁说在某些地方使用核武器，对这一威胁应如何反应，各国的看法大不相同。如果一个国家在多次警告入侵者本国会使用核武器自卫，并最终动用了一枚核弹头时，其他拥有核武器的国家应当威胁该国吗？这样的战争如何继续？第一次及第二次打击的目标是哪里？该国应以多大的打击频率使用多少枚多大量级的核弹头？怎样反击没有任何国家作为后勤基地的隐形恐怖组织？如果该国再次发出威胁并引爆了第二枚核弹头，又该如何应对？身处此种危机的国家可能只有几小时，或者最多只有一两天的时间来制定应对方案。

军工业的合并愈演愈烈

正如我预测过的，军工行业内出现了明显的合并现象，而且会愈演愈烈。只有形成一定的经济规模时，国防研究才有成本效益。这意味着一些国家要对政策和行为可能令许多人不安的另一些国家出售武器。军火界存在这样的说法：**如果某国不向某个国家出售军火，其他国家会马上乘虚而入，向其出售军火。这种说法颇具争议性。**

高科技武器不足以赢得未来的战争。大多数战争将变得更加普通：游击式巷战、种族冲突或恐怖袭击；坦克指挥官驾着坦克开进大型儿童医院，那里有人卷入了爆炸袭击；藏在古老石桥底下或玉米地里的人使用传统军事装备向公共图书馆周围的区域射击。

新武器取代了旧武器，旧武器就会被转移到最贫穷的国家（通常也是最不稳定的国家）。在这些国家里，政府常使用这些武器进行内部镇压，最后这些武器会落入犯罪分子之手。

武器也可能丢失，下落不明。有一天，我穿过伦敦郊外的一片林地时，偶然发现了一挺机枪。地雷是全球性的威胁。从布雷的那一刻起，它们就被隐藏起来而不知所踪。全世界有数千平方英里的区域不适合居住，因为这里隐藏着大量地雷，至少在未来 30 年内，这些区域依然非常危险。

全球有 1.1 亿枚地雷被埋在地下，而且人们不知道它们的具体位置，受影响的国家至少有 70 个，而且每年新埋入的地雷还有 200 多万枚。探测和发现一枚地雷的成本是700美元，每年都有许多专家在排雷过程中牺牲。在过去25年里，有100万普通民众因地雷伤亡，其中大部分是儿童（他们会把地雷当成玩具捡起来）、妇女和老人。

仍有1亿枚地雷正整齐地摆放在世界各地的军用品仓库里，等待着被使用。地雷会继续被广泛地使用，不仅用来保护己方基地和杀死敌方武装人员，而且还被用来阻止种植、旅游和贸易。

狮蚊之战

强大的军事实力在达成许多类型的战略目标时毫无用处，美国已多次体验到这一点。

无论在越南、伊拉克还是阿富汗，过去50年来，美国一直难以"赢得"一场"对外"战争，甚至难以"赢得"一次持久的和平。这样的现实会降低美国未来10～15年发动另一场战争的意愿，除非北约为了应对俄罗斯对欧洲发起的大规模进攻或者更严重的恐怖袭击。

正如斯大林说过的，"死一个人是场悲剧，死一百万只是个数字"。调查显示，在过去5年里，美国人对两名记者在中东被斩首的关注度高于对任何其他新闻报道的关注。其直接结果是，美国有75%的人支持对伊拉克境内的"伊斯兰国"实施空袭，66%的人支持对叙利亚反政府武装进行空袭。这与12个月之前的调查结果正好相反，当时仅有20%的人支持对使用化学武器后的叙利亚政府进行导弹攻击。

美国普通民众对两个美国人的死亡表现出情绪上的巨大反应证明，美国非常容易受到刺激并因之采取大规模的军事行动。这会造成更多人质被斩首或类似的事件。美国的敌人会思考：做什么能诱使美国卷入另一场不对称的冲突，从而拖垮美国呢？再斩首10名或者20名记者，抑或是对美国本土发起更大规模的攻击？答案当然会因各种复杂因素而有所不同，但是事实上，比许多人认为的更少的死亡人数就可能达成这一目的。

第三次世界大战的可能性

正如我们已经看到的，到 2030 年，全球军事力量会更加平衡，美国的军事主导地位相对下降，这最终会导致联合国安理会的重组。

在没有其他国家配合的情况下，单个国家将不太可能或者不太愿意在远离其边境的地方采取重大军事行动。这也意味着发生大规模多国战争（或者第三次世界大战）的可能性降低。但针对资源、边界、海权和其他类似问题，可能会出现许多小范围冲突。

每个大国都有例行军演，五角大楼对此尤为热衷，它更乐于探究遥远地方发生假想冲突的结果。

然而，大多数此类军演都显示出与中东冲突一样的战争模式。一撮小规模高机动性的地面部队，预算极低，就可以激怒大量外来军事力量的长期介入，使对方消耗大量成本，付出巨大代价。军演的情节脚本常以一场突袭（主要是俄罗斯人发起的）开始，而结果常常令人担忧。

美国普通民众通常无法接受美国军人在海外牺牲，这是美国军事战略的最大弱点。从事自杀式袭击任务的理由激励不了美国军人。因此，美国未来的军事战略将主要靠技术力量、远距离射击武器、花钱如流水的成本以及最低数量的地面部队来完成。

因此，一位年轻的无人机操作员可能坐在美国的城市里盯着视频，向位于世界另一端从未去过的国家的某个目标发射导弹，只要他认为那里的敌人是可能威胁美国安全的恐怖分子。而在另一端，或许正有一位配着简易机枪的年轻人，不久之后会为了人民或者“正确”

的事业牺牲自己的生命，成为当地的英雄。他视自己为“自由战士”。糟糕的是，战争史表明，那些对“正确”事业怀有最大热情的人往往能赢得最后的胜利，那么上述两方中，哪一方的热情更强烈呢？

意识形态的斗争将是未来许多冲突的核心，正如“二战”期间发生的法国抵抗运动①、20世纪80年代美国暗中资助的尼加拉瓜“魂斗罗运动”②、阿富汗的圣战者运动一样。

自2001年以来，美国情报机构的年度预算增加了一倍多，达到了750亿美元。俄罗斯的情报支出也在大幅飙升。预计双重间谍、三重间谍、四重间谍的数量会大幅增长。情报人员或网络不只为一个情报部门服务，以虚假情报和各种诡计周旋于不同机构之间（比如向无人机操作者发送虚假报告，希望妇女和儿童被“误杀”）。

预计会出现许多奇异的事件和头条新闻。潜入一些小型恐怖分子组织内部的间谍人数会时常增加，以至于最终占恐怖分子人数的比例较为显著，北爱尔兰不时出现这样的情况。预计未来会出现许多道德难题和法律行动——特工们经常得证明自己没有实施攻击或暴行，而且有一天，令人震惊的真相会大白于天下……其中夹杂着道德和法律问题。

大规模扩张的网络监督及监控会进一步塑造这个奇异的世界。未来将会有数以万计的低成本微型无人机加入刺探大军，从天空观察着我们的一举一动。

我们将会看到传统的军事、安全威胁与其他复杂的活动、破坏活动交织在一起，包括经济欺凌、人道主义援助、准军事组织、非正

---

① 法国抵抗运动是二战期间法国人民抗击纳粹德国对法国的占领和对汉奸的维希政权的运动的总称。

② 魂斗罗运动是80年代美国支持的尼加拉瓜反共武装发起的一系列武装斗争。

式民兵（志愿者和雇佣兵）、官方否认的隐蔽活动或伪装的军事力量、犯罪团伙、恐怖主义行为、无人机暗杀、叛乱和网络站等。与所有这些相伴的是精妙的宣传、炮制的舆论和心理战，这一切将扭曲事实的真相。

战争与和平之间的界限模糊了。未来的冲突将十分混乱，让人难以捉摸。人们会看到相互矛盾的报告，无法确定谁是真正的“敌人”，甚至不能确定是否真的存在冲突。

隐蔽活动包括商业间谍，收买议员担任顾问，收购关键企业，敲诈有影响力的银行家、商界领袖、媒体所有人或政府领导，资助持不同政见的团体等。那些在一些新兴市场国家担任高级职务的商业领导人将备受青睐，会面临非常大的敲诈风险。在新兴市场国家，这些人会成为腐化的目标，以便在他们返回本国后继续被控制。这么做是为了在竞争激烈的世界里维护国家利益，促进经济增长。

事实无数次证明，无论是津巴布韦、朝鲜、苏丹还是叙利亚，即使是最强大的国家也难以确保政权实现稳定的更替。而通过输入驾驶着传统战斗机的外国军队来弥合所谓的“国家裂痕”几乎是不可能完成的任务，这一点非常清楚。

如何找到恰当的方式实现国家内部的稳定和安全，这是政权面临的最大挑战之一。这些方式包括从邻国获得友好支援，从国际货币基金组织获得发展贷款，获得非政府组织的支持，借助联合国维和人员等。

所有这些趋势的最终结果是，在未来 20 年内，各主要军事强国的军费开支将出现剧烈的波动。“真正”的战争需要地面部队，这一点永远是事实。10 万大军、大炮、坦克和其他军事设施集结于边境最有说服力。但我们也可以预测，发达国家会投入更多的资金研发和使用无人机、智能导弹、快速反应部队使用的车辆和直升机，并搜集更准确的情报，以便实施远距离军事打击。

企鹅广告爆红背后的玄机：针对族群的营销

根据我们的观察，无论在哪个国家、军队或公司，族群领导力都是未来世界最强大的领导力。每一位卓越的政治家都懂得如何吸引整个族群，就像每一位卓越的首席执行官所做的那样。

小组领导力总是受到小组规模的限制，因为一个小组的规模通常少于12人，但族群领导力可以让10万人向同一个方向前进。这些人具有共同的愿景，受同一个梦想的鼓舞，并且步调一致，最终形成一股强大的变革洪流。

族群领导力更侧重关系而非结构，更侧重愿望而非目标。我们已看到族群领导力在世界各地的群众运动中发挥的作用。能够增强族群力量的任何事物都能够增强族群的领导力。各类企业会投入巨资建设族群，比如组织团队活动、召开异地会议和员工大会、举办庆典和客户活动等。

为企业贴上特定族群标签，合适吗？

每一个组织都是一个族群，而且企业内部存在许多族群：前台和后台、总部和分部、销售和信贷控制、研发和销售等。公司内的族群主义让员工具有归属感。族群主义能以健康且具竞争性的方式将团队凝聚在一起。企业内部的族群主义会滋生一些关键问题，其中一个是，能否为一家全球性企业贴上一种主导的文化标签，比如，为一家瑞士银行贴上“瑞士”标签？其文化适应性又将如何？

族群主义将是管理者用来提高生产率、竞争力和忠诚度的强大工具之一。每一位卓越的管理者都要了解如何打造并维持一个快乐的族群。

领导人越能鼓舞人心，领导的族群就越强大，这是亘古不变的规律。改变一个组织的最快方式就是处理好族群文化。族群主义是大多数企业合并后无法创造价值的原因：要关照每一个族群的荣誉和感受，企业才有可能成长。

在制造业，由朋友组成的族群的产出是由熟人组成的族群的 3 倍，而且前者能做出更好的决策，具有更大的信任度、忠诚度，能够更坦诚地沟通而且相互尊重。

在新兴市场国家的新财富中，相当大比例是由员工人数不超过 20 人的小企业创造的，而这些小企业大多为家族式企业。

尽管存在法律上的挑战，这些企业仍会继续倾向于雇佣亲戚、朋友以及朋友的朋友。预计大多数国家的政府会出台更多举措，帮助推进面向中小企业的风险投资和贷款，并将其作为增加或促进就业的一种措施。

全球本地化：国际品牌为何热衷于披上本地族群的外衣

每个品牌都会创造一个族群，而且族群越强大，品牌也就越强大。苹果是世界上最有价值的企业族群，其市值约为 1 170 亿美元。其次为谷歌，市值为 1 070 亿美元。再次为市值达 800 亿美元的可口可乐和 760 亿美元的 IBM，接下来是通用电气、麦当劳、三星、亚马逊和丰田。未来 20 年，每个超级品牌都会花费数十亿美元提高他们的族群身份。

许多国家的消费者接触到的品牌达 30 000 个。族群聚集是广告商的梦想。建立一个族群后，财源就会滚滚而来。

许多更加全球化的品牌会披着本地“族群”的外衣，以便变得更加“全球本地化”，尤其当品牌与一个民族、文化或宗教的联系非常密切时。

传统的营销模式已经不起作用了。用户已习惯了使用移动工具，而且将营销者落在了后面。我曾会见过许多来自最大型广告公司的领导人，其中一些人控制着大多数跨国公司的全球性广告活动，他们的未来令人担忧。

从一定程度上说，电视广告、发布新闻、邮件广告、客户互动、广告牌、推销电话等都是营销方案，但这些都是20世纪的方案。更糟糕的是，一些方法的结果可能是使客户敬而远之，如电话、电子邮件或者客户不想看的广告等。

大多数发达国家的年轻人正从观看传统的电视直播转变为观看自选节目，这样他们就可以跳过广告。英国的学生每天在手机上发送电子邮件、短信和浏览社交媒体网站的时间平均为9小时，看电视的时间极少。每个学生花在短信上的时间平均为90分钟，60%的学生认为自己对手机过分投入。因此，我们需要通过新的途径打动他们。

最聪明的营销活动是创造一个新族群。比如，一家百货公司在圣诞期间的促销广告以一只逗人喜爱的企鹅为主题，这则广告一炮而红，像病毒一般在YouTube上传播开来，然后商家马不停蹄地推广这个形象，从而创造出一个族群。

雄心勃勃的M一代

出生率的下降意味着许多国家的年轻族群人数减少，这是针对年轻族群营销面临的一个难题。另一个难题是，那些激进的或古怪的在年轻人中流行的时尚更难以创造或者维持。

今天大多数发达国家的年轻人更可能与他们的父母穿类似的服装，听相似的音乐，频繁光顾相似的酒吧和俱乐部，也喜欢类似的发型，持类似的政治或宗教观。移民家庭的孩子是一大例外，他们会拒绝原生的文化而接受新文化。

M 一代，即整个成年期都处于第 3 个千年即 2000 年后的一代，整体看来并不习惯抗议游行，也没有政治信仰。一些社区很可能会有所变化，但现在仍没有突出的迹象。

一些针对英国 13 ～ 19 岁青少年的调查显示，这个年轻群体是近百年内最具驱动力的一代，在工作中做到最好是他们最为重要的目标。许多青少年在上学时就开始创业或者从事兼职工作，他们的创业通常会利用数字技术。他们也热衷于投入时间做志愿者。

对成功的渴望也激励着印度、中国等新兴市场的年轻人以及许多发达国家中产阶级的年轻族群。他们希望接受良好的教育并得到一份好工作，还希望享受工作之余的生活，梦想建立长期关系，有朝一日生儿育女。

“灰发”市场的潜力

正如我们之前说过的，到 2025 年，全球超过 65 岁的人多达 10 亿。这一族群的收入占美国总收入的 50%，拥有的金融资产占美国金融总资产的 75%，英国的情形与此类似。预计会有大量产品是为这一“灰发”市场量身定制的，例如游艇、高尔夫休假和养生温泉等。这一代人在实际年龄为 80 岁时生理年龄可能只有 70 岁，而心理年龄仅为 60 岁，会被视为年轻人。

企业应该反思商品包装、餐厅菜单、说明书以及营销材料的设计，这些材料上的字往往太小，年纪大的人不戴眼镜将无法看清。大多数住酒店的年过五旬的人有错把护发素当成沐浴露的经历，原因是瓶子实在太小了——谁会在浴室里戴眼镜呢？某一天我发现自己搞不清所用的电动剃须刀是什么品牌的，因为上面的标识实在太小。

广告中会出现一些30岁的模特。在主干道、服饰店、体育用品店、汽车展厅、园艺中心、旅行社、剧院和餐馆里，与中老年人有关的元素将变得更常见。

个人养老金计划和投资基金将不断增加，面对面的银行业务也会专门针对退休人士推出相关服务。卖出股权将成为退休人士增加养老金的常用方法。

仅在美国，未来10年会有10万亿美元从上一代人传递到下一代。在这段时间，六七十岁人的父母都还健在。到2050年，他们可能已有75岁但仍在工作，而且同时还得照顾更年迈的父母。

身体健壮、性格活跃的75岁老人会成为数百家慈善机构的志愿者。这些组织会给老人带来家的感觉、目标感以及归属感。

在社会天平的另一端，我们会看到一个年老的下层阶级。他们会一直做兼职工作，直到七八十岁（或者到2040年已90岁）。他们无法依靠少得可怜的养老金生活，也不能靠子女养老。

而且，在未来20年，还会产生一个严重的问题，即越来越多的人无法投入足够的钱在养老金里。由于低收益率或者通货膨胀，或者养老金公司因人均预期寿命的延长而破产，一些人的养老金会缩水，这些人将因之面临危机。在英国等国家放松养老金管制后，一些人可能将养老金提取出来，进行投资或做出非常愚蠢的投资决策，这可能导致他们资金耗尽，血本无归。

正如我所预测的，在英国等国家，强制退休已被视为年龄歧视且成为非法行为。尽管许多长者在 55 ～ 75 岁的任何阶段均可支取部分养老金，但他们同时还会从事兼职工作，或者因特殊的原因从事低薪的全职工作。

到 2025 年，在许多发达国家，当时年龄为 40 岁的人从国家领取养老金的年龄将被设定为 70 岁。

然而，养老金充足的人可自行选择退休或者半退休。在人口老龄化的国家，一个关键的用人策略是诱使 70 岁的人不退休。而在当前面临经济危机导致 40% 的年轻人失业的国家，我们很难想象此种要求会产生什么结果。但困难时期总会过去，工资和汇率会调整，而且年长者会由于其丰富的经验而受到青睐。

从营销转变为提供信息和启示

我不喜欢“推销”这个词，因为在未来它可能意味着过度吹嘘、无聊炒作、天花乱坠的讲述以及歪曲事实。未来最好的产品会自己“推销”自己。你越要“推销”一种产品，认为这种产品不值得拥有的人就会越多。

正如我们在第 1 章中看到的，未来最强大的营销将是从个人“对话”中获取信息和启示。同时，为了引起顾客注意，零售营销、广告发布及品牌维护机构会借用更奇特的营销理论推广企业理念、传递商品信息，这些理论包括神经营销学。神经营销学研究大脑如何对品牌、广告语、形状、质地、气味、想法、记忆、希望和梦想作出反应。

族群掌控社交媒体的命运

在社交媒体上，陌生人能够比营销主管、董事长或 CEO 更快地获取大多数人的信任。社交媒体的评论越丰富多彩和负面，阅读评论的人就会越多，特别是在中国，有66%的消费者在购买之前会参考社交媒体的评价。

评价一直是五星级的酒店或餐厅获得的订单有可能无法超过评价为四星或四星半的酒店或餐厅。用户想要看到真人给出的真实、多样、均衡的观点，他们并不相信那些看似自动生成的信息。

在未来，每一个营销信息、广告语和活动都可能被网络社区评分，而且这已经发生了。因此，针对企业在谷歌或脸书或任何网站上的广告，客户会带着自己的体验给出评分。

对于产品和服务非常出色而营销资金匮乏的所有中小企业而言，这真可谓大好消息。未来真正起作用的是产品的质量和客户的热情。

谷歌与脸书的族群抢夺战

谷歌的搜索结果常会被营销技巧所干扰。一些网页会被提升至更靠前的位置，搜索结果会被扭曲，这是谷歌面临的一个巨大挑战。

谷歌的解决方案是努力将整个网络转变为一个网页创造者的网络，网页创造者和其创造的网页根据他们在社区内的影响力、受尊敬的程度及权威性排列。这意味着50亿人的社交称谓被映射到整个网络上，包括什么人阅读哪些网页、哪些人互相认识、哪些人写了什么内容，如此等等，全都井然有序、一清二楚。

每月使用脸书的人多达14亿，比中国的总人口还要多。脸书的年营业收入高达28亿美元。由于具有高达1万亿的页面浏览量，只需要简单的一个步骤，脸书就能左右谷歌的搜索结果，这就是谷歌收购脸书失败后如此沮丧的原因，也是脸书大张旗鼓地进军搜索领域的原因。有鉴于此，谷歌推出了G+，以抗衡脸书。目前G+的用户达3亿人，但还远不足以与脸书抗衡。

与此同时，销售企业已对不断兴起的网络营销进行了反击，它们在社交网络上制造了数百万的虚假信息，包括虚假的朋友、生活事件、活动、岗位和产品偏好等。它们的目的是影响搜索结果。

仅中国就有一万多家社交媒体公司，它们的存在只是为了干扰淘宝这个中国最大的电子商务平台的算法。淘宝中的每家网店都会显示最近的销售数字，而大数字会吸引更多的客户。假冒客户会在商家的网络上逗留，造成其网页在许多不同的网站上很“热门”的假象。我们会看到更多此类行为，社交媒体公司会以不实的数据扭曲网络搜索的结果。

你未来看到的搜索结果会因你之前在网络上的活动而改变。想象一下，有个对气候变化科学极为怀疑的人在网络上查阅资料时，就可能搜索到该领域的最新动态，但未来他将只能看到证实自己观点的结果。这一点很重要，特别是当人们没有意识到搜索引擎在以这种方式修改结果时。

脸书能长期存在下去吗？

脸书近年来几乎没有什么重大改进，不久就会令人们感到厌倦，除非它能找到新的方向。目前脸书的使用量在英国已在快速下降，而英国的网络销售和互联网运作要远远领先于世界其他地区。

新网站几乎会在一夜之间兴起，它们的目标用户是年轻人，但只有一两个网站能名扬全球。由于用户可能把自己历年来写下的全部内容和所有社交关系都转移到新网站上，旧社交网站将面临巨大压力。

像脸书这样的网站面临的另一个重大风险是，相当数量的人决定通过拒绝使人亢奋、令人发狂的虚拟存在而去过“实实在在的生活”。用户每天在社交网站上花费的时间长达 8 小时，只不过是发社交信息，交流相对不重要并且极为肤浅的八卦消息、上传照片或者小段视频，这种模式真的能长久维持吗？

平均来看，智能手机用户会感到自己每天必须从口袋里掏出手机230多次，而头戴式装置只会增加人们观看显示屏的次数。

大多数人会说社交媒体增强了友谊，但社交媒体能带来真正的亲密关系和个人关注吗？真实的、真正的、能呼吸同样空气、“100%呈现”的社交媒体会受到青睐。越来越多的人会尝试每天至少一小时关掉手机，这将成为他们的生活原则。

女孩莫塔的故事：网络红人与视频直播引领时尚风潮

时装行业总与族群有关：你想成为什么样的人？你认同谁的着装方式？

预计会有更多影响族群的人出现，就像18岁的美国少女莫塔一样。莫塔把自己的购物视频上传到YouTube上，展示了自己的衣服、化妆和配饰，从而吸引了大量粉丝。她每个月增加的粉丝量比《Vogue服饰与美容》(*Vogue*)、《艾丽》(*Elle*)、《我》(*I*)和《时尚》(*Cosmopolitan*)加起来的还要多。预计会出现数百位影响力较大的十六七岁年轻人，他们中的每一位都拥有数百万社交网络追随者。这些粉丝会阅读他们的博客、推特或观看他们的视频，并效仿他们的装扮模式。

时装业的巨大容量

时装和纺织品行业的产值超过了1.8万亿美元，而且仍以每年5%的比率增长着，相关从业人员达7 500万。目前，中国服装销售额的增量占全球服装销售额增量的50%。到2018年，中国的服装销售额有望超过美国，成为全球最大的服装市场。但在过去20年里，扣除物价因素，服装的实际价格一直在下降，而且由于竞争和规模经济，服装的价格还会继续下降。

在美国，服装业从业人员为400万，有28万个出售服装和鞋子的网点。最近，我与一位棉制品制造商进行了交流，她的工厂每分钟生产1 400双袜子。可以想象，要把每小时生产的84 000双袜子出售给世界各地不同客户并完成订货、供应、营销各个环节所面临的挑战。

英国时装业的年产值为400亿美元，从业人员超过80万，比电信、汽车制造和出版这三个行业加起来的人还要多。

走向极致的秀场，几乎不变的传统服装

时装表演将继续走向极致。模特们走秀时有可能半裸或者完全蒙着面纱，也有可能干干净净或者糊着湿泥巴，还有可能冷若冰霜或者极为火辣，大秀身上的彩绘。他们会想尽一切办法吸引人们的眼球，但这些都无法成为第三个千年中的流行时尚。

纽约、伦敦、巴黎和米兰的传统时装秀会遭到强烈反对。传统的模式是，在为期4周的时装周里举办几千场活动，展出数以万计的服装。一些时装达人会探讨如何彻底改变发布精品时装的模式。在移动互联网的世界里，人们的注意力通常只能持续几秒钟。

男士在工作场所身着的正装可能在未来30年内都不会改变，因为全球已经接受了这样的样式。但男式正装样式单一，会在视觉上给人枯燥感。自1901年以来，男士西装、衬衫和领带的变化之小着实让人吃惊。

看起来一模一样的男士西装仍然是“安全”标准，通常的标配

是内穿衬衫并系上领带。女士在正式场合的礼服样式也几无变化。在沙特阿拉伯、巴西、马来西亚或印度等国家，礼服也适合日常生活。

人们会继续看不惯奇特古怪的服装，将它们的使用者和生产者分别定位为离经叛道和决策冒失，但时装、设计和比如软件、应用程序开发等其他创意产业不属此例。而且，在一些企业设立的“变装日”里，对随意穿着的接受度也极为宽泛。

到 2025 年，对一些设计公司而言，女性休闲时装的流行周期将缩短为 12 周。为了更有效地增加销售量，需要缩短供应链，加快从设计到生产的整个过程。流行周期的缩短会使一些服装很快过时，从而为企业带来巨大损失。企业可能改变设计风格，以更缓慢的季节性库存变化来应对。

棉花与聚酯纤维的公关大战

纺织物的性能会发生革命性的变化，特别是新型合成纤维的出现。这将为设计者创造令人振奋的机会，因为他们将拥有可能使颜色发生变化、具有新纹理、用纳米技术处理、能自我清洁和使用气体清洁的纺织品。

带有显示器和传感器、能随温度变换颜色或纹理，或者带有“有线”配件的衣服会得到广泛使用。一些配件如皮带、帽子、眼镜、手表、手套或运动鞋等，能够为远距离行走者计步。

对许多新兴市场而言，棉花确实是非常重要的产业，而且这一产业支持的工作岗位超过 3 亿个。在全球 2.5% 的可耕种土地上，每年产出棉花 2 500 万吨，大部分来自面积约为 2 公顷的小农场。

全球每年的棉花贸易额达 120 亿美元，最大的出口地是美国和非洲。

棉花产业将继续增长，而且会与全球人口同步增长，但棉花在所有纤维中的比例会下降，即使在热带国家也是如此。在热带国家，棉花比聚酯纤维更能吸收水分。在美国，聚酯纤维对棉花的替代率约为每年 7%。

水资源利用率会提高，污染会减少，生产率会提高，农药使用量会减少，而且经独立认证、符合道德规范、以可持续方式生产的棉花会得到推广。相反，合成纤维是由石油提取物制成的简单化学品。聚酯纤维和棉花，哪一种才是最可持续、最健康的穿戴面料？针对这一问题，预计会出现一场公关大战。

为何有钱人喜欢买球队？

就像时装一样，体育产业将继续被族群主义主导。具体表现包括对个人、当地队伍或国家冠军的支持，对拥有非凡身体技能之人的宣扬，对族群赞赏者的喝彩，如此等等。而且，**拥有一个族群比如一支球队，将大大提高一个人的社会地位。**

从某些方面来讲，体育世界将发生缓慢的改变。我们可以预计，大多数体育活动的规则几乎没有发生明显改变，新出现的体育活动也很少。体育将继续成为整个国家关注的焦点，会有大量的媒体蜂拥而至，对体育赛事进行现场报道，一些体育赛事吸引的观众会超过 10 亿人。广播、电视、网络和相关的广告带来的收入将继续主导体育赛事的日程，同时，著名体育明星从企业的赞助合同中获得的收入比赢得比赛得到的奖励还要多。

然而，我们将看到更多故事。有人说体育赛事的结果已经被博彩业的地下帮派所改变，尽管他们并不直接参与比赛。很多赛事的丑闻将使整个体育产业蒙羞。板球问题持续多年，足球问题又接连不断，几乎每一项重大比赛都难以幸免。事实证明，一些管理机构可能已被拉下了水，或者自甘堕落。

很多人对体育博彩下注，赌的项目也花样不断，比如，赌上半场结束前是否会有三个任意球，或者某一名球员是否受伤或者是否会进一个球。自行车比赛、世界一级方程式锦标赛等体育赛事也会出现相似的情况。正如我们看到的，考虑到生物兴奋剂，未来会出现许多与世界纪录的可靠性相关的问题。

更多的虚拟关系，更多样化的家庭模式

我们已经讨论了族群主义对欧盟、国家、企业、品牌、营销、时装和体育的未来产生的影响，那么，作为族群主义的基本单元，家庭族群未来会发生何种变化？

过去20年里，尽管许多社会科学家做出了许多毫无道理的预测，但在世界的大部分地区，家庭生活仍然相对稳定。

情侣在双方的关系达到一定程度后通常会结婚，接下来会孕育孩子，而且他们倾向于选择在大家族中生活，特别是在新兴市场国家或移民社区。

破裂家庭数量增多，幸福梦想依然强烈

发达国家和越来越多的新兴市场国家正在经历一系列彼此影响的趋势。破裂家庭的数量增多，缺少父亲的家庭、问题儿童和学习成绩差的儿童也在增多，下层人群因失业而对社会日益不满的风险在加大。教师、社会工作者、缓刑犯监督人员和审理家庭纠纷的法官每天都能看到体现这些趋势的事件正在发生。

在英国，尽管大多数研究表明，最幸福和最有可能一直生活在一起的情侣是已婚夫妇，特别是婚前纠葛较少的夫妇，但在过去10年里，很多情侣决定在不结婚的状态下生养孩子。

婚姻的受欢迎程度和收入有关。在一些国家，富有的中产阶级情侣更愿意先结婚后生孩子，而许多穷困且受教育程度低的情侣则不愿结婚。

罗曼蒂克的梦想依然强烈，过去两百年来一直未变，未来两百年仍会如此。建立密切关系是人类与生俱来的本能。

几乎所有年轻人都梦想有朝一日能够找到一个各方面都符合自己期望的人，与对方在一起的每一天都弥足珍贵。若浪漫的梦想保持不变、仍是那么强烈而且分手更常见的话，我们预计，未来的世界上将满是失望的人，也将满是因不快乐或关系破裂、自尊心因而大受打击的人。

以上这些情形，使得许多国家提供两性关系建议，指导婚姻，缓解痛苦，举办建立信任的活动、交友机构、浪漫的城市休闲活动，情人节礼品、情趣服装、性治疗师的市场持续成长，还有形形色色的其他产品或服务帮助情侣们保持他们生活的浪漫。

在一些结婚率和再婚率跌至低谷的国家，结婚和再婚可能再次流行，即使婚姻发生在小孩将要出生或者出生后不久。

全球有超过10亿人生活在家庭包办婚姻的地区。在这里，包办婚姻仍被视为高尚和专属的制度，婚姻不忠或者婚前性行为将会产生严重的后果，特别是对女性而言。

预计在发达国家的传统家庭里，将更频繁地爆发文化冲突。在这样的家庭里，孩子们拒绝包办婚姻，父母在定居地也很少能为子女找到合适的配偶。

虚拟关系和网络婚姻

在一些国家，20% 的情侣关系是通过网络开始的。若非网络，他们可能一辈子都不会相遇。对数以百万计的情侣和更多的家庭而言，视频链接如 Facetime 或 Skype 将变得越来越重要。然而，维持全部或部分虚拟的浪漫关系非常不易。

同性婚姻和多样化的家庭模式

在几乎所有欧洲、北美的国家和越来越多的其他国家，作为两男或两女之间长期承诺的正常表达，同性婚姻会被接受。这些国家的居民很容易认为，世界上其他国家不承认同性恋只是因为落后，它们很快就会跟上现代思维。但在将同性恋活动视为犯罪的所有 72 个国家里，法律将继续认定同性恋行为是非法行为，更不用说允许同性恋者结婚了。

我们有可能看到，发达国家和发展中国家对这一问题的态度日益两极化，特别是在马来西亚这样的伊斯兰国家和尼日利亚这样的基督教国家，同性恋会遭到强烈反对。俄罗斯和白俄罗斯等国家在未来一二十年里仍将相当传统。

在许多发达国家，家庭一词的含义已发生了变化。这些国家的很多人认为，一些新模式对于个人或整体社会都有益，比如有两个父亲或两个母亲的家庭，这些家庭中利用代孕妈妈或捐精者生育孩子。孩子具有一种或多种不同联系的家庭，或者孩子由三对父母的组合基因培育的家庭将会出现。

无论如何，更多研究证实了之前的研究结果：一般而言，对孩子身心健康最有利的环境是快乐幸福的家庭，在这样的家庭里孩子由亲生父母照料。

父亲缺位究竟意味着什么

英国是全球爸爸缺位率最高的国家之一。父亲与孩子接触很少或者没有任何接触，这导致了家庭关系的破裂。这通常也意味着家庭里没有男性榜样、孩子的抚养金较少、住房成本较高。家庭破裂往往是家庭陷入贫困的快车道。

家庭破裂也会增加儿童（或成年后）患精神疾病、少女怀孕、自杀及成年后关系破裂的风险。因此，我们可能看到，过去10年内发生的家庭变故会影响下一代人，这些影响会持续至2050年后。

许多情况下，父母双方都在努力提高自己。两人都全职工作，而且很可能都不只从事一份工作，所以养育孩子的重任常常被委托给保姆、朋友或者亲戚，这会使问题儿童现象变得更加严重。

作为免费保姆的老人遍及全球

许多爷爷奶奶会帮忙照顾孙辈，而且会在生活中的许多方面成为备受爱戴的榜样，这有助于维护长期安乐和谐的家庭关系。委托他人照顾孩子需要花费不小的费用，爷爷奶奶照顾孩子则可节省不少开支。正如我们已经看到的，由于经济和家庭原因，许多家庭都是三世同堂。家庭关系紧张时，一些爷爷奶奶会带来安定团结，但另一些爷爷奶奶则可能给年轻父母的婚姻带来压力。

我们也可能看到，在富裕国家，由于与具有血缘关系的亲人相隔太远或者家庭关系紧张，越来越多的父母将孩子非正式地寄养在已退休的老人或叔叔婶婶家里，或者由他们收养，这些人代替父母亲或爷爷奶奶照顾孩子。

越来越多的孩子同母异父。多年里，他们的父亲走马灯似地换了一个又一个。这类孩子往往会与继兄弟姐妹展开激烈的竞争，与祖父母的关系也非常复杂。

几代同堂重现？

尽管存在许多有关“社会原子化”的预测，但在法国、西班牙或英国这样的发达国家，大多数人的居住地离父母的居住地仍然不超过一两小时的车程，而且也离他们的出生地不远。

另外，有更多年轻人会一直住在父母家里，直到30岁左右；或者一些年轻人会在20多岁时与双亲或其中之一在一起生活很长时间。经济问题是其中的主要原因之一：房价不断上涨，接受教育需要更多时间，而且失业率居高不下。

祖父母也是如此。与10年前相比，他们更可能与自己的某个孩子同居一个屋檐下，而且通常会帮忙照看孙辈。若他们的儿女一个人养育孩子时，更容易出现这样的情况。

网络内容对儿童的影响

许多年幼孩子的父母与我交流，他们非常急切地想知道如何保护孩子不受网络的伤害。

应当让孩子接触什么样的网络内容？哪些内容是公平公正、传达正确价值观的？如果父母这也不让那也不许，孩子如何学会辨认网络诈骗或欺凌？这些问题让父母们彻夜难眠，而且他们知道，无论家里如何控制，孩子都可以通过同学无限制地访问一些令人不安的“成人”内容。

英国的父母们从反复的调查中了解到许多8～10岁的男孩和女

孩看过非常露骨的性爱录像，这令他们惊恐万分。而且，大多数 14 岁的孩子觉得在威胁之下将他们的身体照片发送给同学是正常生活的一部分。

在英国 11 ～ 13 岁的女孩中，20% 在上学之前就悄悄戴上文胸了，因为她们觉得在这样的年纪胸部平平令人尴尬。令人焦虑的另一个问题是，纵欲文化会导致自我怀疑，并承受极大的心理和社会压力。

每个国家的家长们都很焦虑

许多年前，当我在艾滋病救助机构 ACET 工作时，就曾亲眼目睹世界各地的父母表现出的这种焦虑。

我们的教育工作者在俄罗斯、哈萨克斯坦、泰国、印度、乌干达和爱尔兰等 20 多个国家讲授过性关系和性健康知识，接触过 500 多万名高中生和大学生。他们发现，对课程内容最热心的通常是孩子的父母。

俄罗斯、马来西亚和泰国的政府对于那些自认为不利于孩子观赏和阅读的内容采取了更果断的方法，它们已率先在全球过滤网络内容。请记住这一点：到 2025 年，全球有 85% 的人将生活在这些国家。

就这些问题而言，这些区域整体上要比欧洲和美国更传统，而且他们越来越无法理解许多发达国家的"道德沦丧"。

预计政府会采取更多的过滤措施或其他行动，目的是控制人们接触"堕落"网站的内容。

到 2025 年，采取此类行动的国家会超过 50 个，所辖人口占世界人口的 60% 以上，目前这些地域的人口占全球人口的 35%。

尽管有 4 亿人会使用翻墙网络规避这种审查制度，但在许多国家，翻墙被视为非法，或者需要获得特殊许可。

虐待妇女和儿童的暴行终被清算

英、美等发达国家出现的又一个现象是，一些大人物曾在20世纪七八十年代利用其显赫的地位猥亵青少年和一些年轻人，这种行为直到最近才被媒体爆出，从而掀起了民众的抗议浪潮。

在20世纪七八十年代，英国妇女认为，若同事在电梯里触摸到自己的臀部或在办公室里将手假装无意间放到自己的衬衫上虽令人讨厌但也是平常之举。但现在，若多次出现类似的情形，即使是发生在几十年前当时并没有提出诉讼，甚至在行为发生后的35～40年里都未提出过诉讼，这样的行为仍有可能被判有罪。

所以，尽管许多国家和地区更为开放，正如我们在广告、音乐视频、时装、杂志和电视中看到的那样，性感形象比比皆是，但发达国家的许多地区对猥亵妇女特别是猥亵儿童的行为变得更加敏感，这是无可置疑的事实。

营销部主管、设计师和电影制作人都必须小心谨慎地应对这种变化，弄清楚哪些做法不再适宜，否则会面临风险。比如，在20世纪90年代最具代表性的一则文胸广告中，宣传海报上印有这样的标语："你好，帅哥。"这则海报的确非常吸引眼球，以至于男司机指责它是导致车祸的罪魁祸首。这样的广告在今天能否被大众接受？看来有待商榷。

"超跑线"提早到孕期

人们越来越珍爱孩子的部分原因是，现在生育的孩子较之以前减少了。有些父母将全部希望和梦想都倾注在孩子身上。

我们将看到，为"温室内"的孩子们提供的产品、服务、技术和教育会快速增长，鼓励孩子们发挥天赋的方法也日益增多。如何打造一个 5 岁的音乐神童？如何让一个 3 岁的孩子讲 3 种语言？

孕期服务业会迅速崛起。婴儿在出生前就会接受各种胎教。孕妇会摄入更多营养，以促进子宫内婴儿的大脑发育，还会进行音乐胎教或其他刺激。还有些人会给孕妇授课，向她们讲述如何使孩子获得一个完美的“被分娩体验”。

这其中的有些情形可能比大多数人意识到的更为严重。比如我们知道，孕妇怀孕时的营养状况和孕妇的父母亲的生活环境均会对孩子继承的基因产生永久性的影响，因此，**未出生的孩子还在子宫里时发生的事情就可能对重孙的福祉产生微妙的影响，这样的观点会给准妈妈们带来压力。**

性观念的调整

在接下来 30 年的时间里，我们有可能看到人们对之前“性解放”意识的部分反思。我们已经看到，在一些国家，首次性体验的年龄已显著提高。

一些对美国 15 ~ 19 岁青少年的调查显示，在 1995—2008 年的短短 12 年内，15 岁之前有过性体验的女孩占比从 19% 下降到 11%，而男孩则从 21% 下降到 14%。在乌干达等国家，由于对艾滋病的恐惧也出现了同样的趋势。在过去 10 多年里，大多数乌干达人一年内至少要参加 20 次艾滋病人的葬礼，而且这些人通常是他们的亲人。在全球范围内，我们看到越来越多的人已在反思这一问题：性到底意味着什么？

在一些国家比如英国，社交最保守的一代在过去 10 年里崭露头角。不仅青少年怀孕的比率降到 40 年来最低，而且有更多青少年拒绝喝酒、吸毒和性交。

在2014年，仅有1/6的英国青少年承认自己吸食过毒品，这一数字是2003年的一半。每周喝酒的青少年只占9%，而10年前这一比例高达25%。在同一时期，曾尝试过饮酒的青少年人数占比也从61%降至39%，吸烟的青少年所占的比例从41%下降至24%，经常吸烟的人数也从之前的9%下降至3%。

这些都是巨大的变化，已被多次调查研究所证实，也得到了闹市区零售商和供应商的验证。

这一代人有可能思考，他们希望自己的孩子过什么样的生活。一些人可能希望自己能多陪伴孩子，使孩子得到陪伴的时间比自己小时候多一些，即使这意味着减少工作时间，还有可能降低生活水准。这样的家长未来不大可能把自己年幼的孩子委托给全日制的专业机构来看护。

商业性工作者越来越多

在许多国家，卖淫业将继续增长。有10%的男性曾有过嫖娼的经历。仅在英国，5%的学生（全英国有10万）从事妓女、三陪女、脱衣舞表演者或成人视频演员的工作，她们要赚钱完成大学学业。有20%的学生曾考虑过从事此类工作。

从全球来看，有4 000万～6 000万妇女则通过不太正式的途径成为男人的性伴侣，至少有4 000万妇女从事卖淫工作，以此获得生活必需品。

大约有1 200万妇女和200万儿童“奴隶”，他们被贩卖、欺骗、行动受限，这是世界上发展最快的犯罪活动。

由于政府不得不加强对卖淫业的管控，预计会出现许多新的法规和管理细则。

对性成熟法定年龄的再思考

全球不同国家和地区对性成熟法定年龄的规定有较大差异，安哥拉为 12 岁，西班牙为 13 岁，英国为 16 岁，爱尔兰为 17 岁，土耳其和印度为 18 岁，巴林为 21 岁。在一些国家，婚姻之外的所有性行为都是非法的。比如在科威特，女孩和男孩的最低结婚年龄分别是 15 岁和 17 岁，除此之外的所有结合都是非法的。

在一些对同性恋的性成熟法定年龄规定较高的国家，如芬兰、希腊、奥地利和马耳他，预计会出现激烈的争论。

预计在一些欧洲国家，这一年龄会被下调。我们会看到，在世界上认为同性恋行为非法的 79 个国家中，相关的法律规定可能会有所放松。

然而，未来任何有关性成熟年龄的争论都会被这一观点所主导：进一步降低法定年龄就意味着有更多成人将逃脱正义的审判，因为他们在引诱（甚至更恶劣地对待）更年轻的女孩或男孩时，将不违反任何法律规定。

食色性也：色情网络、性功能药物及性生活

《福布斯》杂志和英国广播公司公布，一个全球性的研究团队对世界上近百万个最知名的网站进行调查分析，最后得出了这样的结论，有 4% 的网站和 13% 的搜索结果涉及色情内容。

和以前的研究中经常引用的数字相比，这些数字要低一些，即使现在有更多女性上网，而且电子商务意味着可利用网络传播更多色情内容。

即使最受欢迎的视频色情网站，与 YouTube 这样的网站相比，其流量也很小。全球最繁忙的此类网站仅被 2.5% 的网络用户所使用，

每月约有 3 200 万的访问量。在过去 10 年里，由于免费的网络内容更加普及，网站从广告业务中获得的收入已大幅下降了。

研究指出，有 2% 的男性沉迷于色情网站，有 30% 的人对其存在不同程度的依赖，这破坏了他们与家人的关系。依赖色情网络是美国离婚案件中女方最常引用的投诉理由。

毫无疑问的一点是，对色情服务的广泛消费会改变一些男性（和女性）对自身与伴侣的关系和性能力的预期，而且通常产生完全不切实际的、可能是有害的改变。

有一点是肯定的：由于担心自己的性功能有问题，许多男性在寻求专业的建议。与此同时，更多女性也在寻求获得更大满足或给伴侣带来快乐的方法。

大多数超过 50 岁的男性都存在一定程度的性功能障碍，到 2025 年，这个人数会增加至 3 亿。全球有 5% 的 40 岁男性和 20% 的 65 岁男性存在严重的长期阳痿问题。

伟哥和西力士等增强男性性功能的药物每年销售额都会超过 43 亿美元。预计到 2030 年，市场上会出现更多此类药物。这些药物见效快、药效持续时间长、成本低，其中一些为非处方药，无需获得医生的诊断书就可从药店买到。

很多年轻的专业人士可能因为忙碌，尽管有伴侣，却无法过正常的性生活，这增加了寻花问柳的诱惑。

年轻人之间缺乏亲密感的一个常见原因是慢性疲劳和压抑。伴侣们通常要长时间工作、照顾年幼的孩子、熬夜或上夜班、经济拮据或挤住在缺乏隐私的房间里，这些都会影响他们的性生活质量。

越来越多的男性和女性高管需要在令人兴奋的职业、令人满意的长期关系、生儿育女和幸福的爱情生活之间做出选择。

那些使人上瘾的东西

许多国家的年轻人用于酒精和毒品的支出比 10 年前减少了，这些我们已亲眼见证。通常，人们通过同族群内的其他人接触到此类物品，而喝酒通常属于社交活动。

酒精问题将日益严重

酗酒是世界上最复杂的问题。全球每年因酗酒死亡的人数多达 330 万，在青少年中，酗酒者是吸毒者的 3 倍。7.6% 的男性和 4% 的女性的死亡是由酗酒引起的。世界上有一半的人滴酒不沾，但在喝酒人群中，人均每年消耗的纯酒精量为 17 升。欧洲的数据高于全球平均水平。

在美国，6% 的人口或者说 1 600 万人的饮酒量超过了身体能够承受的程度，且 10% 的健康问题与饮酒有关。全美 40% 的犯罪活动是在酒后实施的。在英国，有 900 万人是"问题饮者"。滥用酒精每年给英国造成的损失超过 210 亿美元。

许多国家会采取多种措施，包括宣传酗酒对身体的危害、更严格地限制向年轻人出售含酒精饮品以及征收高昂的酒精税（这是降低酒精消费最有效的单一措施）等。

预计专业机构和支持团队将获得更多资金，帮助人们戒除陈年酒瘾。会有更多人研究使人摒弃饮酒欲望的方法，或者制造干扰大脑内神经通路快感的药物。

烟草销售转向最贫困的国家

随着企业营销对象从发达国家转向发展中国家，烟草业将继续成为全球性大产业。美国每年因吸烟致死的人数为41.9万，由此造成的医疗保健成本和生产率损失高达1 000亿美元。然而，经过50年的健康宣传、社会压力、征税、营销限制和公众场合禁烟运动，美国烟民的比例已从43%下降到18%。

未来30年，中国政府也可能针对吸烟行为采取越来越严格的限制。中国人一年消耗掉的香烟数量为1.6万亿支（烟民的比例为25%，成年吸烟者超过3亿），中国也由此成为世界上最大的香烟生产国和消费国。大多数中国烟民都是男性，每年因吸烟死亡的人数超过40万。预计到2025年，这一数字会增加至200万。

吸烟通常是吸食大麻的先导行为，因此在吸烟不流行的国家，大麻的吸食量不高。有研究明确表明，吸食大麻不会让人上瘾，对生活的危害性也轻于香烟或者重度酗酒。

然而，大麻会改变重要的大脑神经通路，过量使用会影响人的动机、愿望和行为，尤其是对儿童和年轻人而言。若吸食了药性更强的大麻，危害性就更大。每天吸食“臭鼬”大麻的人，患精神病的风险会增加5倍。英国开展了一项为期6年的调查研究，结果显示，在产生幻觉、妄想、精神分裂症的人群中，有1/4的人因吸食药性极强的大麻致病。

毒品经济学的演化

毒品交易额已被欧盟国家纳入其官方GDP统计数据中。

全球每年的毒品交易额高达4 000亿美元，其中包括450吨主要来自阿富汗、可供1 700万人消费（后被警察没收）的海洛因。另有1 700万人沉迷于可卡因或霹雳（Crack）毒品，其中40%为美国人，25%为欧洲人。

全球毒品产业将继续保持高利润。非法毒品贸易将继续使数个国家陷于持续的动荡。

20 世纪 70 年代以来，美国为打击拉丁美洲的毒贩投入了超过 1 万亿美元的资金。2006 年，墨西哥宣布向毒品犯罪团伙“开战”，在随后 8 年的时间里，有 10 万墨西哥人死亡，2.7 万人下落不明。同样，哥伦比亚在同毒贩 20 年的斗争中牺牲了 1.5 万人。

然而，并没有任何证据表明，以上所有这些努力减少了美洲吸食毒品的人的数量。在近 6 年的时间里，吸食海洛因上瘾的人数翻了一番，达到了 68 万人，而且从 20 世纪 80 年代到 2014 年，海洛因的价格下降了一半。

乌拉圭和玻利维亚现已解除了限制毒品的法律规定。未来 20 年内，其他拉丁美洲国家有可能重新审视本国的相关法律。

在美国，现有 55% 的选民支持大麻合法化。其依据的逻辑是，鉴于 20 世纪 30 年代的禁酒运动失败，毒品政策也会失败，而且这些政策只会激励犯罪。美国一些州已在紧锣密鼓地开展毒品合法化的可行性研究。

尽管在一些新兴市场国家，走私毒品仍会被判处死刑，但预计许多其他发达国家会小幅放松有关毒品的规定。但同时，荷兰正在收紧关于毒品的法律法规，该国在一代人的时间里曾是欧洲对毒品态度最宽松的国家。

尽管许多国家从阿富汗获得了大量廉价的海洛因，但这些国家吸食海洛因、可卡因、大麻、霹雳毒品的人数却下降了。比如在英国，吸食大麻的人数在 10 年的时间里由 11% 下降到 2011 年的 7%，摇头丸也不再那么流行了。吸食海洛因和霹雳毒品的人数在 6 年时间里从 33.2 万降至 2011 年的 29.8 万。

正如我们已经看到的，酒精的消耗已显著下降，酗酒的年轻人明显减少。

对化学家创造的“化合致幻药”的消费会出现巨大的增长，其中迷幻药是最著名的一种。每一年、每一家实验室，都可能合成出几种新毒品，这些毒品之前没有在政府的实验室里出现过，也不会被列入“旧”毒品法管辖的范围。大多数吸食此类致幻药的人都是偶尔为之，但吸食它们确实存在许多未知风险，政府应努力应对这一趋势。

许多国家犯罪率下降的原因

过去40年来，几乎所有发达国家的犯罪率都下降了。比如在英国许多地区，各类犯罪活动的发生量已经减半。

以前，随着失业率的上升和下降，犯罪活动也往往随之上升和下降，但现在，这种联系似乎已被打破。那么，过去发生了什么？未来的犯罪行为又会发生何种变化？

整体看来，人类社会正变得更富同情心和易受影响。这样的变化可追溯至数百年前的历史趋势，在《人性中的善良天使》（*The Better Angels of our Nature*）一书中，史蒂芬·平克对此有过详细的论述，以下是从其中摘取的一些例子：

- 部分由于女性主义文化的发展，人们对女性更为尊重，女性的权利得到更广泛的支持；期望父亲能照顾孩子；大多数城市居民看到杀鸡时易受到惊吓；虐待动物会使许多人愤怒。
- 残忍和侮辱人格的惩罚，比如对政敌使用斩首、火刑、公开酷刑和缓慢致死等方式，在今天的发达国家几乎绝迹。

◆ 吸毒成瘾人数的下降意味着犯罪活动的减少。吸食海洛因或霹雳毒品的人一天需要花费数百美元购买毒品。为了生存，他们可能一天实施多次犯罪活动。在一些社区，大部分盗窃行为是一小撮瘾君子所为。

◆ 更出色的安保措施。以前，汽车被盗是很常见的现象，但现在几乎不可能发生了。现金提款机得到了更安全的保护。防盗警报更为可靠，它们与警察局相链接。门窗和门锁变得更牢固。

◆ 犯罪正转向网络。电子商务和网络银行可能导致 1 亿多人成为诈骗、欺诈和其他犯罪活动实施的对象。每一家企业都成为网络盗窃的目标。实施网络犯罪被逮个正着的风险较低，而且跨国起诉非常困难。这些犯罪通常不会在官方的统计数据中得到正确的反映。

未来 200 年内，由于人们会被暴行和无政府状态导致的严重后果所震惊，暴力和侵略行为会进一步减少。这样的后果大多产生于战争、国内冲突或恐怖袭击后。

近期出现的传统类型的犯罪下降的趋势会趋于稳定，也会有更好的能够以更快的速度终止网络犯罪的办法出现。

到 2020 年，通过网络被窃的财富要高于其他所有小规模犯罪活动的总和。

尽管许多国家的犯罪率都呈下降趋势，但由于贫富差距状态的不可持续和这种差距的进一步加大，针对富人的私人安保服务将会迅速增加。

美国的私人安保支出已超过警察安保支出的 3 倍。在俄罗斯和南非等国家，私人安保人员是警察人数的10倍。

★★★

本章讨论了族群主义如何带来最强大的正面和负面影响。它是团队、品牌、客户群、国家和家庭的基础。

与未来的族群面相对应的是统一面，而族群面与统一面在我们的模型中正好彼此相对。

统一面涉及全球化、制造业、零售业、旅游业和银行业，那么，驱动未来走向统一的因素都有哪些呢？

第4章

统一面

全球化势不可挡

丰巢、e 栈等“点击交货”模式只是电子商务配送服务的基本配备，无人机交货才叫酷？某些电子商务巨头鼓吹的当日交货或追踪收件人的准确 GPS 定位来实时交货，何时可以实现并普及？

安然危机仍然令人记忆犹新，而类似的危机依然可能随时上演。难道大型跨国公司主持的审计毫无用处？或者是市场机制本身出了问题？

统一面　全球化势不可挡

未来的第四个面是统一面，它正好是族群面的对立面。统一面意味着说英语的人和麦当劳餐厅随处可见。族群主义与统一主义彼此消长，互为因果。

全球化势不可挡，它是资本、技术、商品、服务和信息跨国界自由流动的结果。全球化将继续加剧竞争，并降低企业在许多国家的利润。

区域贸易协定扩张，谁是最大受益方？

预计世界会出现更多的区域贸易组织，组织内可实现商品和服务的自由流动。仅过去 10 年里，区域贸易协定的数量就从 100 个增至 250 多个。

预计除欧盟外，以北美自由贸易区、东盟、俄罗斯为基础的贸易集团和南部非洲贸易区会得到加强。随着贸易组织的发展，许多国家意识到，它们正失去对本国经济的控制，因此会越来越感到沮丧。

随着区域贸易组织的扩张，国家之间的利率差异和税收差异将难以为继，资本流动将势不可挡。各国政府将被迫出台相关协调法律、税收和福利政策。与全球投资界想法不一致的国家将很快失去外商直接投资（FDI）。

政府将逐渐失去对本国经济的控制权？

尽管美国等发达国家有不少人呼吁设置贸易壁垒，但在全球化的世界里，市场力量会使世界不同地区的大宗商品价格趋于收敛，劳动力价格趋同。因而，中国的工资将提高，欧洲的工资则相对下降。预计反对自由贸易和支持贸易组织的有计划的劳工运动将出现。

全球化投资者，比如养老金基金和主权财富基金，将越来越多地参与大企业的决策，目的是有效地雇用和解聘高层管理人员，并行使一票否决权。机构持有的股票占美国股市的大部分市值，机构完成的交易已经占华尔街交易额和交易量的 90%。

非法卡特尔和半垄断式定价谁之过？

实现规模经济才能提高效率。预计会出现更多的企业合并，但由于决策失误或重新聚焦于关键领域，一些合并后的企业会解散。

规模经济会减少人们的选择，这似乎有点不可思议。但是，即使是 10 亿人的市场，也难以支撑除波音和空客之外的其他飞机制造商。手机操作系统和应用软件也是如此，我们的世界只能支持三个，而不是四个此类品牌。安卓系统和 iOS 系统会生存到 2025 年以后，但手机上安装的视窗软件恐怕会面临重重困难。电信、国防、银行、汽车制造、制药、电影、能源等领域将出现整合。

非法卡特尔[①]和半垄断企业的数量将增加，实力将增强，往往会将商品的价格提高20%左右。已有的例子包括：航空公司统一提高货运价格，导致需要空运货物的企业和个人损失200亿美元，后来，这些航空公司为此支付的罚款和赔款总额超过了40亿美元；汽车零部件制造商为许多零部件设定价格；在巴西铁路和地铁招标过程中，一些公司结盟舞弊，对合同价格进行暗箱操作；欧洲和美国操纵同业拆借利率；苹果、谷歌和亚马逊等公司在全球进行半垄断式定价。

世界公民无“家”可归

我们将看到新一代频繁旅行的全球化个人的出现，他们没有国家忠诚度和认同感，不会献身于任何地域的建设，而他们的朋友遍天下。这些行业化的技术流浪者认为自己是世界公民。各国政府很难对他们征税，也很难统计他们的收入，政府政策也难以约束他们。

例如，一位高级管理人员在远离出生地的地方生活了大半年，在另外两大洲各自生活了一段时间，然后决定在又一座自己常去的城市购买一所公寓，那么，哪里才算他的家？

劳动力低廉地区魅力四射

所有制造商都能找到节省成本的途径，所以，在未来30年内，大多数商品的实际价格会下降。

这得益于更普及的自动化、更大规模的工厂、更优秀的设计、更轻薄且坚固的材料如碳纤维和复合材料、更多的回收利用、更高的能源利用效率、更短的供应链、更低的存货水平以及在不同国家迁移的

① “卡特尔”为法语cartel的音译，原意为协定或同盟，后指生产同类商品的企业为了垄断市场，获取高额利润而达成有关划分销售市场、规定产品产量、确定商品价格等方面的协议所形成的垄断性企业联合。

工厂。工厂会迁移到劳动成本比较低廉或需求增长较快的地区。

贸易增速的主要原因是运费？

将一只集装箱经由陆路运送到150公里外（相当于从伯明翰到南安普顿）与经由海路将一只集装箱从南安普顿运送至北京（10 000公里的距离）的成本一样高。从伊斯坦布尔运送甜瓜到那不勒斯的成本要低于将意大利山区一个村庄里的甜瓜运送到当地市场的成本。

尽管能源价格会上涨，**但运费的巨大差异仍是未来全球贸易最重要的因素之一。**过去30年内，全球贸易额增速达到全球产出增速的两倍，运费也是其中的主要原因。

请注意拉丁美洲和非洲之间的贸易增长。这两个地区都邻近大洋，都具有巨大的制造潜力。未来30年内，在建有大集装箱港口的区域，其贸易额的增速平均要比内陆城市、地区或国家快40%。

以乌干达和肯尼亚为例。乌干达没有港口，其出口的货物需要装载于大卡车上，沿着尘土飞扬的单车道公路行驶数百公里。沿着同一条贸易线路向另一个方向前进，你会深入到非洲核心的乡野之地：布隆迪、马拉维和其他国家。

2015年的全球贸易额为13万亿美元。预计到2030年，全球贸易额会超过22万亿美元。

由于企业抓住机遇提高效率，集装箱的使用带来的增速比国际贸易的增速高出两倍，但集装箱革命业已完成，未来的增速差距会逐渐缩小。

“工作外包”缘何敏感？

根据对网站和YouTube的观察，我得出了这样的结论：将工作外包于低成本的国家是一个富有争议的敏感问题。只要在社交媒体上提到“工作外包”这个词就会招致潮水般的反击，持反对态度的人主要是美国人，因为他们被中国的崛起吓坏了，他们坚信自己的工作受到了中国的威胁。

然而，这些人的思维显然落后于时代。10 年前，许多跨国制造企业为了节约成本，一窝蜂地将制造工厂迁移至中国和亚洲其他国家，而银行也将呼叫中心和 IT 支持团队迁移至印度这样的国家。几年前我就预言，外包业务的流向会逆转，近些年的事实正好验证了我的预言。

从美国到欧洲再到亚洲的简单外包模式即将结束。亚洲的成本正变得越来越昂贵，过长的供应链很容易被突发事件阻断。文化差异、关税壁垒和汇率波动通常会招致麻烦，亚洲本地的需求也越来越大。

因此，我们会看到更多区域供应商的聚集，生产成品需要的组件通常也可在同一区域内获得。这就是为什么“南南贸易”[①]显著增长的原因（例如印度和巴西、中国和马来西亚、南非和东京之间的贸易）。从 2000—2011 年，区域内贸易额从占全球贸易的 12%增加至 24%，整整提升一倍；而且到 2030 年，这一比例会超过 40%。亚洲有一半的贸易都发生在区域内的国家之间。

相当数量的外包业务已经被近岸或回岸制造（即，将工作转回国内）所替代。外包业务正在亚洲各国间转移。比如，英特尔在越南投入 10 亿美元设立了芯片厂，这家工厂所在地距中越边境仅几英里，但边境那边的中国的劳动力成本是越南的两倍。三星已将大部分电子产品制造工厂迁出了韩国，转向制造成本更低的其他亚洲国家。

①南南贸易即发展中国家之间的贸易，由于世界上的发展中国家绝大部分处于南半球和北半球的南部而得名。

如何节省物流费用?

行驶在欧盟公路上的卡车有30%是空的，这些卡车每年跑空的距离超过1.5亿公里。而那些未跑空的卡车一年当中有成千上万趟都在运送相同的终端产品、零部件或原材料，这些货物来自不同生产商、工厂和仓库，不同货车载着它们常常驶往相反的方向。这样的运输实属浪费。预计会出现能够处理这一问题的网站，而且会获利颇丰。

我们也将看到，各国会付出巨大的努力加速货物的装运。自动起重机已可装卸巨型集装箱船上的货物，而且在24小时之内就能完成装载。如同邮局分拣信件和包裹一样，自动起重机还可以重新摆放、整理码头边的货柜。

每一天都很重要。到特定国家的运输时间延迟一周可能意味着相当于25%货物总值的损失。视交货时间的重要性，这一数值还可能进一步加大。由于缺乏基础设施、繁文缛节、通关速度慢、需要填写很多表格以及为保持货物顺利通行可能面临的行贿压力，与低收入国家的贸易通常比与中等收入国家的贸易成本高出20%。

在许多国家，文书工作和海关延迟的支出占全部运费的比例超过10%。我们将看到，世界贸易组织和各个国家会付出巨大的努力来解决这一问题。通过安全的电子账单和其他运单以及附在货物上的电子标签，交易方可降低交易成本。

许多新兴市场经济体也将投资兴建铁路、公路及港口一体化的基础设施。在过去8年来，墨西哥已投入2 200亿美元兴建这样的超级枢纽工程。

饿了？打印点吃的

无论是个性化的服装还是统一的产品原型，运用3D打印技术的定制生产将持续增长。然而，人们对 3D 打印技术的炒作有些过度。到 2040 年，发达国家约有 10%～20%的家庭会拥有 3D 打印机，但这对预制产品的销售基本不会产生大的影响。

3D 打印机会受到打印材料以及可打印物品的尺寸的限制。下一代打印机将使用能在微波炉或家用烤箱内“点燃”的原材料。打印的时长要看分辨率和喷头的大小，分辨率越高，打印时间越长。家用 3D 打印机太小，在不加外设的情况下，无法打印尺寸较大的产品。

前面已提到，对于生产汽车部件的企业而言，3D 打印是制造新部件的原型时采用的极重要的技术。3D 打印也是牙医制造义齿时使用的重要技术。使用 3D 打印机，空客公司以钛含量低于 90%的材料制造飞机机舱门的新支架。

机器人抢占工作机会?

尽管有人说机器人会代替人从事最不体面的工作，而且人类会因此丧失数百万个工作机会，但工厂里机器人的增长一直比较缓慢。2000 年，全球机器人的总数为 92 000 台，2012 年为 170 000 台。将机器人的增长与智能手机的增长两相对比就会发现，机器人的增速简直如蜗牛般缓慢。机器人的销量以大约 7%的速度增长，大多数用于汽车行业。美国的汽车行业使用的机器人最多。未来的机器人会变得更便宜、更聪明，但 2020 年，每台小型机器人的价格仍然在 20 000 美元以上。

军用机器人会快速增长。仅五角大楼就拥有成千上万架无人机，这容易使人联想到未来爆发战争时，许多可飞行的小机器人将被投放到主战区的上空。这些小机器人的成本不超过 1 000 美元，事实上也不能算真正意义上的机器人，因为每一台机器人背后需要有一个飞行员在军事基地提供支持。

当然，家庭机器人早已投入使用了，比如，它们可以擦地板。但是，作为智能家居的一部分，家庭机器人除了控制取暖器或冰箱里外，其他更多用途难以得到消费者的认可。个人使用机器人最多的地方是汽车。自动泊车功能已被广泛认可为新汽车的特征，自动驾驶也将越来越普遍。

不开心？机器人给你讲个笑话听

关于机器人的最可笑的言论是，几十年内，大多数家庭会出现能走路、会说话的人形机器人，他们会做很多家务，能进行个人护理，而且面带微笑，能讲笑话，可成为主人的密友。事实上，此类机器人要变得更优秀、更便宜并且比真人更容易被人们接受，恐怕需要很长时间。

然而，我们会看到具有直观“思维”的装置将取得巨大进步，它们能够从事物中推断出含义。比如，谷歌正在斥巨资开发“语义搜索”新技术，这项技术在推断你的想法时，不再仅以你键入的关键词作为依据。

与机器人就广泛的领域进行复杂的对话，且对话效果与人们之间的对话效果无异，实现这样的目标恐怕还有很长的路要走。预计到2025年，会出现很多试验，目的是使人类与机器人的对话变得更接近现实。

21世纪是“亚洲世纪”

500年后的历史学家在回顾历史时，应该会将21世纪称为建立在制造业和廉价劳动力基础上的“亚洲世纪”。

印度和中国将主导这个全球化的世界。这两国的总人口占世界总人口的1/3，在低成本劳动力和新兴中产阶级消费者的推动下，两国的经济都将持续增长。未来20年内，全球超过85%的科学、技术、工程和数学专业的毕业生都来自中国或印度的大学。预计软件开发、医学研究、商业研究和会计专业也会出现同样的趋势。

按购买力平价计算，亚洲2016年的GDP占全球GDP的比例在40%以上。这里是名副其实的世界工厂，拥有复杂的区域供应链。该地区使用了全球76%的钢材，排放了全球44%的污染物。然而，除了像丰田和三星这样的巨头，该地区少有真正的全球“玩家”。这样的局面会发生改变，特别是在某些领域，比如中国的电子商务企业、印度的大数据企业和韩国的生物技术企业将会崛起。

到2025年，中国和印度会就越来越多的问题采取联合行动。经过联合，它们将成为全球政治领域举足轻重的力量。**印度的经济增长会受制于落后的基础设施，中国则会因人口老龄化而不堪重负。**两国训练有素的管理人员、工程人员、科学家和其他人员会出现严重短缺，这意味着少数幸运儿的年工资增幅会超过20%。

中国经济的转型

中国是一个富饶的多民族国家，国内有众多中产阶级人口，拥有巨大的制造能力、自发的网络热潮、全球最大的高铁网络，也是全世界劳动力接受教育最出色的国家之一。但中国正在快速转变，而且对许多全球化企业而言，由于成本增加，在中国进行制造的观念已不再流行。

根据世界银行的统计，按购买力平价计算，中国已成为世界上最大的经济体。购买力平价衡量的是经国际汇率调整后本币的实际购买能力。但即使以美元计算，2024 年的消费支出会从 2014 年的 3.5 万亿提高 3 倍，达到 10.5 万亿，中国届时将成为世界第一大经济体。这也是中国从出口导向的制造业经济向服务中国消费者的更平衡的经济转型的结果。

由此将产生一个直接的后果，即以人民币结算的全球贸易会增加。2016 年，人民币已经成为贸易结算中除美元之外最举足轻重的货币了。

在未来 15 年，中国的消费者支出每年将实现至少 7%的增长，但偶尔可能会略低。到 2025 年，中国的消费市场规模将是日本的 3 倍。

习近平就任国家主席后，推出了许多深得民心的计划，比如惩治腐败、打破国家垄断、加快经济改革、实现更大的公平和将中国发展为强国等。习近平会高效地管理中国，为中国未来的发展制订并践行宏伟的计划。

在未来 20 年内，中国领导层将尽全力确保每年至少 5%～6%的经济增速。这样的目标很可能实现。

中国人对革命的印象仍然鲜活，对革命的感情强烈且令人不安。今天每一个年龄超过 65 岁的中国人都对过往的特殊岁月有着鲜活的记忆。

被人口迁移所掩盖的劳动力短缺问题

正如我们已经看到的，在未来 25 年内，至少有 3 亿最贫困的中国人口将迁移至城市。他们追求更美好的生活，同时也将为城市日趋老龄化的劳动力补充新鲜血液。另有 6 亿中产阶级人口将追求更好的选择以及个人自由，而且对如何治理自己所在的区域、人口和腐败问题、家庭的人口数量或下一代未来的福祉都越来越有主见。中国会进一步发展具有中国特色的民主，允许各地区人民在国家法律允许的范围内，以不同的方式参与投票选举。

由于先前的独生子女政策，中国的老龄化问题突显。年轻劳动力的短缺问题会被农村地区迁出人口所掩盖。

中国面临的另一个挑战是，中国人口存在明显的性别失衡。预计未来将有更多的中国男性利用中介机构或其他途径在国外寻找终身伴侣。

由于老龄化人口的需求以及年轻劳动力的缺乏，中国将进一步放松计生政策。从目前来看，中国适龄劳动人口每年会递减数百万。

分散决策的优势

中国不同地区的文化、品位和时尚差别极大，各地人民的接受度也存在很大差异。

中国国内有 4 亿多人不会讲标准的普通话。大企业会在中国进行分散决策，而不是将总部设在上海或北京实施集中领导。预计将会出现更多更为本地化的产品开发、品牌和营销策略。

政府在可再生能源领域一掷千金

我们已看到，中国在可再生能源领域投入了大量资金，特别是风电项目，目的是减少大城市的空气污染（同时也为了抢占全球可再生能源市场）。

在减少水污染和食品污染方面，中国政府会出台具有深远影响的措施。目前，中国要求 15 000 家企业实时公布空气污染水平、污水排放量和重金属的排放信息。

中国经济增长模式的转变

中国制造业的成本一直在提高，其世界工厂的形象将发生改变。中国的一些制造活动将转向越南、柬埔寨和缅甸等国家，甚至转向欧盟、墨西哥和美国。

中国未来的经济将主要依靠国内日益增长的中产阶级消费来驱动，也依靠对新技术的投资来驱动，比如对高铁、风力发电和生物技术等领域的投资。

未来 10 年内，由于中国的中产阶级储蓄率降低以及资产的提取，与 GDP 的增长率相比，中国零售业的增长率可能会高出 3 ~ 5 个百分点。

加强基础设施建设

中国将日益增多的主权财富投入了其他国家的多个领域，如地产、农场、矿山、工厂、水电等基础设施。而在中国国内，房地产业会出现繁荣和萧条的交替。

我们将看到，中国政府将出台大胆而富有远见的举措，促进工业巨头的诞生和兴建基础设施项目。未来 10 年内，中国为基础设施建设投入的资金将继续保持在 GDP 总额的 6% ~ 8%。

以经济手段扩大地区影响力

中国会扩大地区影响力，主要通过经济手段，并辅以一系列其他战略。

与俄国的情形类似，“二战”的经历有可能继续对中国的外交政策产生影响，特别是与日本的关系。由于许多日本领导人淡化被指控的暴行，中日关系蒙上了阴影。

七大最值得关注的中国企业

阿里巴巴——世界上最大的电子商务平台，专业 B2B（Business -to-Business，企业对企业业务）服务提供商。

联想——现为世界上最大的个人电脑制造商，收购了 IBM 的个人电脑业务和服务器业务、摩托罗拉的智能手机业务。目前，它是排在苹果和三星之后的世界第三大智能手机制造商。

华为——世界第二大电子设备制造商。由于担忧该公司的产品安装有中国政府的间谍装置，美国和澳大利亚等国家禁止本国公共部门购买该公司的产品。

小米——被誉为中国的苹果公司，主要销售智能手机和平板电脑，对三星构成威胁。

腾讯——有 6.5 亿人使用该公司开发的通讯应用程序，2014 年排在谷歌、亚马逊、eBay 和脸书之后的全球第五大网络企业，创新能力非常强。

百度——中国主要的搜索引擎，占有 66%的市场份额，运作符合政府的规定。

中兴——全球十大智能手机制造商之一，也是最大的网络装备企业。该公司成本超低的智能手机将获得巨大成功。

若按目前的速度发展下去，到 2025 年，中国的经济规模将是印度的 3 倍。

但我们预计在更长的时期内，印度与中国的差距会缩小。

印度服务全球

印度是一个高度全球化的多民族国家，也是世界上最大的民主国家。按照购买力平价计算，印度是世界第三大经济体。印度在国际贸易和服务传输业具有关键优势，因为除了乌尔都语和许多其他语言外，英语也是印度的常用语言。中国并非如此，国内说英语的人不多。

未来 10 年，印度将实现每年 5% ~ 7%的经济增长。然而，正如中国的制造业成本增加一样，对于许多跨国公司而言，印度的外包服务也变得日益昂贵。在某些部门，高级管理者的薪水涨幅要比欧洲或美国高 3 ~ 5 倍。而且和中国一样，印度的未来将取决于国内市场。

印度的安得拉邦有 2 亿多居民，其中 7 500 万居民讲泰卢固语。卡纳塔克邦拥有 5 200 万人口，班加罗尔市就位于该邦境内。印度卫生部部长监管的医药院校不少于 114 所，而教育部部长要监管 15 所大学、131 所工学院和 600 多家培训机构。

雄心勃勃、受过良好教育的年轻劳动力

印度未满 26 岁的人口约有 6 亿。未来 30 年内，他们对经济增长的推动远胜于其他因素。印度 646 000 个城镇创造了全国 66%的财富，未来 25 年内，有 3 亿农村人口会迁移入城市，城镇创造的财富占比也会迅速增加。尽管经济增幅较大，但由于人口增长较快，印度的人均收入低于中国。虽然整个国家的经济在增长，但要养活的人口也增加了。

印度中央政府可行使的国家力量远不如中国。这意味着该国能源、基础设施和工业园区的国家级大型项目比较缺乏。

然而，印度不乏勤劳、受过良好教育且雄心勃勃的企业家，而且印度非常善于利用分布在世界各地的数百万侨民，这些侨民在世界各地极具影响力。

尽管从表面看，印度比较混乱，但它仍是世界上办事效率最高的地区之一。在签约不到 12 周后，一座原先空空如也的混凝土房子

就能被改造为工作人员训练有素、可24小时与欧洲进行视频连接的设施完备的呼叫中心。

印度的宗教种姓和腐败

印度将继续保持其高度族群化和宗教化的社会。印度国内存在许多冲突，特别是人数众多的印度教、伊斯兰教和规模较小的基督教信徒之间的冲突。由于印度当局任人唯亲，种族冲突可能会爆发，尤其是在选举前。印度的种姓壁垒有所缓解，尤其是在国际化大都市，但整个种姓制度未来会变得与现实更加格格不入，因为在全球化的系统中，各国越来越认可基于人权的立法模式。

尽管民众非常愤怒并呼吁进行改革，但腐败会继续抑制印度的发展。这是制度层面的问题，也是各国都存在的问题。一些人估计，印度政客和政府官员每年收取的贿赂超过30亿美元。

印度的整体实力会快速增长。得益于2亿多印度经理人和高管在世界各地兢兢业业地工作，印度的影响力和文化实力也将增长。印度仍然不是联合国安理会常任理事国，也非G7成员国。到2030年，随着联合国和其他机构的重组，这一切有可能会发生改变。

美国要适应其更谦逊的世界地位

尽管中国一直是全球制造业的自然基地，印度提供了许多全球性服务，但美国仍然是举足轻重的“总部”所在地。全球500强企业中有128家是美国企业，它们的贸易额占全球贸易额的70%。中国正在快速赶上，目前已有95家企业名列其中。

尽管激进分子呼吁设置更多的贸易壁垒，但美国在许多方面仍堪称世界上最全球化的国家，并且将继续成为受过良好教育的高技能移民的首选地。未来的美国在全球的地位会如何变化，这要看中国、印度、巴西、印度尼西亚、马来西亚的崛起和俄罗斯的复苏情况。

与此同时，在某些方面，美国仍是最受孤立的国家之一。部分由于地域的原因，因为美国离欧洲、亚洲或非洲都很远。美国的跨国公司将继续主导全球贸易和服务，而且未来 20 ~ 30 年，尽管美国的 GDP 相对下降，但它仍是世界上唯一的超级大国。美国将继续保持自信和民族自豪感，并在全世界宣扬美国的价值观和理念。

随着新的超级大国的崛起，美国需要超过一代人的时间才能适应其更谦逊的世界地位。就算是到 2025 年，仍有许多美国公民从未拥有过一本护照，这仍将是不争的事实。这意味着新一代美国人缺乏对其他国家民众思维和感受的了解，这将导致美国人丧失机遇，并增强其隔离感。

美国的石油革命和健康革命

2020 年，美国的产油量可能超过沙特，届时页岩气开采能给美国增加 330 万个工作岗位和每年 5 000 亿美元的产出，当然，这还要看全球油价的变化。

尽管对免费医疗观念存在很大的敌意，但美国将继续转向国家负担大部分医疗卫生费用的体制（目前这已经成为事实）。正如我们已看到的，与其他发达国家相比，美国为个人支付的医疗费用高出 30%，总额约为 7 500 亿美元，其中有 10%是社保欺诈导致的损失。

与欧洲相比，美国仍是一个枪支泛滥和充斥着暴力的社会，谋杀率列世界第 3 位，仅次于洪都拉斯和委内瑞拉。美国一年约有 1 万人死于枪击，几乎是用枪自杀人数的两倍。普通民众拥有的非军用手枪、步枪、霰弹枪和机枪超过了 3 亿支，这比成年人的数量还多。

种族和宗教问题深刻影响美国

美国将继续深受种族平等与种族歧视问题的影响，而且以西班牙语为母语的 4 500 万选民也会深刻地影响美国。

美国有 1 100 多万非法居民，而且这些居民在美国居住的时间平均长达 13 年。美国每年用于拘留非法移民的资金为 20 亿美元，超过了监狱支出。

此外，美国花在移民控制上的钱要多于执行联邦法律的所有支出。美国会采取措施（最终）正式承认大部分非法留在美国的人员。

尽管去教堂做礼拜的人迅速减少，但美国仍将深受宗教的影响。10 位美国人中就有 6 位相信上帝能够抚慰祷告的人，有 4 位相信上帝在一万年前创造了人类，有 6 位反对所有形式的堕胎。

美国的教会规模可能变大，也可能变小，但中型教会的数量会下降。

巨型连锁超市主导全球零售业

各个国家和地区的零售商正受到诸多全球趋势的冲击，其中每一个趋势都可能破坏他们目前的模式。事实上，本书描述的每一个趋势都在一定程度上影响了零售业的发展。

在许多欧盟成员国，超过 70%的零售额来自四五家零售连锁店。在整个欧盟，50%的食品是在 10 家连锁店购买的。在德国，37%的食品零售都由 Lidl 或 Aldi 这样的巨型连锁超市完成。受全球或区域零售商的推动，其他国家会出现类似的不可阻挡的半垄断趋势，除非政府通过法律阻止这种趋势的发展。

由于这种集中趋势的发展，国家食品和饮料市场将由少数买家主宰。这些买家会为牛奶、瓶装水或者其他基本产品设定价格，这对当地农民而言是非常难以应付的问题。

国家价格战将变成区域价格战。大的区域连锁店将使国内食品产业无立足之地，因为它们可以从其他国家进口大量成本更低（而且可能质量更低）的替代品。

在过去 14 年里，欧盟连锁店的销售额增长了 25%，但连锁店的建筑面积增速是销售额增速的两倍，因而事实上，其经营效率降低了。

而且，在过去 10 来年里，欧盟的食品销售总额也有所下降，一个原因是更多人经常选择在外就餐。他们可能在咖啡店吃一块三明治、喝杯咖啡，或者选择去口碑不错的餐厅吃大餐。平均而言，整个欧洲的生活水平持续提高，因此购买食材、在家做饭就变得不那么重要了。

我们看到，无论哪一类零售业态，都有更多的购物中心和新店面开张，但是，每 1 平方米新零售空间投入使用，同时就有 1 平方米的零售空间需要关闭，并且一定会关闭。

因此我们预计，这会给商铺租赁业带来压力。我们会看到大量规模较小的店面关门大吉，许多大型超市的连锁分店也会如此。这还没有考虑网络销量增长的影响。

未来 10 年，欧洲许多位于城外的大型杂货店将关闭，因为中产阶级消费者不再像以前那样在周末进行大采购了，他们一周内会去当地的店铺购买几次杂货，而且这些店铺 24 小时营业，属于大型连锁店的分支。

在英国，大约 40%的成年人在下午 4 点之前不知道自己晚上会吃什么。一时兴起的想法、散步、逛街是他们日常休闲的一部分，尽管这样的生活成本很高。而平均来看，购物的人会将他们在超市购买的 30%或更多的新鲜食品最终丢弃掉。

社区各有不同，最成功的连锁店会利用大数据预测各个社区偏好的产品组合，这样每一家店面都可以准备好充足的促销货源。据统计，60%的销售额来自距离不超过 700 米的当地社区居民的购买。

在惨烈的竞争中零售商如何求存？

零售商必须清楚如何才能实现销售额的增长。仅靠价格竞争意味着利润会降至最低。**只有规模最大、最高效的零售商才能在残酷的竞争中求得生存，而许多零售商会在竞争中损失惨重。**

对于依靠价格竞争的零售商而言，除了规模营销之外，唯一可靠的方法就是同时保持较小的规模和较少的开销。在当地市场摆摊，或者运用 eBay 这样的虚拟平台，都是可能的方式。

5万亿美元的电子商务交易市场

与大型连锁店或特卖场相比，网络销售对传统零售业带来的威胁更大。**到 2025 年，全球网络销售额将从如今的 1.6 万亿美元飙升至 5 万亿美元以上，其中大部分交易是在移动终端上完成的。**

在英国，除了生活用品外，超过 30%的购物行为是在网络上发生的。英国网上购物的年增幅高达 10%，且大多通过移动终端完成，人均销售水平是美国的两倍多。

在亚洲，电子商务也以每年 30%的幅度增长。这一切意味着零售业在这一代发生了巨大变化，也意味着在如欧盟这样的成熟市场里，实体店铺面临着巨大压力。而且，随着实体零售业务量的下降，我们会看到，政府获得的相关税收也会减少。

忘掉线上和线下购物的区别吧，因为在未来，线上和线下活动将完全融合。线上购物者的线下活动几乎是不可控的，他们在驰骋的火车上、公园里、电影院的椅子上或者无聊的会议中，都可以下单。

在一些国家，人们网购时最常光顾传统网店，即那些实体店开设的网店。他们的光顾可能是为了对比价格、搜索商品，也可能是查看顾客评论，或者在网店上直接下单。

“脱媒”①新浪潮正席卷而来。由于可直接交易技术的出现，一些类型的业务可能从市场中被剔除。一个明显的例子是房地产中介与旅行社。由于买卖双方能够以极快的速度在网络上建立联系，因此许多房地产中介公司和旅行社都会因网站的蓬勃兴起而关门大吉。少数优秀企业之所以能够幸免，也只是因为它们拥有过硬的专业知识和出色的网站罢了。

奢侈品零售业务剧增

未来 20 年，全球中产阶级消费者的总量将超过 5 亿，超级富豪也会急剧增加，这预示着高价商品，比如奢侈手提包、时尚配饰、香水、小配件、珠宝、内衣、手表、跑车以及游艇等零售业务的繁荣。全球市场对如劳斯莱斯、玛莎拉蒂、圣汐（游艇品牌）之类高端品牌的需求量也将空前高涨。

未来 10 年，大多数新兴市场的中产阶级消费者将继续对欧美大牌趋之若鹜。

尽管我们预计，印度、中国和拉美国家会在未来 10 年诞生一些新的全球超级品牌，但在 2025 年之前，这些国家和地区的绝大多数品牌还是会努力迎合发达国家的高端消费者。

一些消费者之所以会对不断拔地而起的高级购物中心和机场零

①脱媒，一般是指买家跳过所有中间人直接与卖家进行交易。

售区产生厌恶感，是因为这些地方汇集了相同的全球知名品牌，千篇一律的商品令他们感到单调乏味，转而钟情于一些较小众的品牌。

实体店与自营网店同类相残？

我们将听到更多同类相残的故事。以下是一家中型零售商的典型经历：

- 另一家只有网店、没有实体店的竞争对手正在网店里以低于本店的价格出售商品；
- 我们自营网店的价格与自营实体店的价格一样；
- 我们在网上削价后仍然是盈利的，但这样会抑制我们实体店里的销售或者会激怒销售相同商品的实体店贸易伙伴；
- 结果，我们的市场份额每年都在缩减。

大多数商店会尽力确保线上线下商品价格的一致，但这样会对未来的业绩增长埋下风险。一些零售商会尝试建立全新的网络销售渠道，专门销售独立于其品牌之外的降价商品。其余商家将不得不直面风险，在网络促销方面投入重金。

总体而言，在发达国家的城镇里，零售实体店将迅速减少，一息尚存的店铺仍需花费心思吸引顾客，以使顾客认为到实体店购物是物有所值的。

谷歌、亚马逊和 eBay 这样的大企业在极短时间内就能产生巨大的销量，它们的供应能力也是“无敌”的，我们从网页上就能看到这一点。许多购物者永远不会跳过谷歌搜索显示的第一行结果，旅游产业的消费者已经表现出这样的特点。

亚马逊最大的隐形资产

亚马逊是全球第九大零售商，位列沃尔玛、家乐福和特易购之后。亚马逊公司一年的销售额高达 740 亿美元，若将经由该公司销售的商家也考虑在内的话，该公司一年的销售额高达 1 500 亿美元。亚马逊这个全球知名的品牌便是其主要资产之一，它还拥有一家网站以及高效的仓储和配送系统，一年能够售出 10 亿件商品。

亚马逊最大的隐形资产是其为小企业提供电子商务网页的能力。几分钟之内，就能生成订单网页，支付可以即时完成，而且还能够提供廉价的仓储和快速交货保障。仅在美国，亚马逊销售的产品就超过 2.3 亿件，这一数字是沃尔玛的 30 倍。

目前，2 000 万家企业通过亚马逊平台进行销售，到 2020 年，这一数字会翻倍。大多数企业只通过亚马逊的平台进行销售，特别是那些能够以比竞争对手更低的价格出售商品的企业。亚马逊的收入也会因现收现付云储存系统的使用而提高，目前这一服务带来的收入额高达每年 90 亿美元。

像 eBay 这样的网站将创造出新一代年轻创业者。他们自初中时代就开始在网络上买卖各类商品，包括旧玩具、自行车和汽车，还有古老的瓷器、露营装备或者备用太阳能电池板等。

小型制造厂将繁荣兴盛，数以万计的家庭企业会诞生，他们制造、销售自己生产的产品，有些还使用最昂贵的 3D 打印机完成订单。

将网购交货方式做到极致

在英国，每年有超过 13 亿件网购产品被送至家里，这样的方式会消耗大量时间。原因是，送货员送货上门时，很多人都不在家。我们将看到，继德国和很多国家后，点击提货（Click-and-Collect）方式会在每一个发达国家得到推广。客户可在线订购并决定提货地点，如选择在本地的车库或咖啡店提货。到2017年，伦敦的每一个地铁站都会有点击提货网店，这样的业务现已开始运营。许多网络零售商和运输公司会建设并共享新的配送中心。

为了获得溢价，许多零售商将开启当日交货模式（Same-Day Delivery）。客户下单后，订单会被配送至距离客户最近的店铺。工作人员会马上预订出租车，然后将商品包装好。出租车司机利用定位应用程序，将货品送至客户手里。无论客户是在家里、办公室还是在当地的健身房，均可拿到货物。对于距离较远和价值较高的商品，商家可使用商业无人机运送。

7大因素影响超市和食品零售业

就食品的销售而言，大卖场、超市、便利店、街角小商店、专卖店等都面临着类似的挑战。

7个因素可能对顾客的购买产生影响，但各种业态几乎不可能在这7个方面都表现得同样出色。尽管如此，它们仍可能获得利润。从某种程度上说，这7大因素影响了所有商品的销售额，无论是冰箱还是地毯。它们是：

价格—速度—选择—质量—体验—灵感—信任

因此，便利店的优势可能主要体现在速度和体验上；超市提供更低的价格和更好的选择；专卖店追求质量、体验和灵感。杂货中间市场将被折扣店及专卖店进一步挤压。

但这些业态都需要特别重视信任。没有信任，食品店将无物可售，这就是这个行业内信誉至关重要的原因所在。

人们选择亲自到商店购买而非网购的原因是，他们想检查所买的商品，并查看有哪些物品可用。有一天，我在一家超市发现，大部分水果和蔬菜都用保鲜薄膜密封包装。预计未来在更多超市的门口就能闻到内部面包店散发出来的香味，有些超市会与区域奶酪制作商或葡萄酒专家举办品尝会。

许多超市布局的特殊设计会让顾客摸不着头脑，因此，他们要走更长的路，而且在前进途中，总是能看见过道上摆放着许多特惠打折商品。

我最近去一家经常去的商店购物时发现，店里的整个布局焕然一新，所有物品都不在原来的位置上了。我一遍又一遍地询问面包、牛奶和鸡蛋这些基本食品被放在什么地方。在一个角落里，我从一堆无关的产品里找到了要买的东西。瓶装酒、牛奶和乳制品、巧克力和电池都被放在水果区内，真是乱七八糟！本来精心摆放商品是为了激发顾客的购买欲望，但有时却事与愿违，阻挠和延缓了许多人的购买行为。正如我们在第 1 章中看到的，现在的顾客正越来越没有耐心，对时间分秒必争。

在试图转换产品线的团队看来，将特别打折的物品放在过道里是个不错的主意，但对顾客而言，因通道受阻，推着手推车前进时会比较拥挤。这类方法过去可能有效，超市也可能认为这样做会增加销量，但未来不一定如此。因为这种方法更可能激怒顾客，并使他们渐行渐远。

每家大商店都应当利用大数据并且根据对客户的了解，将特殊货品的供应信息、优惠券和折扣信息送至客户家里，或者利用电子邮件、短信等发送给客户。

在欧洲国家和许多国家，更多零售连锁店会在收款时打出价格对比信息，这样每一位客户都可以了解在其他主要的三、四家竞争对手购买商品时需要支付的总款额。如果客户省了钱，那就太棒了。如果客户支付的款额高于其他商家，那么这家商店就会打印出一张差额优惠券，顾客下一次购物时即可凭券享受同等额度的优惠。

我们之所以将会看到小型食品专卖店（至少在高收入地区）的回潮，那是因为这些商店能够更好地满足客户的需求，比如奶酪店、肉店和熟食店。客户需要从零售商那里获得专业的建议和灵感，因此这些零售商要真正地了解销售的商品。

许多类型的专卖店都经营得十分成功（不只是食品零售专卖店），它们为喜欢精挑细选和高品质商品的客户群体提供了专业的选择，而且售价比较高。

最出色的专卖店业绩非常好，它们通常由同一个零售商管理，希望提供给顾客类似的品味、利益和风格感受。

街头市场将继续流行。这里通常人声鼎沸、热闹非凡。本地货品、专卖店品质的货品应有尽有，而且品种千变万化。大型连锁店会尝试在比较宽敞的零售区域内创造一种街市氛围，甚至会在内部建立街市。所有这一切都是为了应对传统零售杂货店面临的最大挑战——客户的无趣感。同样的商品、同样的外观和感觉、同样的体验会让顾客倍感无趣。客户想要一致性，但他们也想体验逛街时的兴奋感。

行业集聚：新兴经济体零售业的通用模式

从乌干达到刚果，从印度到越南，所有新兴经济体国家的零售模式几乎相同。尽管零售业存在上述趋势，但在未来 10 年内，几乎所有店铺都将继续保持单个集装箱大小的规模，不会再扩大了。这样的店铺会一个挨着一个，绵延数英里。

这些店铺通常有砖砌的墙壁和铁皮屋顶，而且通常被拥有它们的家庭白天当做起居室，晚上当做卧室。这些店铺通常只靠一个灯泡照明，而且售卖的商品与几百米内的10家或20家类似商店的商品几乎一样。我们都看到过服装店、五金店、家具店的集群，事实上，**竞合也的确一直是零售店最重要的集群规则。**无论是在大城市的贫民窟，还是在巴黎或纽约的著名大街，零售店都遵循着这一规则。珠宝商将继续汇聚，水产店也是如此。行业集聚将成为未来100年实体零售业的主要特征，之前发生的事实也证明了这种趋势。

同时，对于新兴市场经济体而言，电子商务在蓬勃发展，预计其大规模实体零售业也会出现增长。大公司将进入之前从未涉足的领域。它们在新领域内开张的第一家实体店通常不那么正规，一般没有空调，店铺的面积较小，之后就会开设高档的商场，比如在欧洲、新加坡、北京和北美以及机场，设立许多风格相似的购物中心。

因此，预计新兴市场经济体的零售业会出现剧烈变化，特别是在印度。这里有数千万中产阶级消费者，还有数百万小规模的实体零售商，每一家零售店的空间都很小，不及集装箱大。

除了购物中心、集装箱大小的购物商店和开放的市场外，预计还有数百万非正规零售商从事着零售业务。就饮用水、肥皂、大米和面粉等商品而言，非正规零售商的销售会占当地总销售的很大比例。这些零售商通常利用自行车或小货摊，在路灯下、马路边进行销售。在大城市，这些非正规代理商组成的销售网是低成本产品制造商成功的关键。

制造商将更多的产品分装在小包装或瓶子里，对于收入极低的人（处于金字塔的最低端）而言，这样的量刚好够一天或一周使用。

2025 年，街上会出现数以亿计的儿童作为非正规零售商，街头零售是他们唯一的生存方式。居住在数千英里之外的富裕国家的游客到这些地方旅行时会看到这些孩子，从而引发道德谴责，他们认为所有使用童工的行为都应当被禁止。

移动支付在拉美地区的勃兴

拉丁美洲也正在经历网络革命，网络年销售额已超过 1 000 亿美元，其中墨西哥为 62 亿美元，年平均增长率为 40%。墨西哥有 58%的成年人通过网络购物，巴西为 46%，阿根廷为 67%，智利为 59%，秘鲁为 34%。

该地区大部分消费者都对网购感到非常不安，因为他们不相信网络支付体系，但这种观念很快就会被改变。大多数网络销售仍通过传统零售商建立的网上商城完成，但到 2019 年，纯粹的网络零售商将会诞生，网络零售产生的威胁会真正袭来，网络用户的人均年消费额将会快速增长。整个拉美地区目前的年平均网络销售额为 600 美元，其中墨西哥为 900 美元，巴西为 750 美元，阿根廷为 450 美元。

拉美地区的人如何完成网络支付？鲜有人拥有信用卡或银行卡，因而新的支付方式将兴起，比如贝宝（PayPal）已被使用于墨西哥大部分网络销售中。该地区将有 1 亿人直接使用贝宝或移动支付，而他们之前从未拥有过银行账户或银行卡。

2014 年，墨西哥增加了 600 万手机用户，此外，60%的 25 ~ 34 岁人群拥有智能手机。而平均看来，2014 年全年通过手机实现的网络销售额占比达 49%。在巴西，大多数网络销售会受到人们在移动设备上看到的内容的影响。

拉美的中产阶级消费者人数在过去 10 年里增加了 5 000 万，而且大型零售商将满足他们的需求。在巴西，目前56%的人是中产阶级，而该国的总人口是1.13亿。智利也存在同样的趋势，这里有拉美最大的购物中心科斯塔内拉（Costanera）。在秘鲁，跨国零售商Cencosud[①]一年就设立了14个大型购物中心。

移动支付 + 传统银行：金融与贸易、数字技术的大融合

全球化依赖于商品和服务的自由流通，因此，金融服务会根据上述零售业的许多趋势进行调整。

金融、贸易和数字技术已经融合。2008—2013年全球金融危机期间，许多人预测银行业将衰亡，但事实上，我们的世界目前仍需要强大的银行，就像需要学校和医院一样。银行对于每个文明社会来说都至关重要。

金融机构若是名声暴跌，就离倒闭不远了。2009年年初，当金融危机达到危急时刻，一位拥有一家跨国企业的朋友订购了一辆小货车，他驾着这辆车去全国各地，车内装了约200万美元现钞，目的是“以防万一”——银行纷纷倒闭，提取现金困难。

丑闻令银行损失惨重

没有顾客的信任，任何银行都无法生存。可以说信任是银行真正出售的唯一商品，其他都是辅助性的产品和服务。对那些与我合作过的银行而言，最根本的问题是，在一桩接一桩的丑闻发生、在花费了数十亿罚款和诉讼费用后，应当如何重建客户对银行的信任。这事

① Cencosud是南美最大的零售集团，总部位于智利圣地亚哥。

关对银行文化和日常行为的根本性调整。关于这一问题，我们将在第6章详细讨论。

这些银行及其股东受到了社会的惩罚、嘲笑和指责。银行所有者损失惨重，但银行的主要股东却是养老金机构。因此事实上，我们所有人都受到了影响。我们可以预计，更多的全球性监管政策将会出台，它们将迫使银行持有更多资本，降低风险水平的下限。但如果监管太严、投资回报率太低，就不会有人愿意继续投资银行业，银行就会出现领导不力、运营不良、技术老旧、易受黑客攻击的问题，而且也只能提供20世纪的服务。

常识将在银行业中占上风。银行投资业务已经与银行零售和企业银行业务相分离,会有更多相关规定出台。但我们也预计,到2025年，一些管制会有所放松。新类型的银行服务业也将进化，出现巧妙的变通模式。风险能得到更好的控制，投资回报率也会更高。

许多人曾经预测，伦敦作为世界主要金融中心的地位将会衰落和下降。我当时就说过，这样的预测未免言过其实。伦敦将继续成为来自世界100多个国家最明智、经验最丰富的金融专家的聚集地，这座城市也将是英国国内创造GDP最多的地区之一。然而，即使在金融危机爆发的5年之后，伦敦金融机构的从业人员和之前相比，减幅达20%。

现在若不存在，银行何以盈利?

银行零售业将变得更加机动、自动化，也更富有竞争性。银行通过汇集和囤积现金并以一定的利率放贷，从而实现营利。

但是，当现金本身不存在时，银行又靠什么营利呢？在电子社会，没有任何实物货币被汇集和分发。旧式银行业变成一个毫无意义的概念，用以描述一个行将就木的行业，因为交易不再使用现金，而是电子脉冲了。未来你可以通过任何渠道，从你能够想象到的任何来源购买任何金融产品。

正如我们将在未来看到的，银行将转型为电信运营商，而电信运营商也将转型为银行。一系列新建立的非银行竞争对手也会加入，他们在欧洲或其他地方都申请了办理银行业务的执照。

即时抵押贷款

与我合作过的大多数高级银行经理都意识到，在未来，获得授权的经纪人用鼠标轻轻一点，就可以使抵押贷款的贷出方从一家银行转向另一家银行。

这只是个时间问题。一旦合法性确立，此类贷款在一个月内就会通过代理机器人在几家银行间转移好几次，可以相同的抵押物获得更优的贷款。这也意味着传统的借贷关系将不复存在。

个人间的借贷革命

个人与个人之间的借贷、社会借贷或众筹网站会快速增加。目前，每年通过相关平台实现的借贷额已高达 50 亿美元。到 2020 年，这一数字可能超过 250 亿美元，而到 2025 年可能超过 600 亿美元。而且平均来看，此类贷款可能比银行的利率低 1%。

个人间的借贷只是快速增长的“影子银行”业的一小部分，监管机构正在慢慢跟进。在美国，仅 Kickstarter①这一家众筹平台，每天就能为创业者筹集 300 万美元。

---

① Kickstarter 于 2009 年 4 月在美国纽约成立，是一家专为具有创意方案的企业筹资的众筹网站平台。

在过去，此类借贷一般通过个人对个人实现，但现在，对冲基金和其他金融机构也会参与进来，提供资金。

小额贷款蕴藏巨大潜力

银行业最激进、最振奋人心的创新是小额贷款。在印度和乌干达的各个地区，我曾亲眼目睹小额贷款对赤贫之人产生的重大影响。目前，全球有 1 万多家微型金融机构，且以每年 15% ~ 20%的幅度增加。它们为全球 2 亿人提供服务，其中包括 2 500 万印度人。这些微型金融机构提供了总额超过 500 亿美元的小额贷款。考虑到仅在印度，就有 5 000 多万人从未办理过银行业务，而全球这一数字高达 25 亿，因而这个市场仍然蕴藏着巨大的潜力。

一段时间之前，我在德里的一个贫民窟见到了 14 位组建了储蓄小组的妇女。她们商定每人每周存入一定数量的钱，并用账簿记录下来，几个月之后，她们就能够获得 4 倍于她们的存款额的贷款，她们可在 12 个月内分 10 期偿还这笔贷款。这样的计划意味着小组内的人可以向其他人借款，而且小组内每个人都在为 14 个人的贷款提供担保。通常情况下，97%以上的所有贷款加利息能及时得到偿还。这些款项通常被用作小规模创业的启动资金。

小额贷款计划通常有利可图，得到了许多政府的欢迎，而且它也是获得传统银行产品以及小额保险产品的途径。数百万储户已通过两三笔小额借款向传统银行提供了资信证明。这些都成为许多投资者仍在不断涌入这一市场的原因。

基于网络的投资管理

高端企业银行业务将继续以人为本，提供包括资金管理、全球资金划拨、对并购及跨国货币买卖和跨国交易提供建议等各项服务。低端企业银行业务会如零售业务一样，转向移动业务，提供广泛的基于网络的投资组合管理工具。

私人银行业务与慈善事业相关联

过去，私人银行业务的主要对象是老年人，特别是女性长者（因为女性更高寿），为他们提供财富管理服务，因此，私人银行家通常与客户建立了长期的咨询关系。而新型私人银行的目标客户通常是在全球具有广泛联系的相对年轻的人群。银行可为他们打理一些细节事务，满足他们比较复杂且迅速变化的业务需求。而且无论是白天还是夜晚，银行都需要对客户的需求做出快速反应。

对私人银行业务而言，提供和慈善事业相关的建议是一个日益增长的服务领域。私人银行能够帮助客户更快赚钱，但大多数客户都担心自己的儿孙会不思进取，不能很好地利用自己积累的财富，因此转而关注慈善事业。

巨额财富对下一代的福祉及家庭和谐有时会产生不利影响。没有证据表明越富有的人越幸福。事实上，大多数研究反而证实了二者间的反向关系。我和许多超级富豪家庭的交流也证明了这一点。巨额财富本身会带来压力：家人为如何保住财富忧心忡忡、担忧个人安全、与不富有的亲属之间关系紧张、担心孩子挥霍无度甚至被绑架。巨额财富会扭曲友情，令富翁们时常对友谊心生怀疑：朋友是对自己感兴趣还是对自己拥有的财富感兴趣?

预计会出现更多有关社会企业投资及其影响的信息，这些投资的目的不只是为了赚钱，而是要做一些能对社会或环境产生有利影响的事情，而且它们的回报低于其他形式的投资。

在未来 10 年内，我们可能会看到，在比尔·盖茨、沃伦·巴菲特等热衷于慈善事业的富人的带领下，一些世界富豪会捐出至少 100 亿美元来处理一些人类面对的重要问题。我们将在第 6 章更详细地讨论慈善事业的发展。

现金会消失吗?

尽管银行家和“数字大师”对无现金的社会做出了很多预测，但在世界许多地方，现金的使用从来没有像现在这么流行。许多人喜欢现金：因为使用匿名、方便快捷，而且收税人也看不到现金的流向。尽管零售业和银行业需要承担巨额的现金处理成本，但预计一直到 2025 年，现金的使用在欧盟仍会持续增加。

欧盟各国个人所得税的免税额是 10%到 20%，各国有不同程度的差异。非正规的现金交易现已被列入各个经济体的官方统计，毒品交易和卖淫收入也被纳入统计（仅在英国，后一项的年收入就高达 45 亿美元）。

在欧盟国家中，具有大规模“地下经济”的国家包括比利时、西班牙、意大利和希腊。雇主和工人承担的税费越高，避税行为就越普遍。如果将 85%的不纳税工人考虑在内的话，印度免税收入的比例至少在 20%，中国大约在 10%左右。

虚拟货币会快速增加。虚拟货币是不可追溯的匿名计价货币，比如比特币，可在网络交易中使用。政府痛恨虚拟货币，因为它支持暗网，被用来买卖毒品、购买武器、支付赎金、雇用杀手或者资助恐怖分子。中国已经明令禁止比特币，我们预计其他国家会纷纷效仿。但这些国家会采用其他方式，比如监管比特币或对其使用征税（这将是非常困难的）。

移动支付将遍及全球

到 2025 年，每年通过网络支付的金额将超过 2 000 亿美元（目前大约为 500 亿美元）。现在，有 1/3 的支付是通过智能手机完成的，但到 2025 年，这一比例将最少提高至 70%。我们已经看到，目前英国大多数电子商务交易是通过移动设备完成的。

通过移动设备完成零售支付最多的地区并非欧洲和美国，而是非洲。而且，连续几年以来，非洲的手机支付大多数是在肯尼亚完成的。在这个国家，每年 1/3 的 GDP 都使用移动钱包（M-PESA）平台来实现。非洲已有约 25%的人使用了某些类型的移动支付账户，相比之下，拉美的比例只有 2%。

非洲已重塑了零售支付业，亚洲将会是下一个。以新加坡电信为例，其客户以及合作伙伴，注册的 SIM 卡约有 4.3 亿张，其中有两亿客户没有银行账户支持，不能获得金融服务。我预计在未来 5 年内，这两亿人中的一半将会完成首次移动银行交易。

移动支付 + 传统银行 = 移动支付银行？

正如我们在第 1 章中看到的，提供免费手机、平板电脑、宽带、视频通话的成本正在逐渐下降，且最终成本会降为零。生物识别身份证的成本也在不断下降，而且很快人们就买不到不带指纹识别功能的智能手机了。

同时，随着手机支付体系的使用范围日益扩大，通过手机支付获得的收入也在快速增长。将这两大趋势结合起来就会发现，不久之后，企业将能提供免费的智能手机、视频通话、语音通话、手提电脑、宽带，甚至还会提供免费的电视和电影，但前提条件是客户使用一个特定的手机绑定支付。实际上，这已成为了事实。

但是，这也意味着电信合同的终止和传统零售银行业的终结。对每一家大型零售银行和电信公司而言，最重要也最紧迫的问题是，当电信业和银行业融合为一时，谁将保有客户关系？

答案不是银行。至少不是没有与电信公司建立合作伙伴关系的银行，也不是那些和电信公司对客户实际行为的理解存在巨大差异的银行。

正如我们已经看到的，要了解移动客户，最重要的是知道他们目前所处的位置，但银行对此一无所知。它们可能手握信用卡或日常账户报表，但这些只能告诉它们客户的历史信息。银行缺乏即时的情报，而这正是电信运营商所拥有的。更重要的是，电信运营商还能看到客户浏览的每个网页、键入的每一个搜索词、下载的每一个应用程序、与哪些人通过电话以及什么时候通过电话。因此，我们会看到混合型企业——电信银行的诞生，它们在保有客户、综合电信运营商的信息并提供广泛的新一代金融产品和服务方面，拥有无与伦比的优势。

移动支付体系的标准之争

正如我们已经看到的，在全球化的世界里，规模就是一切。因此，在电信银行业，赢家将变得所剩无几。高通是一家电信公司，已主导了2G、3G和4G的移动手机技术很多年，正因如此，该公司70%的支出是为了捍卫专利权。同样，**未来能够生存下来的手机支付体系也只有两三个。**

为了将自有体系设定为全球标准，银行财团、电信运营商和IT企业会展开激烈的竞争。自有体系被设定为全球标准将会给企业带来巨大优势，在接下来20年内，它可从每一家金融机构、零售商和电信企业收取数十亿美元的专利费。

我们将看到，在这场创造新的全球化平台的竞争中，电信运营商和金融服务机构会结成新联盟，如沃达丰与 Visa 和 Nectar 之间的联盟。我们也将看到如苹果和谷歌这样的公司为了使自己的支付体系成为新的全球标准而展开激烈的竞争。

然而，一个关键问题是，如果电信公司力求转变为银行，那么，在欧洲和美国，它马上会受到可使用的资本数量和储备政策等方面的限制。这可能意味着电信银行业最多的创新将发轫于新兴市场国家。

银行的“软”肋

你可能会认为，银行首先是一家 IT 公司，它交易电子数据，外加一些财务专家和顾问。从这个观点来看，银行的主要弱点是 IT 故障和易受攻击。它们可能会丢失机密数据，账户遭到黑客入侵，整个 IT 系统失灵，包括在黑客攻击下出现“拒绝服务”的状况。

麻烦的是，要解决银行 IT 系统的复杂性和脆弱性，所需的资金远远超过 IT 部门的预算。在许多银行，IT 部门耗费了大量精力，试图让老旧的“遗留”下来的银行系统之间互相兼容。而且，每一家新并入的银行都有自己原来的 IT 系统，随之而来的是与新系统兼容性的问题。

在许多世界级的大银行里，至今没有一个人能完全掌握所有 IT 系统，也无人知道系统之间是如何互联的。代码可能是许久以前采用陈旧的计算机语言写成的，而那些语言现在的人们已很少使用。在无人识别的代码领域，也无人知晓潜在漏洞的存在，系统之间的相关性往往被忽略，这些都是一家企业在被合并后动不动就花 7 年才能厘清头绪的原因。

这在外界看来匪夷所思，也与客户的设想存在差距。我曾遇到一位一家大型银行的高管，她抱怨说，没有人能告诉她某个年龄段的客户有多少（至少没有在电子表格中填写估计的数字）。这意味着银行计算机系统的运行是瘫痪而非快捷的。这意味着以移动应用程序、平板电脑为基础的银行服务和下一代产品的预算会削减。

事实上，许多银行无法快速地在其现有的平台上推出新网络产品，原因就是系统的不兼容问题。它们被过去的“遗产”限制住了。然而，此时此刻，这些银行可能正忙着实施新的并购呢。

更糟糕的是，银行的安保成本正在大幅增加，而且近期面临的危机对银行提出了更高的兼容性要求。正如我们看到的，现在，大型银行一个月内遭受的攻击比它们5年前一年遭受的攻击还要多。它们还必须耗费大量精力，应付那些层出不穷的恶意利用银行网页或通过钓鱼网站实施的诈骗。

那么接下来，一家创新性强、以客户为中心的软件公司就会登上舞台中央。如SalesForce公司，每年拥有30亿美元的开发预算，主要致力于建设基于云的呼叫中心，而且仅在几天之内就可大功告成。银行使用这样的公司建立的系统，可在一夜之间为客户带来更优秀的全新的体验。

因此，必然会有这样的结论：在下一代移动银行竞争中，那些每年IT预算为9亿美元并将其中的8.2亿美元用于维护旧系统和安保系统的银行不大可能生存下来。这样的预算依然是杯水车薪，很难开发出符合客户期望的系统。

在不被遗留问题完全压垮的情况下，银行如何才能实现增长，获得IT创新中规模经济的好处呢？其中一种方式是与软件企业或非竞争领域的其他银行建立伙伴关系。所有新的IT创新联盟都将诞生于欧洲和亚洲的银行中。

一些银行已开始放弃针对零售客户的现有 IT 系统了。它们分阶段地将系统各部分转移至全新的模块化平台，客户可在平台上筛选产品，如安装一款应用程序那样简单。而且这样的平台比较简单，攻击者可利用的漏洞也更少。

引爆下一场金融危机的火药桶

如上所述，世界仍需要银行，希望借贷的人仍需要顺畅的货币流动。如果有关规定阻滞了银行系统的关键部分，那么，人们必定会寻求更宽松、非常规的变通方式。这样，影子银行业的业务就会不断上升了。

影子银行正是上一次金融危机的罪魁祸首，而且很可能引爆下一场金融危机。影子银行是那些在各个方面提供与银行业务相似服务的企业的统称，这些企业可以办理打包放款业务或发放贷款。影子银行可能包括对冲基金、私募股权基金、国家贷款的经纪人等。

由于这个群体很难界定，因此难以监管。与银行相比，政府也不太担心它们，因为它们的失败对银行业的危害比较小。损失更可能被限制在一些大投资者身上，而非多达百万的散户。

养老金和基金的误售危机

在未来 10 年的某个时刻，基金管理公司要为新的误售危机负责，其支付的罚款和诉讼金额可能十分巨大，以至于一些最大的投资银行可能倒闭。基金管理和养老金行业将出现全球性的改革。

这是一个具有全球性影响力的巨大产业。仅贝莱德集团（BlackRock, Inc. 又称黑石集团）就直接控制着 4.1 万亿美元的资产，同时还通过其拥有的阿拉丁交易平台管理高达 11 万亿美元的资金。

全球有超过 1.7 万名投资经理和交易员都运用黑石集团的分析模型指导自己的决策，这意味着一个错误可能引发巨大的关联效应。

有一项为期 12 年的调查，专门针对美国由 1 825 位基金经理管理的 2 846 支共同基金，调查发现，即使在行业里摸爬滚打了很长时间的基金经理人（可能业绩最佳），也无法洞悉变化莫测的市场风险。这些经理人大多数情况下使用同样的信息源，而且往往关注金额最高的股票，因此，他们发现彼此之间要甩开差距其实很难（除非通过内幕交易，但这样做会触犯法律）。

多年来，我曾面对许多基金经理发表演讲，他们管理的基金可能高达 10 000 亿美元。其中有些人尽管心里非常清楚，与超高效、低成本的计算机追踪基金相比，购买他们打理的积极型管理基金通常会使财富受损，但仍想过向朋友及家人推荐自己打理的基金。不过，这些人只占少数。这涉及重大的道德问题，有可能使整个行业遭受质疑。

尽管如此，全球基金经理管理的资产中，对冲基金的规模只占 11%。政府会出台更多法规，以增加透明度、征收封顶费、增加合规成本等，这样规模较小的基金将很难继续生存。全球基金经理人的数目会快速下降，许多规模较小的基金将被迫合并。

我们将看到更多精品服务会被推出。散户投资者能够在税负较低的情况下配置自己的投资组合，在符合全额养老金规定的同时还可获得实时报告数据。这种服务的收费也不高。

年轻的高资产净值客户在大型机构基金的投资上将减少，他们会更多地利用自己的家庭办公室理财。

养老基金有可能再次向对冲基金投入重金，但由于业务的复杂性，新风险仍会出现。养老基金将主要关注易被理解的对冲基金。如果未来数年再次出现失误，公众会对对冲基金作出强烈的反应。

国家证券交易所的消亡

尽管比我 15 年前做出的预测缓慢得多，但传统证券交易所的好日子确实已快到头了。

企业不再青睐它们，因为一家全球性企业的业务规模可能超过了一家证券交易所，这导致它们在多个证券交易所上市。投资者也不需要它们了，他们想每天 24 小时通过网络进行交易。从技术层面来看，证券交易所也并非必需，因为在一栋楼里放置一台服务器就可应付所有的网络需求。

我们可能看到，为了降低技术成本、共享营销和增加流动性，有更多证券交易所将实现跨越国界和地区的合并。

华尔街超过 70%的交易决策由机器人而非真人做出。在 2 万家交易企业中，只有 2%的企业拥有机器人。这些机器人自动对各类数据做出反应，有时会产生奇怪的结果。高频交易可在瞬间驱动 30%的欧盟交易。新的交易王是调整了算法的数学家。

2014 年，美联社遭受黑客袭击。黑客在美联社的推特账户上发布了一则突发新闻：两枚炸弹在白宫爆炸，奥巴马受伤。短短几毫秒内，华尔街的交易计算机就发现了关键词并马上出售了股票。道琼斯指数应声下跌 140 点，2 000 亿美元不翼而飞。黑客袭击事件是一则假新闻的消息几分钟之内就被曝光且股价恢复至正常水平，犯罪分子的巨额利润化为乌有。

速度就是一切。为了比对方早 1 毫秒完成交易，机器人之间会展开竞争，这需要交易公司不断升级其已在超快运行的网络，也需要对其他许多技术进行升级。比如，为了提高速度，一些公司使用微波传输，而一些交易商仍在使用传统的光纤电缆。

我们也看到，24 小时点差交易网站迅速增多。在这样的网站上，个人或企业对股价的走势进行下注，而不实际拥有任何股票。仅在英国，就有100万人开设了点差交易账户。他们一般通过手机下注，因为这样获得的所有“收益”都是免税的。

人们可以对任何股票、商品基金或货币的未来价格下注。许多人会在这样的全球赌场中大捞一笔，也有人会损失惨重，收益额和损失额都会很高。不算庄家提成，押10英镑的赌注就可能会赢回1 000英镑。所有这些“衍生物”都会产生奇怪的价格走势，有些时候变化会非常剧烈，混乱且不稳定。

巨大的新兴国家保险市场

与银行、医院和学校一样，保险对社会的稳定和繁荣至关重要。然而，全球有超过30亿人从未听说过保险，不知其为何物，也不知道如何获得它。

在新兴市场国家中，主要面向新兴中产阶级的基本保险业务预期会快速增长。健康保险首当其冲，然后是法律强制购买的险种，如车险等。

在退税等优惠政策的鼓励下，许多国家的寿险和健康险销量都会增加，特别是具有储蓄功能的险种。现在，许多没有任何银行账户的人正在使用智能手机或者通过小额贷款组织、储蓄协会，获得他们生平的第一份保险。

家庭险和车险主导了欧盟的零售保险市场

大多数欧盟的险种将继续针对家庭和车辆而设置，其次是旅游险和寿险。预计会有300家不同的公司提供同样的险种，它们会在聚合网站上展示出竞争性的报价，从而引发残酷的竞争。

在英国，相关网站已覆盖了40%的一般保险市场。到2020年，许多其他发达国家也将出现类似趋势。保险公司如果能以受人“青睐”的品牌价值说服客户，并以出现问题时能及时而慎重地理赔获得客户信任，那么在报价并非最低的情况下也能卖出保险。

聚合营销为商家衡量自己品牌的价值提供了非常精确的工具。如果一家名不见经传的企业报出的最低价为150美元，但客户选择了倒数第3低的报价，即一家知名品牌公司报出的230美元的价格，那么我们就知道，该品牌对这位客户的附加价值是80美元。

欧洲保险公司通常为新客户提供非常低的报价，但在接下来的几年里会对忠诚的客户提价，以此获得盈利。

预计越来越多的客户每年都会改变保险公司，转向报价最低但价格不可持续的公司。

保险公司与银行渐行渐远

10年前，许多银行成立了自己的保险公司，它们希望能借此向现有客户“交叉销售”保险产品。大多数情况下,结果是令人失望的。多数保险公司仍独立于银行，与银行保持伙伴和合作关系，但较之以前，它们之间的关系有所疏远。预计未来政府会出台针对保险业和银行业的承担责任不同的法规要求，这一趋势会变得更加明显。

再保险将成为未来所有大型保险公司的重要业务。提供再保险的大企业有瑞士再保险公司(SwissRe)和慕尼黑再保险公司(MunichRe)等。这些企业以敏锐的眼光洞察了本书描述的每一种趋势和未知因素以及它们之间的影响，还有它们对未来10年特定行业业务遭受中断的影响，这些趋势和未知因素包括新奥尔良遭受新的飓风袭击，或者俄罗斯入侵哈萨克斯坦等。

交通出行新变化：不依赖旅行社的旅行

铁路：中国的高铁技术出口全球

全球已有24个国家拥有高铁，而且每隔10年，高速铁路轨道的里程就会翻一番。

目前，98%车速高于195公里/小时的火车都行驶在西欧和东亚（90%在中国、法国、日本、德国、意大利、英国和西班牙），但未来高铁将变得越来越普及。

短短10年间，中国兴建的高铁轨道就超过10 000公里，跃居世界第一。中国的很多技术都依靠进口，火车就来自西门子等企业。然而，中国在下一次高铁扩张的浪潮中可能会实现完全国产化，而且其铁路技术将面向全球进行出口。

未来的高铁投资将会受这些因素的抑制：非洲的动荡不安、俄罗斯的经济低迷、英国的规划限制、中国既定的目标已经达到、拉美经济的不确定性，美国更喜欢飞机和汽车文化等。

较低技术含量的快速城市运输工具会兴盛，如自动化的“轻轨”，或专在混凝土轨道上行驶的电车或公共汽车。这些设施的建设周期相对较短，成本相对低廉，可在街道之上的立柱上建成，易达成城市的轨道网络建设目标。

在大多数国家，乘火车旅行的人的增速要比火车承载能力的增速快得多，因此火车将变得更长、更加拥挤，车次也会增多，车型可能变成双层。

航空：亚洲迎来最大增长

由于经济衰退、地区冲突、病毒威胁或者其他不良事件的发生，航空业会出现短期波动。但长期来看，航空业会保持繁荣。在过去40年里，通过航空工具旅行的人数每年增加10倍，超过了30亿人次。预计到2030年，这一数字会增加至64亿。

大部分航空业务的增长发生在亚洲，增长最少的地区是欧洲和北美。从亚洲，尤其是从中国和印度长距离飞行至欧洲旅行的人数将大幅增加。到2020年，中国出国旅行的人数每年将多达2亿，而且他们的旅行消费将增加两倍，购买的奢侈品会大幅增加。

波音公司坐拥5 100架飞机的订单，价值约为4 000亿美元，而空中客车公司的订单量约为5 600架，价值更高。未来20年，仅飞机发动机制造商的收入就会超过1万亿美元。目前，超过70%的发动机是由通用电器和CFM制造的，后者是通用电器与斯奈克玛（SNECMA）在法国建立的合资公司，也是全球化世界中批量制造企业的一个典型范例。

英国是美国之后的第二大航空航天业制造商，占有全球17%的市场份额，而且30%的欧洲空间研究公司位于英国。全球一半新制造的宽体飞机、英国航空航天公司（BAE）制造的斗士战斗机和阿古斯塔·韦斯特兰公司（AgustaWestland）制造的直升机，都使用英国劳斯莱斯的发动机。

虽然虚拟工作、视频通话和其他技术会不断发展，但仍不足以制约商务旅行业务的增长，10年前我曾做出过这样的预测。然而，商务预算将受到限制或减少，这迫使商务旅行者选择廉价航班以节省开支，这也将成为商务旅行者在短途飞行中奉行的一般原则。

新的廉价承运人已完全改变了航空业态，重塑了售票、飞机配载和清空的流程。预计所有主要廉价航空公司都会效仿传统航空公司，为旅客提供各种附加免费服务，比如指定特定座位、提供免费饮料、免费运送行李等。这将吸引越来越多的商务旅行者。

到2030年，欧洲的廉价航空公司运送的旅客所占的全球份额将超过50%，如此一来，所有传统航空公司都将被迫从根本上改变运作模式。国内的航空公司会合并，新的跨国合并也会出现。

新飞机将变得更有效率，空座率也会降低。由于空中交通管制更为明智（包括自由航线的开辟，这样飞行员可直接由A地飞至B地而不中转，平均每个航班能节省10分钟），在繁忙的机场盘旋的时间缩短，单位乘客的耗油量会降低。到2018年，所有商业航班都将采用GPS进行持续跟踪定位。

然而，由于空气动力学、乘客和货物装卸方面的限制，飞机的外形在过去25年来几乎没有发生变化。事实上，自1969年协和式飞机上市以来，该行业发展迟缓。1974—2003年，协和式飞机一直以每小时2 140公里（1 334英里）的超音速飞行，飞行的最高高度为18 300米（60 000英尺）。

在未来30年，乘客的飞行体验几乎不会改变。过去40年里建造的飞机，大部分服务时间会超过30年，或者飞行次数会超过3万～4万次。

因此，2030年，大部分乘客乘坐的飞机在2015年就已投入使用，而这些飞机的设计在更早的10年前即2005年就已完成。首批大型喷气式客机建造于1969年，其中一些飞机到2025年仍会远距离飞行。

汽车：40亿辆的巨大市场

目前，行驶在公路上的汽车超过了10亿辆，但要达到美国人的汽车保有水平，全球的汽车还需再增加40亿辆。

未来50年，大多数新车主都来自新兴市场国家。中国人现已驾驶着 1.5 亿辆汽车，其中很多车辆的实际拥有者为 4 万家租赁公司。中国的私家车拥有率从 2002 年的 1%飙升至 2011 年的 19%。仅 2015 年，中国的汽车销量就达 2 500 万辆。

菲律宾和印尼约有一半人没有汽车，相比之下，马来西亚的这一比率仅为 3%，而且该国 53%的家庭拥有不只一辆汽车。在泰国和印尼，80%的消费者打算在未来两年内购买汽车，而且对大多数人而言，这是他们首次买车。

我们将看到，由于所有移动部件都采用了纳米涂层技术及其他先进的工程技术，加上车辆变得更轻便，燃油效率会得到显著提升。这些进步将会抑制（但不会终止）纯电动汽车的发展。

由于电池成本高昂，电动汽车的发展要比许多制造商和政府的希望缓慢得多。然而，每千瓦时电池的价格将快速下降。新型电池将更轻便、更有效、充电速度更快，且寿命更长。美国特斯拉汽车公司（Tesla Motors）制造的一些电动汽车上安装的电池已能支持 400 英里的行驶距离，而且到 2025 年，支持 600 英里距离将成为常态。为迎合城市需求，未来 10 年销售的大多数电动汽车车型将更加小巧，消费者会得到减免税收的鼓励，而制造商会得到政府补贴。

电动汽车发展缓慢

许多大城市的交通阻塞日益严重，尤其是在新兴市场国家，因为汽车拥有量的增长要比公路建设快得多。司机和乘客每年因交通阻塞浪费的时间高达 900 亿小时。在某些城市，寻找车位就会耗费 1/3 的燃油。

我们将看到新型汽车使用模式的出现。尽管如优步（Uber）这样的出租车应用程序受到了法律的挑战，但使用移动应用程序，确实可以很便捷地在短时间内租用到长途或短途车辆，也能够租到配备司机的轿车。

我们将看到，为了鼓励乘客拼车和租赁，政府将出台更多的税收优惠政策和其他激励措施，并加大在公路建设方面的投资。

“车联网”：汽车也会观察司机的行为？

不久后，人们将无法买到不联网的汽车或可能无法联网的汽车。欧盟、北美等地区的法律会对此作出强制性要求。比如，欧洲不久将规定，新制造的汽车必须能将故障或事故信息即时发送给警察和救援服务机构。

不久后，巴西将要求每一辆新车都安装防盗跟踪装置。美国的公路部门正建议所有的新车都能互相联网（Vehicle to Vehicle，或称V2V，车辆之间的联网）。到 2025 年，为联网车辆提供服务、装置和基础设施的收入将超过 2 000 亿美元。

汽车也能在故障发生前进行自诊断。汽车各个部分都将安装传感器，可以监测胎压、刹车片、活塞压缩、电池状态、尾气排放、电源的使用等。我们将看到更多挡风玻璃显示器，司机只需平视即可观察车速和燃油状况、导航和通讯信息等。

汽车也会观察司机的行为，这样保险公司就能够根据前一天的驾车情况为司机确定每一天的保费。保险公司会奖励良好的驾车行为，这有助于降低汽车的驾驶成本。

汽车所有权的新模式

司机希望上述所有新功能都被囊括在汽车的基本价格里，因而，虽然制造商要投入更多成本，却不能获得明显收益。

与电信业和银行业之间的竞争一样，关键问题是，谁拥有客户？然而事实上，汽车制造商力图将此问题转化为：谁拥有车辆？它们会以一站式解决方案做出反击，比如，会将故障、差错或意外事故的详细信息直接发送给自己的经销商，而非当地的汽车修理厂。

汽车经销商也将提供更广泛的所有权和租赁权选择，因为有更多的驾驶者已开始放弃传统的“买下并保有”的模式了。另一方面，电信公司、网络设备制造商、驱动应用程序和 V2V 服务的提供者会建设自己的集群互联技术，他们试图迫使制造商回归传统的“移动的旅行盒”制造者角色。移动手机企业也会与汽车制造商建立新的合作关系，为车辆提供智能等技术服务。

红绿灯的使命将被“车联网”终结？

苹果和谷歌两大公司都想控制汽车的仪表盘并管理汽车之间的网络。未来的愿景是，汽车将形成自己的社交网络，互相之间不断地交流信息，在此过程中完全不会打扰司机。实时交通信息、特定车型的常见问题、最优惠的燃油价格、更新的地图等，都将得到及时传递。V2V 通信意味着一些城市里红绿灯的使命将终结，因为每辆车在每个路口都能完美地被安排通过的时间。

梅赛德斯—奔驰公司已开始出售其智能驾驶系统。在时速超过 60 公里的行驶中，该系统可利用超声波和雷达技术实现自动驾驶、刹车和加速。在某些车型上，除了转向和刹车外，移动应用程序很快就能显示或控制所有的汽车功能。

无人驾驶车辆引起的法律问题

有几家汽车制造商将很快销售无需司机、可自行驾驶的车辆。但在2035年之前，在欧洲、美国和亚洲城市之外的繁忙公路上，出于公共安全和法规考虑，无人驾驶车辆不会大量出现。在此期间，预计无人驾驶农用拖拉机和工业车辆将快速增长，如露天的采矿车。但在城市的某些地方，只要路上行走的孩子因事故死亡并引起关注，此类车辆的引入就会被延缓。

每年因公路交通事故丧生的人数超过130万（超过因疟疾或肺结核死亡的人数），并有500万人受伤。最大的问题是：如果机器人驾驶的车辆撞死了行人或另一辆车上的乘客，责任方是谁？谁应去坐牢？是车主还是汽车制造商，抑或是控制机器人的软件公司？

一个主流观点是：机器人司机很少犯错，因此，即使有人因机器人驾驶的车辆死亡，死亡人数也少于人类驾车导致的死亡。

在最贫穷的国家，因机器人技术尚未投入使用，公路交通事故的死亡率是发达国家的250倍。在发达国家，死于公路交通事故的人极少。有一点是很清楚的：机器人将受到严格的评判。

带有双翼的“飞车”

在无人驾驶汽车普及的世界里，当你步出家门，一辆汽车出现在眼前（你不知道它之前停在哪里——但谁在乎这一点呢？）。它不是你的（“是你的”是上个世纪的想法），但感觉像是你的。在这辆车在公路中穿梭并安全地把你送到办公地点的过程中，你观看了一段视频或者打了个电话，而且心情很放松。

一大变化是“汽车列车”的出现。许多汽车按序行驶，它们之间仅相隔几米远，每一辆车都自动跟着前面的车行进，除非司机打破了这种次序。许多企业已安装了传感器，它们能够保持与前面车辆的距离，或者可在车位紧张的地点自动泊车。

2030年，所谓的“飞车”还很稀少，而且售价高昂，只有超级富豪才买得起，而且政府只允许这些飞车在大城市外行驶。单座或双座的飞车有折叠的双翼，在公路上行驶时显得有些笨拙。这种车的飞行速度为每小时160公里，飞行范围达640公里，在公路上行驶时的最高时速为每小时56公里。

旅游业：全球化的基本引擎

随着制造业、零售业和银行业的发展，旅游产业将成为未来全球化的一个基本引擎。人类如狩猎者一样，具有旅行的本能，以及无法抗拒的探索冲动。因此，无论全球经济发生了什么，或者有什么样的惊天事件发生，我们都预计，随着财富增加和实际运输成本的下降，旅游的人数每天都在大幅增加。

亚洲将是旅游人数增长最快的地区，这里有越来越多的人希望到其他地区观光旅游。我们会看到，各地区的机场、高铁网络和新公路的数量和规模都在快速增长。

未来20年，一年多次度假的人数会翻番，而且，享受城市休假的人数也将飙升。无论是去英国本地还是国外，约有一半的英国人一年至少离家休假3次。

预计会出现更多的文化休假、探险休假、学习休假和活动休假。预计那些能探险、够刺激，能积累经验、感受极冷和极热气候，范围从阿联酋到格陵兰岛或冰岛、重视生态或可持续发展的假日游会越来越受欢迎。

中老年旅行者将特别追求让人倍感舒适、难以忘怀、同时又能实现一生梦想的体验。这样的例子包括深海沉船探险、南极核心区观光、学习大型游艇或滑翔机驾驶技术，或者攀登一座高峰等。

到2025年，邮轮的吨位和数量均会增长，到时它们会载着4 500万人游弋于水面上，而现在的载客量仅为2 200万。这些邮轮的基地主要在加勒比和地中海地区，亚洲会有一些增长，而且到达南极等新航线的邮轮会增加。

许多邮轮体积庞大，以至于其本身就成了旅游目的地。这样的邮轮载客量可达6 000人，配备的船员达2 500人。可停靠的港口数量有可能制约着大型吨位船只的发展，因此我们将看到邮轮停靠站的繁荣兴盛，特别是在地中海、加勒比海和亚太地区。

未来10年，随着更多家庭外出旅行，乘坐邮轮旅行的游客的平均年龄可能会下降5岁。而在之后10年，由于许多国家老龄人口数量增多，这一下降趋势会被抵消。预计规模较小的专业主题邮轮的数量将增加，它们专门为喜欢历史、文化和专题知识或者希望学习新技能的年长顾客而设计。

旅行机器人将传统旅行社逼进死胡同

空中食宿（Airbnb）之类的网站将重塑全球范围内的酒店和宾馆业。它们提供了一个具有海量信息的平台，那些希望出租单间或整套房子的业主以及希望以较低价格租到比旅馆更加个性化房间的租客只要在该平台上进行了登记，系统就会对他们自动匹配。这会对旅游城市里廉价酒店的发展产生不利影响，但廉价酒店仍将在全球范围内扩张，客房数量会在10年内翻倍。

由于旅行者能够以同样或更低的价格在网络上获取旅行社提供的一切服务，传统旅行社的业务将减少，它们将无法从佣金中获得足够的收入。预计到2030年，传统旅行社将大幅减少。除了少数受人青睐的专业旅行社外，传统旅行社将在世界许多地方销声匿迹。

许多提供综合旅游服务的公司也将面临崩溃，它们会被聪明的旅行机器人逼进死胡同。这些机器人能够凭借光速和无与伦比的价格，提供复杂的酒店、航班和租车信息。

然而，最优秀的旅游公司会有出色的表现。它们为不熟悉异国他乡的人提供专业的洞见、专家级的指导、井井有条的旅程安排，并使游客获得非凡的旅行体验。

太空旅行与星际移民

尽管太空旅游业最近出现了挫折，但该行业会实现增长。到2035年，每年至少会有3家公司搭载着1 000名乘客进入太空，进行短期旅行。

值得关注的是美国的三家公司，分别为内华达山脉公司（Sierra Nevada Corporation）、太空探索技术公司（SpaceX）、轨道科学公司（Orbital Sciences Corp），可能还有英国的维珍银河公司（Virgin Galactic）。这是证明世界越来越奇怪且不平等的又一个案例：有些人花费大笔金钱去太空游玩，而10亿人仍然缺衣少食。

我们会看到新一轮太空军备竞赛的展开，主要由俄罗斯发起，美国和欧洲也会参与。竞赛的目的是将人送达月球和火星（几乎可以肯定的是，一部分火星旅行者将有去无回）。预计到2040年，月球上会出现小型住宅，但毫无经济性可言。美国的太空探索几乎完全依赖无人探测器，几乎所有其他力量都被投入到太空防御中了。一个重要的增加太空预算的新理由是，对于可能撞向地球的彗星，需要直接击毁它或者使其转向。

未来20年内，大多数太空支出将用于发射和维护地球同步卫星或者低轨道卫星，以及升级GPS，以使其定位精度达到10厘米以内。

太空将成为潜在战斗区，数百架太空无人机穿梭于其中。它们被用来修复、捕捉、干扰、攻击或者破坏卫星，也被用来摧毁其他国家的无人机。

大多数此类无人机都为美国、俄罗斯和中国所有。近10年，美国已斥资980亿美元研究摧毁洲际导弹的方法，但取得的成功极为有限。当卫星可能是伪装的无人机，或者当任何低轨道无人机可能携带着核装置并具有瞄准机制时，防御将会变得更加困难。

“怪”老师的课堂：新的教学和学习方式

在学校和大学里，年轻人接受教育，以应对全球化、快速变化的未来。这些教育机构会教导他们如何思考、如何以更开阔的视野了解世界，并将有用的工作技能传授给他们。在许多情况下，教育机构应教会年轻人如何为尚未出现的工作做准备，但大多数教育仅仅面对着过去，讲授如何从事未来已不复存在的工作。无论是公立学校还是私立学校，都有类似的现象。

以考试为例，很多人认为，把年轻人限定在教室里不能查阅网络资料，强迫他们用钢笔在卷子上写下不可抹掉的符号，太荒唐了！

在他们现在以及未来的工作生活中，用到的是完全不同的技能。对他们而言，工作从一开始就意味着敲击键盘，而不是使用钢笔和墨水。而且，不会打字的人无法从事大部分办公室工作。

教育基础会遭到质疑。比如，在生活中的许多方面，记忆正变得越来越不重要。**真正重要的是掌握如何理解连续的数据流，发现趋势，看到相关性，并且知道哪些信息源值得信任。**真正重要的是快速搜索、整理、解释、分析、总结和决策的能力。当然我们也需要记忆，但我们是为了借鉴经验，而不是为了照搬事实。

学区房：家长的无奈选择

过去50年里，除了引入数字白板和更多地使用个人电脑外，课堂教学模式几乎没有变化。课堂教育已被年轻人抛在后面了，他们正通过移动设备孜孜不倦地获取有关人、生活和时事的信息，当然这也是课堂上老师被激怒的主要原因之一，且移动设备常会被老师没收。

预计包括互动式简短视频在内的新的学习方式会快速增加，它们的设计精确地适应了课程的需要。

剽窃是教育领域存在的最严重的问题，即学生复制从其他地方看到的内容。但在企业中，如果一位高管必须迅速准备好一份报告，而他对相关领域所知甚少，那么，问题就不是整份报告是否原创了，而是是否准确和有用。

在某些男女生共同接受教育、有成千上万的学生辍学的领域，单性别教育会回归。预计会出现这种颇有说服力的观点：单性别教育意味着学生可以集中精力和注意力学习，减少其他事物的干扰，特别是对一些青春期提前至8岁或更早的女孩而言。

在许多国家的“不许触碰”政策失效后，会出现对惩罚和纪律的反思。在许多学校，威胁、暴力甚至攻击可能是操场上的流行文化，不仅针对学生，也针对教职工。比如在英国，在公立学校工作的教师中有较高比例的教职工不止一次地受到了暴力威胁，或者在学校遭到了攻击。

有人会呼吁，教师不应当在可能遭受学生或其家长攻击的恐惧下教书。在出现特别可怕、广为人知的事件后，比如野蛮攻击导致学生或老师死亡，这样的局面才会出现些微的变化。

政府会对此出台新的严厉的制裁措施，包括让学校拥有更多的权力。对做出反社会或暴力行为的学生，学校可终止其学习或将之开除出学校。

预计政府会加大资金投入，为一些极具破坏性的学生建立特殊学校。尽管学校会尽最大努力包容行为各异的学生，但主流学校不能冒险保留那些极具破坏性的学生，因为他们必须对后果负责。学校的区域分化会持续，一些人选择上“好学区”内的公立学校，想办法在区域内购买房子。

虚拟课程 PK 现实课堂

全球大学教育将主要由印度和中国主导。在众多专业领域，这两个国家毕业的高质量人才将是世界其他地区的许多倍。尽管如此，许多最优秀的亚洲学生还是会前往欧洲或美国的顶级高校，去开阔视野并建立自己的关系网。

学校不再只以授课内容评判讲师，还要看他们使用何种技巧或方式与学生沟通。人们需要感知未来，亲自体验未来的一切。“亲身实践”要比数百小时的学习更有价值。

少数“怪”老师会在授课中故意不使用任何技巧，仅靠挂图或传统黑板作为辅助工具，依靠个人和学生间的互动完成授课任务。

所有大学和商学院都面临巨大的困境。它们是否录制了教授和其他人员的讲座？如果是这样，它们是否将录制好的讲座上传至封闭的学校局域网上以备学生观看，还是将其上传到了 YouTube 这样的公共网站？如果它们继续这一做法，是否还有学生去教室上课？

以麻省理工学院为例，该学校已录制讲座视频很多年，并将视频上传至网上供学生免费观看，其他学校也被迫跟进。我这么做也有

10 多年了。无论在哪里演讲，我都会将演讲录制下来，然后尽可能上传到网站上。

一些商学院的教授担心，他们的资料会被“窃取”或滥用，但经验表明，从商业角度来看，获取免费网络资源是有意义的，是“正确的”做法。因此，我们看到免费教育资源的质量大幅提高，涵盖的范围也以惊人的速度扩张。就算是一个国家里最贫困的人，只要能够上网，就可以获取这些资源。

当然，网络公开确实给那些多年来从不改变或调整授课内容的讲师带来了巨大的压力，因此他们会被迫做出变化。

上述趋势为远程教育提供者带来了巨大挑战。使用远程教育的学生通常在支付较高的费用后获得登录密码，然后凭此密码获取讲座和网络课程资源。学生们也会请远程教育提供者批改文章、提供少量视频教程，或者每年集中上一两周课。

该如何应对这些挑战呢？正如我们在之前的章节中看到的，人们希望呼吸同样的空气，在群体里互相学习。共同的群体经历具有强大的力量，能够深刻地改变个人的想法，特别是当群体内的人一起学习了一年或更长时间时，因为如此一来，他们之间的情感联系更为强烈。因此，现实世界而非虚拟课程将继续发挥重要的作用。

视频非常利于提供信息，但对转化信息无益，这就是为什么商学院教授对公布教学资料并无太大压力的原因。世界各地的学生都可以在线浏览他们的资料，但这些资料并不能完全替代他们在课堂上共享的学习体验。在现实课堂上，正常的教学过程一般都会穿插讨论。

大学和商学院将越来越注重个人的转变和互动式学习，而不只是让一群学生倾听专业教师的讲课。它们也会越来越注重教育族群的建设，唯有如此，它们才能生存下来。

教育期变得更长，而且会越来越长

尽管非正式的网络教育不断发展，但到2030年，大部分人将投入更长时间接受正规教育。我们已目睹了父母是如何热衷于对孩子进行早教的。

此外，就业市场的竞争日益激烈，为了在面试时能够脱颖而出，学生被迫获得第二学位甚至第三学位。在许多情形下，也可能由于凭借第一学位获得的工作机会太少，学生不得不这样做。

然而，与一两年的实际业务经验相比，大多数第一、第二甚至第三学位（包括商学院的工商管理硕士）是很差劲的替代品。而且，随着读学位费用飙升、政府补助的减少，更多人会质疑学位的价值。在美国，包括食宿费用，目前4年的学习成本已高达16万美元，但实际成本可能要高出一倍多，因为该数字没有计算这四年中损失的平均收入。当然，没有学位，学生可能无法获得体面的工作，这里有一种微妙的平衡。

韩国和马来西亚等国家会快速推广工程和生物技术课程，这反映了政府促进这些行业发展的强烈愿望。在英国等国家，学习音乐技能或人类学的学生人数会下降，因为众多统计数据表明，获得这些学位的学生就业率很差。

可能再次上演的安然危机

全球性的咨询机构和会计师事务所很少，这给相关监管带来了困难，因为一家公司的账务可能多年来一直由同一机构审核。不仅审计师来自同一咨询机构，为复杂交易的双方当事人提供咨询服务的人也可能同属一家大型跨国公司，只是分支机构不同而已。大量的跨国公司主持的审计最终被证明是误导人的，毫无用途，这样的结果一点都不令人意外。

安然丑闻爆发后，一直为其做审计的安达信会计师事务所几乎一夜之间就倒闭了。只要再发生一次类似事件，就可能引发又一场危机，因为目前该行业仅余三家全球性的公司。政府可能会规定，企业每隔几年就要更换审计机构，而且会对潜在的利益冲突施加更多的限制。

审计人员将接受严格审核

审计人员会发现，在自己对银行或保险公司或其他企业发出明确的审计报告后不久，若对方遭遇惨败，他们将承当更大责任。大企业为了请审计机构帮助规避管制和潜在的财务风险支付了数十万美元，但几天或几周后，若这些企业轰然倒塌，而审计机构却安然无恙，不承担任何责任，这样的结果着实令人难以接受。

未来，对于审计过程中出现的此类令人震惊的失误，包括基于企业的生存和顽固而狭隘的观念向投资者提供虚假且危险的保证，审计人员都要付出代价。

审计人员不能再以审计的“合乎标准”为借口替自己开脱。他们会探求真相，提出难题，会以信誉（甚至生命）为报告提供强有力的保证。

大幅放松对律师事务所的管制

未来 10 年，在一些国家如英国，由于相关管制的放松，比如允许并不属于法律领域的企业通过获得市场筹资提供法律服务，律师事务所不得不进行根本性的变革。全球性律师事务所的结构大多难以支持全球性公司的未来需求，它们通常由专家型的高级合伙人领导，但这些领导人可能难以胜任全球 CEO 的角色。

大型律师事务所的办事流程往往陈旧僵化，而且思维和视野都很狭隘。对一家全球性的律师事务所而言，他们需要回答的最重要的问题是：如果今天要成立一家全新的大型律师事务所，它会是我们现在的样子吗？如果不是，我们应如何迅速地弥补不足？

法律服务向大众市场倾斜

我们仍将需要全球性的律师事务所，因为这里聚集的法律专家们能够对高度复杂的问题提出自己的看法，特别是跨领域的繁杂问题。

然而，小型法律服务的提供方式会出现快速变化，"零售法律"团队、呼叫中心、商场外的运营或全网络等形式的服务有日益增长的趋势。许多标准法律实务可以很容易地实现自动化，包括与就业、买卖物业、定立遗嘱、离婚诉讼、人身伤害索赔等相关法律。一次性的法律建议也越来越多地通过网络提供，或者通过聊天、电子邮件或者视频提供。

与此同时，越来越多的国家效仿澳大利亚和英国，放松了对法律服务的管制。这将允许非法律事务所机构提供法律服务，法律专家团队会在市场上筹集资本。

在放松管制后的头两年，英国有 300 多家公司完成了提供法律服务的注册。因此，许多新的商业机构将以更高效、更快速和更友好的方式提供专业法律服务；发达国家较大型的律师事务所越来越多地将基本的法律事务外包给印度等国家的团队。

未来 20 年内，受本书中所描述的所有趋势的影响，法律本身也会发生深刻的变化，但影响最特别的是我们将在第 5 章和第 6 章要描述的因素：新政治、治理、激进主义和伦理。

多样化的团队是创新的关键

要在一个统一的世界进行管理就需要统一的团队，但现实情况是，企业往往过于族群化。大多数大型企业的文化是单一的，由企业创始国的文化主导。

这虽然能带来优势，如更高的忠诚度、更强烈的团队精神、更流畅的沟通和更快速的决策，但也带来了巨大风险，特别是在全球化的世界中。单一的文化主导更可能丧失新领域的绝佳投资和合作机会，在管理国家级的风险时更可能出错。更重要的是，单一的文化团队无法吸引其他国家和地区的人才。

85%的大企业负责人认为多样性是创新的关键。多样化的团队往往能找到更多解决问题的方法和更出色的替代方案。多样化的团队能与市场和社区保持更好联系，存在盲点的可能性较少，也具有广泛的技能和经验，更可能吸引高素质的人才、发现新机遇。多样化的团队也更可能理解不同客户的不同需求。我们也会看到更多开放式创新或众包服务。解决问题时，多样化企业或社区的团队会开展广泛合作。

因此，**多样化是实现业务增长最重要的因素，也是管理中最不到位的一个因素。**大多数大型企业往往只关注(通常也是十分肤浅地)性别的多样化，却忽略了多样性的其他所有方面。

性别当然很重要。在许多发达国家，比如美国和英国，女生在中小学的表现优于男生，大学里的情况也没有太大的改观。在许多国家，刚参加工作的医生大部分是女性。许多商学院也是如此，申请读 MBA 的人大多是女性。

然而，担任董事会成员的女性很少，每年离职的女性很多。为了改变此类状况，各个国家都会实施众多措施。有些措施是法规强制要求的。

但不应只关注性别问题。以英国的高层管理人员为例，尽管来自亚洲、非洲、加勒比或其他地区非白人族裔的人数比例在不断增加，但绝大多数英国高层管理人员仍是白人。

已有多次调查显示，少数民族面临诸多障碍，这些障碍通常是由根深蒂固的种族主义思维引起的，其中很多障碍的来源可能只不过是“体面”而“宽容”的人完全下意识的想法。

若这些少数民族成员能意识到自己抱有的偏见，也会被自己吓坏的。这类问题在未来会变得更加重要，因为它不仅涉及争议，而且事关客户的洞见和营销。如何对自己理解有误的客户群提供世界一流的支持？如何准确地为从未融入过的社区担保风险？几乎不太可能。因此，提高多样性是领导人壮大企业、激发创新、降低风险和提高客户忠诚度最重要的方式。

☆☆☆

我们现在已讨论了快速面、城市面、族群面和统一面的世界。我们展现的内容对很多人来说似乎已比较完整，但还有两个方面需要讨论。在一个被激进程式和意识形态推动的世界里，对道德、价值观、个人动机和精神的反思会影响每一项决策。

第5章

激进面

革命性力量席卷全球

政治老手希拉里在2016年的美国大选中惨遭败北，输给了零从政经历的特朗普，这令日本首相安倍感到极度震惊，许多媒体和预测者也纷纷被打脸。这场选举中到底发生了什么？西方世界所标榜的民主制度遇到了怎样的危局和困境？

美国页岩气的广泛使用使天然气的价格下降，煤炭发电厂的竞争力跟着下降；煤炭价格下跌，结果越南开始建设超大型的煤电厂……该如何摆脱碳减排的魔咒？碳减排最终将何去何从？

激进面　革命性力量席卷全球

正如我 20 年前预测的，激进的、革命性的力量正在席卷全球，而且在接下来 30 年内，这样的趋势仍将继续发展。1989—1991 年的“民主”浪潮席卷了苏联成员国，造成了苏联解体，西方国家顺势削减了军费开支，谈起了和平红利。

苏联的解体留下了权力真空，世界上只剩下一个超级大国——美国，于是它自封为世界警察。这助长了新的激进势力的释放，其中许多都不满或强烈敌视美国的所作所为。

全球时代的网络幻想 网络泡沫将在 10 年后发展至巅峰。许多技术大师已作出预测：世界各地的人都能联网，世界因此更宽容；独裁者将受到抑制，一个民主的世界将出现，全球一片和谐。这样的前景当然美妙，但很遗憾，大师们忘了族群主义的力量、网络对激进言论的放大、社交网络创造的病毒以及无法阻挡的人口流动。

他们也没有看到，像“伊斯兰国”这样的群体在自己控制的地盘上如何控制人们接触网络，在社交媒体上宣扬恐怖言论，播放折磨甚至杀死人质的视频，警告记者切勿进入他们的控制区域；更没有意识到，外界几乎不可能真正知道这些区域究竟发生了什么。

激进行动主义和极端主义意识形态的兴起 近 20 年来，我已描述过激进分子日益增强的影响以及其对未来 20 年许多国家政治局势可能产生的影响，这一切已经变成了现实。在极端意识形态的推动下，出于对某个人或某个国家的憎恨，或者受到某些因素比如气候变化、移民、动物权利或自治权的影响，一些人已采取了激进行动。

未来 20 年会怎样呢？激进势力将如何影响我们？它们对政治、宗教或消费者的选择会产生怎样的影响？你的生活会受其波及而有所改变吗？

激进的意识形态滋养未来的恐怖主义

恐怖主义是彻头彻尾的政治激进主义。和以前一样，大多数恐怖组织将继续保持相对较小的规模，呈族群化、分散化、非正式、机动性较强的组织形态，且存续时期较短。大多数恐怖组织为本地化而非全球化组织，他们为了达成目的不择手段，运用一切方法实施恐吓、破坏和攻击，并将自身视为捍卫道德的自由战士。

大部分恐怖主义组织的招募活动都是以穷人反抗富人、反抗压迫、反西方文化的说辞进行的，而且这些说辞经社交媒体往往被肆意夸大。出于显而易见的原因，恐怖分子往往倾向于以更小的行动获得更大的影响，关注能够吸引大多数社交媒体的领域。校园枪击和商场爆炸就能达到这样的效果。

我们也将看到，更多发生于经济领域和针对企业的恐怖主义活动实施的对象是物品而非个人，比如恐怖分子偷偷在商店里的食品中加入药物、切断光缆、破坏巨型卫星天线、制造计算机病毒等。而且，国家资助的恐怖主义活动将成为常规战争的一部分，这使得应对恐怖主义变得更加困难，代价更为昂贵。

更大规模的恐怖主义组织未来感兴趣的是这样的事，比如，仅一个公文包携带的细菌战试剂，就能威胁一个城市或城郊地区大量的人口。

因恐怖主义致死的概率为 1/35 万

尽管新闻报道令人印象深刻，但是，与其他致死原因相比，恐怖主义致伤或致死的人数几乎微不足道。在世界绝大多数地区，一生中目睹恐怖主义事件的概率几乎为零。因此，**真正可怕的不是真实存在的威胁，而是非理性的恐惧。**

全球每年因恐怖袭击致死的人数少于 2 万，其中大多数在伊拉克、阿富汗、巴基斯坦、索马里、也门、叙利亚、黎巴嫩、利比亚和尼日利亚等国家或地区。从全球来看，每年因恐怖主义致死的概率为 1/350 000，相当于日常生活中遭受雷击的概率。但是，如果你并非生活在这些国家的动乱地区，那么你遭受恐怖袭击的风险会比上述概率还低。因此，未来最大的挑战是重塑现实感，这样人们才不会在生活中对恐怖主义产生过度的忧虑。

如何确保未来战胜恐怖主义？

终于，媒体对一小撮人实施的恐怖行为的过度渲染给公众留下了歇斯底里的印象，这些印象将引起人们更理性和更务实的反应。他们会意识到，自己的反应越大，恐怖分子的成就感就越强。

媒体以零成本提供了反对者及对方族群派别的大量信息，这使他们能够绑架国家会议议程，并干扰数百万民众的幸福。有人会说，将恐怖分子行为相关的信息放置在头版头条会适得其反，因为这正是恐怖分子渴望看到的结果。

历史表明，所有遭受恐怖主义重创的地区的民众都会增强心理承受能力，新的恐怖行为导致的影响会降低。正如我们在伊拉克看到的，最糟糕时，汽车炸弹早已司空见惯，但在这样的城市，多数人认为生活必须继续，他们仍然开车上下班并在当地的市场购物。

我们在很多国家也看到了类似情形。“二战”末期，伦敦有25%的家庭房屋受损或被摧毁，大多数都是被敌人从天空随机投掷下来的炸弹击中的，但人们的生活还得继续。反过来，被英国皇家空军多次轰炸的德国城市也是如此。

在爱尔兰共和军对英国的恐怖袭击白热化时，英国人也照旧过着自己的日常生活。有一次，爆炸就发生在距我家非常近的地方，窗户都被震得摇晃起来。另一次袭击差点让我大女儿丧命，但我们一家人没有人愿意改变日常生活，这是原则问题——为什么要让恐怖分子得逞呢？

民主之困

人们常说，一周时间在政治领域内算得上够长了，它完全可以反映出政府领导人是如何被突然发生的大事件所压垮的。在相关事件中，恐怖袭击无疑是一个显例。政治领域预计会继续动荡、发生剧变以及不稳定，这一点可以肯定。

只有40%的世界人口生活在可以自由且公正地进行选举的国家。

而且在过去10年里，很多民主国家走向了专制，这样的例子包括俄罗斯、阿根廷、委内瑞拉、乌克兰。这些国家都定期举行选举，但政府对媒体和反对者有强大的控制权。比如，南非的非洲人国民大会（African National Congress，ANC，简称非国大）已经越来越难以撼动。在孟加拉国、泰国和柬埔寨，反对党拒绝承认选举结果，或者抵制选举程序。

民主制度瓦解的真正原因

令人惊讶的是，没有几个发达国家具有长期的民主传统。西班牙的民主始于1978年，葡萄牙为1975年，意大利为1946年，德国为1918年（第三帝国时中断）。希腊在古老的雅典时期就已发明了民主，后于1956年实行民主，但不久就被军队夺权了。直到1974年7月，希腊军政府垮台，国家政体才转为共和制。

导致新的民主制度瓦解的原因有很多。其一，第一次自由选举的结果有可能导致无法产生自由选举的政府，比如，选举中胜出的伊斯兰政党当初的承诺是，当选后首先要做的是利用具有“永久”力量的神职人员确立神权统治。其二，在新的民主制度建立不久的国家，执政党通常没有意识到自己不能践踏不支持自己的民众的意愿。

在美国，相互制衡的体系目前产生的是僵局而非对权力滥用的抑制，由此导致了年度预算危机。而在一些西方国家，受到政府丑闻、运行瘫痪、政治内斗、巨大的支出和债务、不受欢迎的军事行动决策仍能通过等因素的综合影响，对民主的信仰已被削弱。民选政治家获得的信任从未如此低下。巨额的游说预算和竞选支出也使人们开始担忧整个民主体制是否会被破坏。比如，美国上一次总统选举中，每一位国会成员需要应付20名说客，相关的支出超过13亿美元。

在欧盟成员国中，意大利和希腊于2011年被迫技术性地更换了遵循布鲁塞尔规则办事的民选的领导人。

与此同时，中国的经验已向世界证明，没有采用西方民主制度的国家也能实现稳定而快速的经济增长。2013年，83%的中国人对政府领导感到非常满意，而在美国，这一比例仅为31%。

民众对民主的信心缘何减弱？

世界各地多数民选政府可能发现，由于如下10大原因，其权力正在削弱。因而对这些政府而言，兑现承诺将变得更加困难。我们预计许多国家的议会力量会被削弱，民众对民主本身的信心也将进一步减弱。

1. 私有化。以前，政府拥有并控制电力公司、燃气公司、自来水公司、航空公司以及邮局、铁路、医疗、电信等领域，现在，民主政府将国有企业都卖掉了。以前的政治家能够自信而大胆地做出承诺，但如今在许多领域，他们要看企业和市场的脸色行事。

2. 区域化。区域贸易集团的建立使其成员国摆脱了各自地域边界的束缚，尤其是欧盟，将从成员国政府获得更多权力，并在未来几十年内出台数千种新规定。

3. 权力下放。1980年，只有20个国家的央行是独立于政府的，而现在，全球有160个国家的政府允许央行独立。这些政府一举放弃了对利率和货币政策其他方面的控制权。

全世界的民选政府都给了地方政府和城市首脑更大的权力。分裂主义群体、移民社区、独立运动和宗教激进分子（其中一些人想颁布自己的法律，比如基于《古兰经》颁布关于伊斯兰教教法的法律）的存在加速了这一进程。

4. 非选举产生的公务员。过去20年里，导致政府惰性和运行瘫痪的最大原因是行政事务。政府可能换届，但几乎所有的公职雇员仍然保持不变，他们对激进的政策变化存在自然的抵触心理。更糟糕的是，与几十年前不同，现在的公务员职务对大量最优秀的毕业生不再具有吸引力。

我们预计，许多政府试图通过控制更多高级公务员的任命权，将公务员职务政治化并撼动这一趋于固化的群体。然而，这意味着越来越多的高级公务员会发现，他们的升迁通道会受阻，这会使终身公务员的职业生涯更缺乏吸引力。

5. 全球化：大企业实力增强。正如我们已经看到的，在全球化世界中，政府无法征收更高税率、执行更严格的劳动法规以及环境控制规则，因为这样做可能使跨国企业转移至其他国家或地区。全世界所有国家在吸引投资和获取人才方面竞争异常激烈，企业家也遭遇到类似窘境。

互联网企业发现，将利润转移至低税率国家非常容易。比如，谷歌通过向爱尔兰、百慕大和荷兰等地转移收入这一举措，减少了20亿美元税负。

许多超级大公司富可敌国。它们可以对政府发号施令，设定商务议程并形成全球性垄断，主导本地市场。这也正是印度、中国和美国等许多国家一直不愿国外跨国企业拥有国内关键企业多数股权的一个重要原因。

6. 缺乏强有力的领导人。在工业化国家，CEO的薪酬待遇比政府总理或总统高出很多。许多国家政府也发现，因严重缺乏智慧过人的领导人，政府的工作能力严重降低。

调查显示，在最聪明、最有才华的领导人中，很少有人愿意将自己的生命耗费于“民主政治”中。为什么要进入一个（几乎）被所有人鄙视、没有实权、工作无保障、薪水又少得可怜的行业呢？

许多人会选择运营公司而不是假装管理国家。其结果是，许多民主政府被低效、低能和不称职的团队领导。缺乏有才华的政治家，可能是健康的民主面临的最大威胁，整个公共服务体系因此遭到公众蔑视，政府公信力进一步下滑。与此相反，在专制国家里，政府职位非常具有吸引力。那里的领导人拥有更大权力，受到的监督较少，拥有更大特权，能获得更高薪水和更好的工作保障（若民众一直赞成的话）。但即使专制国家，政府的权力也正遭受全球市场力量的侵蚀。

7. 激进主义和社交媒体。非政府组织正变得越来越多。它们有更多资金支持，更善于利用社交媒体进行宣传。它们的游说会干扰法律的制定、推翻预算决策并阻碍政府的行动。预计类似 change.org[①]这样的宣传网站会更多，民众可通过这些网站随时请愿，一些请愿在数周之内就能得到几十万人的支持。

8. 政治家的信任危机。对于任何一位政治家而言，民众的信任都至关重要。当你不相信政客时，你如何投票呢？有 62%的英国选民认为政治家“一直在说谎”，欧盟国家的选民持这种看法的很普遍。谁在乎那些被候选人挂在嘴上的“大社会”[②]或者“公共服务”这样的词呢？现在，仅 1%的英国民众仍隶属于某一政党，而 1950 年的这一比例为 20%。与此同时，欧盟 7 国有 27%选民说自己“根本不信任政府”。在过去 25 年里，全球 49 个民主国家的选举投票率下降了 10%。

---

① Change.org 是一个利用在线请愿促进社会改变的网站。

②大社会是英国前首相戴维·卡梅伦提出的一项社会改革理念。这一改革将从政治家手中拿走权力，并将之交给民众。建设大社会是出身贵族家庭的卡梅伦多年的政治理想。

正如我在《英国议会政治的真相》(*The Truth about Westminster*)一书中所描述的，尽管新闻中充斥着政治斗争，但事实是，大多数政治家对大多数事物达成了相对一致的意见。这就是新一届政府很少扭转主政之前强烈反对的立法的原因。因此，在大多数政治辩论中，政客们都缺乏诚信。

9. 微弱优势胜选或不稳定的联盟。在许多民主国家，我们都会看到，国家由不稳定且脆弱的政府管理，因为国家没有任何一个政党足够强大，能够领导本国民众前进。更糟糕的是，有时候只能将两个或多个政见完全不同的政治团体拼凑在一起联合执政，比如，意大利不得不组建联合政府，但通常在两三年内就会崩溃。

10. 个别政治家靠少数选票当选。当存在多个候选人时，国会议员可能由得票并不多的人担任。这样的当选者可能对联合政府的持续存在和崩溃产生决定性影响。

上述 10 个因素也带来了这样的问题：政府是为谁服务的？在政府和领导人的权力如此之小的世界里，政府和领导人的使命是什么？人们需要的是集权化还是分权化的政府？大政府、小政府还是几乎不需要政府？我们预计，在未来 10 年内，许多国家会出现和这些问题相关的激烈争论。

当人们丧失了对意识形态和政党的信仰时，剩下的只有信任人了。因而，决定民主国家政治未来的是领导人，而非政策。因而，我们可能会看到一些意外结果，比如，一个计划实施一系列奇怪政策的政党可能会当选，因为人们相信其领导人能够做出正确决策。

民主不是万能良药

在许多新兴市场国家，温和的独裁政权运行良好。独裁者有力量将民选政治家只能梦想的事情做好。一党制国家也可在民主化进程中采用民主元素。因而，基于上述所有原因，要解决全世界的政治问题，民主并非万能良药。

历史提醒我们，独裁者只能靠民众意愿生存，或者依靠军队、特务机构生存。在某个阶段，他们通常喜欢自己当选的身份，即使观察者认为其当选是内定的。此时，一切都不会改变，特别是对“胜选”程度的痴迷。

独裁者的力量正在减弱

利用压迫和残暴的方式将自己的意志强加给人民的独裁者会越来越发现，维持统治的代价越来越大：资本、投资者和有才华的人纷纷逃离，货币和经济陷入崩溃。

然而，在中东这样的地区，坐拥巨额矿产或石油财富的独裁者可能获得喘息机会。因此在中东，我们预计会出现最激进的神权独裁统治实验，这里巨额的石油收入可无视全球市场力量的影响。多数情况下，这种神权政治只是另一种形式的独裁而已。

单一议题可用于促销?

我们已经看到，政府越来越无力应对单一议题运动[①]。这样的运动会很快吸引全国性的关注，并迫使政策发生变化。大型企业也面临同样的问题。

每一家知名公司的董事会都可能在年度股东大会上遇到单一议题激进分子。CEO 需要知道如何对付从天而降、从过道上裸跑而来

①西方社会常出现针对单一议题的团体，他们会组织抗议运动，以反核能、反工作外包、反增税、反外劳或反退休年龄的提升或下降，如此等等。

并提出尴尬问题的人。

单一议题也可被用于促销，这是有利的一面。在几乎所有产品和服务的价格（下降）和质量（上升）趋同的情形下，从竞争中脱颖而出的唯一方式就是以价值实现差异化。消费者会被激进的单一议题激励，因而，事业关联营销意味着应该向更信任事业而不是产品差异的人出售产品。

在美国，93%的消费者喜欢能够帮助社区的公司（2010年为84%）。而且，在价格和质量相同的情况下，90%的人更喜欢购买与他们关心的事业有联系的产品。员工为自己服务的企业感到自豪。企业和慈善机构会建立数以万计的新合作关系，这样可在互利的前提下推动产品或服务的销售。

如何“行善赚钱”？

从全球来看，现在有一半以上的中产阶级消费者愿意花更高价钱，购买致力于改善社会和环境的公司出售的产品和服务。2011年，这一比例仅为10%。美国当前的比例为42%，2011年为7%。

这是一个重大变化。对某个特定国家的这一比例的具体数字我们可另行确认，但对这一整体趋势，我已观察了长达20年之久。我认为，尽管在2008—2013年的经济危机中，该趋势在部分国家有所逆转，但总体来看，各国的发展趋势是一致的。

为了应对这样的变化，一些大企业在支持各种不同的事业、赞助方面支出了20亿美元，目的就是为了“行善赚钱”。机构投资者从中感受到了压力。事实上，在英国等国家，法律要求企业这么做。养老基金必须表明其投资符合道德要求，这已经提振了纳入富时社会责任指数的企业的股价。

单一议题可以比法律更有力量?

在美国，堕胎是典型的激进的单一议题案例：支持堕胎与反对堕胎的人之间一直在斗争。2008—2011 年，愿意做堕胎手术的医生的比例从 22%降低至 14%。目前，教会主导的反堕胎运动的规模要大于 20 世纪 60 年代的民权运动。在这场运动中，数以万计的人被逮捕、警告或监禁，许多支持堕胎的人遭到威胁、攻击甚至谋杀。

堕胎只是证明单一议题可以比法律变得更有力量的一个例子。美国是一个在法律上允许堕胎的国家，但在一些州几乎不可能发生堕胎事件。在某一个州，当反对堕胎的抗议达到顶峰时，没有任何医生愿意做堕胎手术。

中东乱局

激进的意识形态和族群主义会长期主导中东。中东将存在更多的区域冲突风险。国家边界的任意性是导致冲突的众多复杂因素之一，而正是这些几十年前西方国家在阿拉伯人游牧生活的沙地上强制划下的界限为此埋下了祸根。

未来 50 年，我们有可能看到中东大部分地区出现不稳定态势。许多阿拉伯国家都由皇室统治。皇室非常富裕，而国家脆弱无比。

2050 年之后，逊尼派和什叶派穆斯林将继续作为不同的族群而存在，使整个世界泛起涟漪。一些冲突会引发暴行，石油收入和区域利益会导致冲突持续。

叙利亚内战有可能进一步动摇，并改变整个地区局势，这样的状况会持续几代人的时间。即使明天签署和平协议重建叙利亚，为 400 万难民建设家园也至少需要 15 年。淡化内战时期的苦涩记忆恐怕又要 15 年。

沙特阿拉伯：潜在的危险区

我们需要弄明白众多宗教激进主义团体几个世纪以来的更宽广的愿景。基地组织仅是宗教激进主义团体中的一个，不过，它是最为人所知的。

22 世纪的沙特阿拉伯是潜在的危险地区。那里是伊斯兰教的中心，有两处受保护的圣地，有巨额的石油财富，以及大量雄心勃勃的年轻人口。未来二三十年内，沙特阿拉伯有可能成为伊斯兰革命武装力量的重要目标，而皇室有可能为了保持稳定而作出妥协。我们也预计，沙特阿拉伯会加大教育投资，为年轻国民创造更多工作机会。但与此同时，该国的某些方面会面临自由化的压力。

我们不确定，随着石油储量减少，沙特阿拉伯的石油收入何时会进入永久下降通道，但在未来 50 年内的某个时间点，石油收入可能不再是该国国民经济的主要部分。这一变化将对中东大多数国家产生显著影响，而且将推动各国对替代领域如太阳能发电的快速投资。

伊朗和土耳其：隐形社会变革

伊朗等国家正在经历相当自由的隐性社会革命，这与此类国家的公众形象或官方政策形成了鲜明对照。比如，政府调查显示，伊朗80%的未婚女性有男朋友，并且其中许多人有性行为。这份调查还显示，在 14.2 万名学生中有 17%的人表示自己是同性恋。

土耳其面临实施更严格的伊斯兰法律的压力，同时，由于它与伊朗和叙利亚存在的不稳定的边界问题，也将面临许多喜欢西方甚于东方的中产阶级公民的压力。

土耳其会发现，本国将成为一个日益让民众感到不舒适的地方。土耳其可能被边界问题压垮，在短短 3 年之内，160 万叙利亚难民涌入了土耳其。为了控制库尔德地区，各方之间的关系也极为紧张。

巴勒斯坦和以色列：不对称的族群冲突

当然，另一个引爆点是以色列和巴勒斯坦之间的紧张关系。我知道，许多读者十分关心应当会发生的那些改变，但本书关注的是，在全球和区域背景下，在诸多不确定因素的影响下，根据合理的预期，有可能发生哪些改变。根据当前的形势和一些长期存在的因素，我们在此给出一些“常识性”的观点。

以色列是一个小国，人口仅 800 万，国土狭长，263 英里长，73 英里宽。如果整个阿拉伯世界都开始与以色列为敌，而不是阿拉伯国家内部冲突，那么，显然以色列绝非对手，除非以色列以某种核设施进行威胁。

但是，假如一支有成千上万人、来自 40 多个国家的志愿军陈兵边界，从各个方向对以色列进行袭击，那么，以色列的核设施要针对哪个国家呢？而且，如果某个拥有核武器的阿拉伯国家威胁要报复，那又该如何？

以色列可能继续抵制一些国家提出的为 440 万巴勒斯坦人建设永久定居点的建议。这些巴勒斯坦人居住在人口密集的地区，拥有有限的自由。新一代自由战士、激进分子和活跃分子有可能在这些地区成长，他们对以色列怀有深深的敌意，将伺机发动席卷中东的抵抗以色列运动。

对大多数阿拉伯人以及世界各地的越来越多的非阿拉伯人而言，巴勒斯坦人民的未来可能仍然是基本的正义问题。现在，135 个国家已经正式承认巴勒斯坦是一个国家了。

如果未来某个时刻，美国选择全面捍卫以色列的边界，那么，美国军队可能卷入一场远距离、激烈、代价高昂且旷日持久的土地争夺战。若美国的行为激怒整个阿拉伯世界，导致未来几代人的反美情绪和反以色列情绪，那么，美国最终可能无法获胜。

尽管存在这些威胁，以色列似乎有可能运用过去15年来惯用的策略。在遭受袭击后坚决予以回击，自始至终保持高度的军事戒备，并以镇压行动削弱巴勒斯坦人的力量，包括近来在巴勒斯坦人聚居地建设新的以色列定居点。

然而，以色列需要快速调整战略，以适应这个具有不对称族群冲突的新世界。

像美国一样，以色列特别不擅长多维度、非正规的城市战斗，这样的战斗可能在同一时刻席卷其边界上的好多个地方，且敌方并非采取传统军事行动，而是集体自杀式袭击。

可持续发展主题贯穿未来300年

对可持续发展的担忧，将推动人们对未来300年以及人类更远的未来生存境遇进行深入而彻底的思考。

我们的世界缺水、缺食物，也缺乏矿产资源。根据联合国环境规划署预测，2035年，全球已知的4 000种哺乳动物中，将有1/4濒临灭绝，而全球1/8的植物也面临同样威胁。在海洋中，只有10%的大型鱼类能够继续存活下去。

自工业革命以来，溶解的二氧化碳导致海水的酸度增加了25%，这改变了万亿海洋生物的化学组成。

由于受到全球变暖和动物栖息地丧失的影响，保护生物多样性变得日益重要。我们的世界将如何生存？经济增长应如何维持？

碳排放是一本环境账，也是一笔经济账

全球变暖的科学不仅仅是对 2100 年人类生活会变成什么样子的“最佳猜测”，而且是对目前发生的一切受碳排放影响的“最佳猜测”。一旦到了证明该科学是否正确的时候，一切都太晚了。同时，在预测全球变暖趋势对企业和政府的影响时，情绪是最重要的因素。人们对可能产生灾难性影响的问题是多么感兴趣啊！但在一些人的脑海里，这一点尚未得到证明。这些人认为，我们看到的气候变化是自然循环的一部分，并不像许多人声称的那么严重。

世界上大多数人正越来越意识到气候变化产生的风险，并且越来越关注人类活动对气候变化的影响。预计人们的关注度会增加，除非一些国家的民众暂时被其他危机分心。这意味着法律、国际协定和碳税[①]将会增加。

更远的未来会如何？我的看法是，由于二氧化碳排放，2060 年，我们的世界很可能变暖至少 2℃。即使你认为出现这一变化的概率只有 5%。换句话说，即使到 2100 年也不可能出现这样的气候变化，我们也可以确定。等到损害已成既成事实时，其潜在影响将是十分巨大的。这样的观点能够催促未来 40 年或更长时间内各国采取更有力的环保行动，并增强人们的环保紧迫感。

未来 10 年，倘若全球经济保持强劲增长，且新兴市场的排放量的增速快于发达国家的减排增速，那么二氧化碳浓度的增幅可能会高于史上任何时候。因此我们希望，随着全球范围内各国广泛使用绿色技术，二氧化碳排放量会逐年减少。

未来的海平面会上升多少？这一问题存在许多炒作性言论。我

---

①碳税是针对 CO_2 排放征收的税。它以环境保护为目的，希望通过削减 CO_2 的排放量来减缓全球变暖。

们知道，20 世纪海平面上升了 17 厘米。研究表明，1993—2010 年，海平面平均每年上升 3.2 毫米，10 年大约上升 3 厘米，上升速度是 1901—1990 年的两倍。仅根据这一研究我们就可预测，到 2100 年，海平面至少会上升 24 ~ 30 厘米。由此也可以看出，海平面很有可能会上升到许多人预测的 30 ~ 60 厘米。如果全球变暖的速度快于预期，海平面甚至会上升 100 厘米。

海平面上升 50 厘米，就能显著影响世界上大部分大城市。由于历史原因，很多大城市建立在海港周围。有 30 多亿人生活在距离海洋 100 英里范围之内，其中相当比例的人会受到海平面上升的影响，比如，由于要保护海岸线，政府可能因此征税。即使极地的冰块不融化，由于气候变暖和水域扩展，海平面也会上升。

我们也会看到农业和渔业发生的变化。一些区域会变得更加干旱，而另一些区域却经常遭遇洪涝灾害。许多洪涝或旱灾都被归咎于全球变暖，但事实是，不管气候是否变暖，这些灾害几乎肯定都会发生。

油价是一把双刃剑

我们已经看到，持续了 40 年的能源政策如何被 40 秒的事件推翻。我们也将会理解，能源市场为何无法实现持续稳定。我们会看到油价的起起落落、生产过剩、启动投资停止，经济周期以及地区冲突都会带来这样的后果。

未来 30 年的不同时间点，油价都可能会暴跌至 30 美元之下，也可能飙升至 220 美元以上。2008 年，在几周之内，油价就从每桶 140 美元下跌至 40 美元以下。而在 2001 年，油价曾下跌至 20 美元以下。这样的暴跌暴涨会给石油和天然气企业带来混乱和痛苦，也将波及绿色科技产业。

然而，在未来 30 年的大部分时间里，油价将维持在平均每桶 110 美元以上，这有助于未来的减排。事实上，许多石油储量丰富的国家都需要这样的价格水平来平衡预算，而且若没有这样的均价，我们将很难想象应当如何减少碳排放。

当油价跌至每桶 75 美元以下时，绿色科技产业会遭受巨大伤害。这样的油价已无法再证明绿色科技产业投资的合理性。基金经理会对这一领域丧失信心，因而推迟追加投资。在低油价下，企业和个人也可能做出决定，将节能措施延迟一两年。而且正如我们以前看到的，一些绿色技术企业若不能以足够高的价格出售清洁能源，那么它们的资本将很快被消耗殆尽，商业模式也会彻底崩溃。

未来的石油价格将取决于低成本的原油生产商是否能抑制产量。沙特阿拉伯等原油出口国可以很容易地在数年之内向世界提供大量石油。

即使每桶价格低于 40 美元，这些国家仍有盈利空间。但如果不限产，他们也无法长期维持低油价。

碳储量永远不会耗尽？

过去 30 年来，许多未来学家都认为全世界的石油和天然气资源将很快耗竭。他们还对油价作出了大胆的预测。

然而，仅从 2008—2013 年来看，由于页岩气的发现，能源行业对全球天然气储量可供人类消耗时间的估算从 60 年延长到了 200 年（按目前的消耗率推算）。每年探明的石油储量仍在持续增加，而且目前人们也只勘探了 1/3 的含油地质层。

每一轮能源价格上涨，采油量都会上升。以前，大多数油田作业时，65%的石油会因难以采集而被留在地下。2014—2015 年，油价暴跌前，采油企业的钻井经常深入至海床10公里以下提取石油。企业提高了采油技术，而且企业也认为未来的油价会使这样的努力有利可图。

我们甚至还没有开始尝试开采冻甲烷。冻甲烷是世界上储量最丰富的碳储物之一。冰盖和海底的能源储量仍然非常丰富，几乎和已探明的石油、天然气和煤炭储量一样多。

北极将成为世界上开采矿物燃料、铁矿、铀矿等资源最重要的区域。世界上未被开采的天然气和石油储量中，北极的储量分别占30%和15%。到2025年，各国在北极的投资将高达600亿美元。

我们会看到，一些国家对冰下资源拥有权的争夺会愈演愈烈。这会加剧地缘政治冲突。加拿大声称对北极拥有主权，俄罗斯也越来越多地在该地区增加军事设施。我们会看到，为了确保钻井权，针对东南亚小岛和周围海床的所有权也会出现类似争端。

真相是，碳储量永不耗尽。如果石油的价格走高，人们就会采集更多石油；而在某个时间点后，其他形式的能源会变得更加便宜，特别是征收碳税的能源。如此一来，人类对矿物燃料的使用将逐步降为零。事实上，我们的世界不太可能燃尽所有已探明的能源储量，更何况我们已找到更好的方式收集电厂排放的二氧化碳，并将它们存储到地下。

当然，我们已经可以将任何形式的碳或多或少地转化为其他形式，如将天然气转化为类似煤炭的物质，将能量转化为天然气，将菜油转化为石油，将煤炭转化为天然气，将木材转化成石油，将排出的二氧化碳转化为石油等。我们也可以利用风力发电站制造甲烷或者氢气，将其当作储存能源的方式。能源转换产业的生产规模将取决于优化程度和投入、产出之间的价格差异。

减排的捷径

对任何试图减排的国家而言，最快、最省钱的方法是减少煤炭并增加天然气的使用量。用天然气替代5个煤炭发电厂所耗的煤炭，能够发出的电量相当于安装9 000兆瓦的风力发电机。2007—2013年，美国的排放量降低了12%，主要原因是大量使用页岩气，导致50多个煤炭发电厂被迫关闭。

2060年，天然气仍将被广泛用于发电。在核能、风能及太阳能等资源之间，天然气由于快捷且灵活的特性成为一个很好的平衡者，是国家电力管理的核心对象。

水力压裂技术将被更多人接受，部分原因是欧盟国家担忧国内的能源安全，它们认为俄罗斯的天然气供应不可靠。水力压裂技术已改变了美国的能源市场。到2020年，美国的石油产量将超过沙特阿拉伯。

然而，若水力压裂技术更普及，像俄罗斯和沙特阿拉伯这样的国家很可能会受损。我们预计，众多的官方规则和隐性措施会出台，目的是抑制采用水力压裂技术。这些规则和措施包括资助激进团体、以廉价石油充斥市场等，以便挤出采用水力压裂技术的企业。

我们也会看到，全球性的输送液化气的基础设施投资会迅速增加，一方面是为了输送美国的页岩气，另一方面是为了降低欧洲对俄罗斯天然气的依赖。从2015—2018年来看，全球液化气和天然气的运力将增加1/3。到2025年，这一数字会翻番。各国会投入巨资建设港口、船舶、管道、燃气储存等基础设施。

在美国，页岩气得以广泛使用，这使得天然气的价格大幅下降，许多小型天然气公司破产。同时，煤炭发电厂的竞争力下降，一年内就有50多家煤电厂倒闭，全球煤炭价格跟着下跌。结果，越南开始建设超大型的燃煤发电站。低成本的页岩气直接导致2012年全球煤炭发电量增加5%。那么，碳减排最终将何去何从？

一场绿色技术投资的豪宴

在我与全球论坛（Globe Forum）的创始人约翰·戈莱斯基合著的《维持敏捷》（*Sustain Agility*）一书中，我们指出，未来30年，全球对绿色科技的投资将超过40万亿美元。当油价超过每桶100美元时，即使最怀疑气候变化的人也会采用节能技术。正如之前说过的，采用节能技术的另一个原因是政府担心其能源获取模式会造成未来对伊拉克、伊朗、利比亚和俄罗斯等能源输出国的依赖。因此，无论基于节约成本，还是基于确保国家安全或者保护环境方面的考虑，结果都是一致的。

未来30年，即使绿色科技创新方面的发展速度受制于煤炭价格的波动，我们也会看到，绿色产业如火如荼地开展。即使在未来50年，绿色技术创新没有取得任何进展，我们也能够通过升级目前已有的技术，以负担得起的成本，拥有可以应对全球气候变化的所有工具。

绿色科技公司采用崭新的运营模式

有很多节能方法几乎不需要成本。比如更换老旧的冰箱、汽车或者燃气锅炉。事实是，你的更换费用要少于初次够买这些物品的支出，然而，更换后的产品却包含了所有减排的创新。因此，未来10～20年内，家庭能源消耗的成本不会增加，同时，旅行或工作中的能源消耗成本会快速下降，下降幅度可能超过30%。

还有一些节能方法在短期内确实需要花钱，但在5年或更短时间内就会收回投资。比如，一些能源咨询公司会对已使用 15 年的办公室和酒店的暖气、空调设施提供免费升级，条件是业主保证在未来一定的时间期限内支付和以前同样的能源费用。

绿色科技公司通常会获得一笔贷款，以支付设计费用和安装成本，以及前 4 年的能源费用。同时，业主每个月会支付给绿色科技公司一定款额，额度与业主通常支付给天然气或电力公司的相同。升级后的新系统被安装完成后，天然气和电力的实际开支必定会大幅减少，节省的支出很高，足以令绿色科技公司还清贷款，同时还有充裕的备用金支持更多新系统的安装，还会产生一些盈余。

如何以“零成本”减少全球 30%～40%的二氧化碳排放

技　术	节能幅度	全球能源使用量的降幅	投资回收期	投入使用的速度
节能路灯	60%	3%	4 年	1～10 年
航空效率	35%	1.5%	3～10 年	1～15 年
车　辆	35%～70%	10%～20%	5 年	1～15 年
建筑控制	35%～70%	4%～5.5%	4 年	1～15 年
隔热房屋	5%～50%	6%～8%	3～15 年	1～15 年
热　泵	25%～50%	6%～8%	10～15 年	1～25 年

我们看到，一些城市的街道照明系统也启动了类似计划。在一些国家，街道照明耗费了 5%的能源。更换这些照明设施能够节省一半的能源，除去 4 年的投资回收期，仍能节省整个国家能源支出的 3%。

建筑节能最有效的方法是使建筑持续使用的时间更长久。建筑的建造过程耗费的能源约为建筑整个生命周期总能耗的 30%，而拆毁建筑的能耗占比为 10%。未来几代人将认为，过去 10 年内建造的大多数写字楼预期寿命仅为30年或至多40年，这堪称丑闻。然而，在发达国家，大多数私人住宅的建筑寿命都能维持百年或更久。

太阳能电池板：便宜又可产生能源的屋顶材料

据国际能源署（The International Energy Agency）报告，11个国家的企业和政府每年的节能支出已达3 000亿美元，而且这样的节能行动才刚刚开始。

汽车发动机各个运动部件上的纳米涂层能使汽车节省至少5%的燃油成本。冷凝式燃气锅炉能够节省30%的燃料。这样的例子不胜枚举，而且每天还有数百个与能源有关的新专利获得批准。

太阳能电池板的成本将降为零

太阳能电池板的成本以每年12%的幅度迅速下降，每瓦特的成本已从2008年的4美元降至2014年的80美分。这些硅板如此便宜，以至于在低息国家可使用银行贷款买到，而且在没有任何政府补贴的情况下,这些设备从安装在屋顶上的第一天就开始赚钱了。澳大利亚、德国、意大利和荷兰都是如此。

得益于慷慨的补贴，德国的太阳能电池板已领先于欧洲，但与未来的巨大规模相比，这算不了什么。下一代太阳能电池板的效率还将大幅提高。

世界各地安装的太阳能电池板已经超过200兆瓦了，这相当于印度总能耗的5倍。而且从2025年起，每年至少都会安装这么多。到那时，太阳能电池板的安装总量将是个天文数字。

到2060年,太阳有可能成为地球上最大的电力来源。到2035年，我们有望看到超过650兆瓦的太阳能电池板已被安装，为此投入的资金高达 1.3 万亿美元，这一数字超过现在全球电力消耗量的 12%。

大多数太阳能电池板将被安装在没有国家电网连接的地方，服务的人数超过 14 亿。当然，太阳能发电装置的建设投入巨大，但运行成本为零，而且可以持续服务很多年。

想象这样的一个世界：**将发电考虑在内，世界上最便宜的屋顶材料是太阳能电池板。**我们能够看到，当汽车、工厂、墙壁、屋顶、机场、天地、湖泊和沙漠上都覆盖着硅层时，对太阳能的利用将变得多么普及。

这样的场景已经出现了。一些国家的湖泊所有者开始铺设不会干扰野生生物的浮动的太阳能电池板。欧洲各地的农民在地面安装倾斜的太阳能电池板。

研究表明，与普通耕地相比，铺设电池板的区域生物多样性更高。在电池板的周围和底下，植物和小动物都能生长。这些地方的一些角度可以得到阳光照射。

沙漠中发送的电力足够美洲和欧洲使用

我们在沙漠里会看到巨型镜子阵列，它们将光反射到含有天然气的管道上，驱动蒸汽涡轮机转动。西班牙和阿联酋已经建设了这样的工程。

从理论上看，在内华达州的沙漠里，一个长为 80 公里、宽为 50 公里的太阳能农场能够产生供应美国大多数地区的充足能源，前提是这些能源可以传输，而且必要时可在白天储存，晚上使用。

加利福尼亚已完成了一项 377 兆瓦太阳能发电站的一期建设。

灰尘是太阳能发电面临的最大挑战。在西班牙，铺设太阳能电池板的区域需要一年清洗一次，但在阿联酋，则需要每周清洗一次。

风电农场是视觉污染?

我们也会看到，2005—2015 年，风力发电量将大幅增长，特别是在西欧的浅海海域以及中国。风车上几乎没有任何移动部件。风车的叶片很大，通常需要在安装的区域建造完成，但叶片的设计更完善了。风车的叶片将变得更长，最长的叶片会使最大的客机机翼相形见绌。风车发电的效率也会提高。

到 2020 年，仅欧洲的风力发电量就高达 230 兆瓦。中国将主导这一全球性的产业,其安装的风力涡轮机多于任何国家。我们也预计，许多地方会出现反对建设更多风电农场的声音，将风电农场视为对自然景观的“视觉污染”。

我们也将看到，通过建设拦潮大坝，利用海浪和潮汐将会生产更多电力。到 2050 年，英国 15%的电力来源于此。我们会看到，在苏格兰和法国的布列塔尼这些潮流强劲的地方，会更多地使用潮汐涡轮机。

超高压电网：低损耗的输电方式

地球上风力最大、光照最充足的地方往往远离城市，因此我们需要采用新方法，低损耗地传输风电和太阳能电。

超高压电网能够横跨整个大洲，向数千公里之外的地方传输电力，而且传输过程中的电力损耗几乎为零。超高压电网使用直流电而非交流电，因此，电流总是向同一方向传递，这意味着因电磁辐射损失的电量非常少。

德国计划建造 6 400 公里的超高压电网，这是其 1 600 亿美元的欧洲建设投资的一部分，但因成本和对景观的影响，工期可能放缓。

无论发生什么情况，未来的欧洲都会更明智地利用能源。为了确保形成一个完全融合的能源共同体，越来越多的电力和天然气将可以跨境传输。

以国家能源储备应对需求高峰

我们将看到各国对能源储备的巨额投资。到目前为止，夜间存储多余能源的常见方式是将水从一个大坝抽至另一个大坝。未来我们将听到更多有关盐穴[①]的信息，利用多余的电力将空气压缩至布满天然气的自然地下空间里，需要电力时，压缩的空气与天然气一起为燃气涡轮增压。数十万台电动汽车的电池可作为额外的电力储备供人们使用，因为这些电池在绝大部分时间里都可被接入国家电网。在需求高峰时期，汽车电池将可提供电量，只要他们的所有者同意，而且这些所有者会获得相应报酬。

将以上所有都考虑到后你会发现，能源的综合影响非常巨大。2013 年 6 月，德国的光照和风力非常充足，国家电网因此备受考验。能源公司被迫联系最大客户，劝说他们想方设法使用更多电力。这些客户获得了 4 倍于其正常电力支出的补贴，因此，实际电价成了负数。但是目前，我们仍处于绿色科技的初期阶段，预计能源市场在未来会出现更为剧烈的波动。

无法阻止的核电热潮

尽管 2011 年日本福岛发生了核灾难事故，我们还是会看到全球兴建核电站的热潮，除了日本和德国。全球每年投入到核反应压力容器的资金约为 160 亿美元。亚太地区已新建了 48 座核电站，其他地区也将新建 22 座。

①盐穴就是盐矿开采后留下的矿洞，体积巨大且密封良好。

唯一能减缓这种趋势的是另一次重大的核事故，比如法国发生核泄漏事故，放射性尘埃遍及西欧。

到 2060—2070 年（或更早），我们有可能看到基于核裂变的新一代核电站，它们不再采用原子分裂（裂变）技术，而是引爆两个不同的原子，释放能量。欧盟、美国、日本、中国、印度、俄罗斯和韩国正在法国合作建设一个 2.3 万吨、500 兆瓦的核聚变实验反应堆，成本可能超过 300 亿美元，第一次实验预计在 2025—2030 年进行。

同时，跨国航空公司洛克希德·马丁空间系统公司声称，他们已建成一个小型核电站雏形，并希望到 2025 年开发出商用规模的装置。该公司指出，这种装置很小，适合在卡车上使用，一年使用 20 公斤燃料，可以提供 80 000 户居民使用的电力。

中国也正在探索将钍作为一种核电站的新燃料。中国不缺铀，铀的成本为建立一座新的核电站反应堆成本的 3%。即使铀价上涨，核能仍是相当实惠的，我们甚至可以使用今天日本的技术从海水中提炼铀。从目前的能源利用水平来看，仅从海水中提炼的铀就可供全世界使用 10 000 年。

德国将踏上反核之路

与此相反，德国正在迅速淘汰核电站，这是其转向可再生能源计划的一部分。德国的行动非常迅速，以至于全国大力兴建太阳能和风电站都难以弥补能源差距。在未来 20 年内，德国几乎不会改变对碳的使用方式。

德国通过提供慷慨的政府补贴实现了绿色科技的繁荣。但羊毛出在羊身上，补贴资金来自所有能源客户，原因是政府对他们征收特殊的绿色能源税，该税金已被计入正常的能源价格。因此，绿色能源热潮带来的结果是导致能源成本的暴涨。

德国能源行业的成本预计会上升至150美元/兆瓦时，几乎是美国的3倍。对75%的小型企业和大型工业企业而言，这将带来严重风险。像巴斯夫、西格里碳素、Basi Schoberl等严重依赖能源的企业之所以抱怨，它们可能被迫将生产基地从德国迁移至美国，是因为美国的天然气价格很便宜，会大大降低它们的能源成本。

德国政府每年给出200亿美元的绿色补贴，减排1吨二氧化碳的成本在200美元以上。同时，企业之间的碳排放限额交易价格仅为7美元/吨，因此可以推断，市场力量正在发挥一些奇异的影响。恐怕至少还需要5～10年，碳价才能稳定在一个更可持续的水平。

碳市场原本充斥着过多的碳排放限额，由于企业已采取简单的节能措施，这些限额后来会被卖掉。目前，德国的碳交易额为500亿美元，仅为2011年的一半，但数量却是创纪录的10亿吨。

碳燃料电池进一步改进

氢气不大可能在全球范围内成为汽车、卡车或飞机的燃料，原因在于，首先，灌装运输氢气的效率很低，每升氢气产生的电力低于天然气；其次，氢分子非常小，难以防止泄露；第三，电池技术正在迅速改进，汽油和柴油引擎的效率也在迅速提升。很难想象在全美建设氢气传输网是何种情形，成本一定非常高昂。

直接以碳为燃料的燃料电池技术会得到进一步改进。然而，正如氢气一样，未来20年内，燃料电池将面临下一代电池的激烈竞争。

备受争议的生物燃料

对车辆燃烧食物带来的伦理问题会出现彻底的反思。2015年，美国种植的玉米中，40%已被转化为生物燃料。在欧洲，汽车不使用食物燃料是非法的——欧盟售出的汽油和柴油中5%来自于食物，到2020年，这一比例会提高至10%。

美国政府为促进本国实现能源独立，鼓励使用生物燃料，但即使将所有粮食都转化为汽油或柴油，也只能供25%的汽车使用。因此，生物燃料对能源政策的影响是微不足道的。

更糟糕的是，从理论上讲，制作肥料使用的能源、制作生物燃料过程中排放的二氧化碳和森林砍伐抵消了生物燃料带来的92%的减排目标。

从补贴来看，生物燃料也是昂贵的。在欧盟，政府为减排一吨二氧化碳补贴1 200欧元，这一数字是德国为绿色科技提供的补贴的6倍多。

在欧盟内部，种植生物燃料的耕地相当于比利时大小的面积，而且要满足欧盟的需求，还需要在欧盟之外种植同等规模的生物燃料。欧盟生物燃料农场的用水量大于整个塞纳河和易北河水量的总和。

目前，全球尚有8.4亿人口处于饥饿状态，因此生物燃料对全球食物供应的影响更大。根据联合国统计，欧盟每年为车辆提供的生物燃料足以养活1亿人。

在过去6年里，我们曾两次目睹食品价格的涨幅高达50%。而且每一次，包括联合国这样有影响力的机构都表示，70%的提价是因车辆使用生物燃料所致。

因此，目前全世界有3亿人因生物燃料政策而忍饥挨饿这样的说法也许是事实。但正如我们所说过的，真正的难题不在于事实是怎样的（因为事实可能是有争议的），而是世界各地的人们对于生物燃料的感受。

食物价格和食油价格相互挂钩

有一点显而易见：在人们将食物和能源联系起来的那一刻，一个食物燃料市场也被创造出来，全世界的石油价格和食物价格因此开始相互挂钩。反过来，这也意味着，土地价格、耕地价格和林地价格（由于林地可在砍伐后种植粮食）也与能源价格相互挂钩。

因此，中东的石油恐慌会导致食品价格上涨。如果未来 10 年内，石油的价格翻了一番，那么，一些食品的价格也会翻番。一些人可能会反驳说，生物燃料与食物之间确实关系紧密，但从生物量①的角度来看则不尽然。但是，生物量仍然源于土地，因此我们会看到，农民将大片耕地种植作为生物量的谷物，从而减少了种植食物作物的耕地面积。

生物量已成为能源行业内非常流行的概念。英国最大的煤电站之一 Drax 已转而使用生物燃料。Drax 面临的唯一问题是仅从英国获得的生物燃料不足以支持规模庞大的电站，因而巴西的生物燃料被装在集装箱里，远渡重洋来到了英国。这是全球陷入疯狂的另一种迹象。

碳捕捉技术最终将得到广泛运用

能够显著减少二氧化碳排放的一个方法是将发电站烟囱排放的气体收集起来，深埋于地下的旧气田中，当然这些气田应已被证明具有良好的气密性。这一技术在 2014 年尚处在实验阶段，但会快速完善。

实施这个方案的方法比较简单：运用电站的一些电力从空气中

①生物量是生态学术语，或对植物专称植物量（phytomass），是指某一时刻单位面积内实存生活的有机物质（干重）（包括生物体内所存食物的重量）总量，通常用 kg/m^2 或 t/hm 表示。植物群落中各种群的植物量很难测定，特别是地下器官的挖掘和分离工作非常艰巨。出于经济利用和科研目的的需要常对林木和牧草的地上部分生物量进行调查统计，据此可以判断样地内各种群生物量在总生物量中所占的比例。

提纯氧气，然后将氧气输送到电站点燃天然气或煤炭来发电。烟囱排出的气体大部分为水蒸气，还有少量二氧化硫，其余为二氧化碳。这些气体经过凝结得到的水可供应当地，纯二氧化碳则被输送至地下。

世界上第一个大规模收集并储存二氧化碳的电厂于2014年在加拿大开始运行。超过100万吨二氧化碳被送入一个油田，这也有助于进一步开采石油。在美国、加拿大、沙特阿拉伯和澳大利亚，我们有可能看到更多类似的电厂投入使用。

想象一个免费用电的世界

展望2100年后的世界，我们很容易想象到，免费用电将成为数亿人日常生活的一部分。

事实上，对于拥有太阳能电池板或风力涡轮机的人而言，这一愿望已变成了现实，因为这些设施节省的燃料成本很久之前就超过其投入成本了。这些人将继续使用免费电力，直到这些设施无法使用。那些在当地的小溪或河流上拥有小型水轮发电机的农民，也有如此的幸运。

我们从中得到这样的启示：未来的电力问题更多表现为资本投资问题而非燃料消耗量问题。

可持续城市、绿色制造与IT产业

未来每一位建筑师、建筑商和城市规划师都会考虑可持续性问题。许多欧洲国家将要求一定比例的新建房屋达到碳平衡，这样所有的碳排放会因出售给其他消费者绿色能源而得到抵消。

未来15～20年，制造商生产单位产品的能耗将至少降低20%。中国将继续声明，因“世界工厂”的角色而承担全球变暖责任的这一指责是错误的。如果将制造业外包给其他国家，以此减少碳排放是无用的。这样做只不过是改变了排放地而已。

网络服务器耗电惊人

IT 产业将面临提高能源效率的巨大压力。该产业既要节省成本又需考虑环境。包括放置在各地的服务器的耗电，网络至少消耗了全球 5%的电量。

拥有成千上万台网络服务器的企业浪费的电力足以为一个小城镇供热，这就是许多服务器被置于低温之地的原因，这样做能够降低冷却成本。

在某些情形下，这些设施产生的热量已被用于房屋供暖。

回收产业进一步增长

废物回收是一个节省能源、森林和原材料的简单方法。在政府补贴和公众善意的支持下，回收产业的产值已高达 5 000 亿美元，而且在未来 30 年内还会迅速增长，特别是在新兴市场国家。现有的一些例子包括：工厂使用的铜 34%来自各种回收材料；美国每年回收的钢铁量达 5 亿吨；20%的钢铁生产是通过能节省 75%能源的流程回收的。

仅在美国，企业废弃物回收行业的年产值就已超过 800 亿美元，并以每年 1%的速度增长。该行业提供的工作岗位超过 45 万个。每个美国人每天带来的废弃物为 2 公斤，人的一生制造的废弃物平均为 64 吨，其中 40%被出口到新兴市场国家。未来将有更多废弃物在本地被处理。

我们会看到许多生活垃圾搜集和分类的创新方法。汽车破碎机的目标是汽车材料回收率达到 100%。实际上，许多国家一直坚持这一目标。整辆车可被切割并粉碎为 18 种不同材料的颗粒，而且会在一个连续的自动化过程中完成分类。

2030年的干渴世界：水资源争夺战可能爆发

水是人类生活的必需品。目前，全球面临水资源短缺问题，特别是大城市。2025 年，2/3 的人将生活在缺水地区，今天这一比例为 1/3。尽管在巴西等国家干净的河水资源过剩，但大多数国家水资源仍然短缺。

从全球来看，人类已使用了 35% 可获取的水资源。尽管全球只有 1%的区域得到了灌溉，但农业用水占人类汲取水的 60%。此外，19%的水被用于污染稀释、渔业和运输业。自 1950 年以来，由于全球人口增多，并变得富裕，水资源的用量已经翻了两番。因此，到 2040 年，许多新兴市场国家对水的需求将显著增加，至少会增加 40%。游客经常光顾的热带国家将面临更大压力。在最热门度假胜地，人们对水的需求量会大幅上升。

更糟糕的是，气候变化意味着某些地方会出现更多降雨，而另一些地方的降水量却在下降。在世界大多数种植农作物的区域，地下水位正在下降，包括美国西部、印度的广袤地区和中国北部，这些地区的地下水位平均每年下降达 1 米。我们会看到，为了更好地平衡供应和人口，人们将建成跨越国家和大洲的水运输管道。这将创造新的贸易机会，滋生新的政治诉求，也会给恐怖分子带来搞破坏的新机会。

因为水资源的管理需要耗费大量电力，水力和电力行业的联系在未来将更加紧密。能够减少电力成本的任何事物也会降低用水成本。

另外，正如我们将看到的，可利用电力将海水转化成淡水。

在亚洲，过量灌溉意味着许多河流在一年当中的部分时间里会断流，其中包括印度的大多数河流。比如恒河是南亚的主要水源；还有中国的黄河。2025 年，随着城市居民人数达到 50 亿，各国政府会采取措施将水从农村输送至城市。

到 2025 年，随着水表普及、“再生水”系统的建立（如存储洗澡水以浇灌花园）以及将水视为有限自然资源的理念的普及，工业化城市里的每个人都会在某些方面受到影响。如保护能源一样，政府会出台许多有关节约用水的规定。

到 2030 年，几乎所有经济上可获取的河流资源都会被用来满足农业、工业和家庭生活用水，以及维持湖泊和河流水位的需要。这仅是根据目前的趋势做出的估计，尚未考虑气候变化带来的影响。

咸海①之死被乌兹别克斯坦政府描述为人类历史上最严重的生态灾难，而且这一灾难是在一代人的时间里发生的。咸海原为世界上最大的湖泊之一，现在只剩下零星的部分，而且湖中的矿物质水平已显著提高。沿岸的污染加剧了水体萎缩。虽然世界上一半人口仍缺乏基础卫生设施，但 80%的海水污染都是因淡水携带的污染物造成的。

应对缺水的方法

人类会想出许多办法更有效地管理、使用水资源，而且没有任何理由认为未来我们的世界会因缺水而停摆。下面是应对缺水的一些

①咸海位于哈萨克斯坦和乌兹别克斯坦交界处、克孜勒库姆沙漠中部。50 年以前，咸海总面积为 6.6 万平方公里，这几乎相当于一个斯里兰卡的国土面积。2014 年，咸海已经萎缩到原来西面和北面的零星部分。咸海的面积如今已萎缩了 74%，而水量减少近 85%。人们预测，如果再不采取积极有效的措施，到 2020 年，咸海将彻底从地球上消失。

方法，仅前两种方法就能对大多数发达国家和许多发展中国家的大城市产生良好效果。

- 为每个用户安装水表，按用量收取水费；
- 杜绝渗漏。伦敦有25%的水因管道陈旧而渗漏；
- 农业采用滴灌方式，并种植耐旱作物；
- 将喜水农作物转移至湿润地区种植；
- 更合理地利用当地水资源，为农民建设小型堤坝；
- 为大型水体建设大型堤坝，也可用于发电；
- 收集雨水，如在屋顶建设蓄水池；
- 减少洗衣机、洗碗机和抽水马桶的用水量；
- 回收废水或使用“再生水”做除饮用、洗涤或准备食物之外的其他用途；
- 增加淡化海水的使用量，中东地区和伦敦等城市已运用能耗较低的技术做到了这一点；
- 广泛使用具有纳米涂层、无需太多水便可清洗的物品，如纳米抽水马桶。

水资源争将上升为国家安全问题

10多年前，我就告诫过，水资源将上升为国家安全问题，世界上存在为争夺水资源而爆发战争的危险。近年来，我们在叙利亚和伊拉克就看到了这样的风险。河流、运河、大坝、水处理厂和管道都成了军事目标。若水供应被切断，位于沙漠地区的城市将很快陷入困境。

我们会看到，国家之间因水资源爆发争论和战争。它们会为大河流入一个国家的水量或者对另一国水源供应的污染程度争吵不休。

2006年，东非大旱导致当地的维多利亚湖水位下降，乌干达政府决定利用水电站大坝减少维多利亚湖注入尼罗河的流量。而根据1929年签订的一份公约①，埃及拥有尼罗河水量的80%，因而此举违背了该公约。乌干达的行动也给苏丹造成了危机，后者同样依赖这条大河。

黑海沿岸国家将德国和奥地利告上欧盟，它们认为这两个国家经由多瑙河将污染物排放到了黑海。黑海的藻类因此大量繁殖，致使数百万条鱼类死亡，40个物种彻底灭绝。

如果比利牛斯山没有任何降雨，则安道尔就没有任何水资源可以利用。如果里海②因某个国家的污染而死亡，则其他四国也会遭难。在河流的上下游区域，农民、村庄、乡镇、城市、国家或地区等层面，都会因为水资源出现更多争执。

堤坝规模更大、更具争议性

围绕大坝的争论将继续升温。从理论上讲，修建大坝是绝妙想法。既可提供廉价电力、灌溉农田、防止洪涝灾害、吸引游客，还可以举办水上运动，养殖鱼类和抗旱。它们也创造了就业机会，是国家身份的标志，而且有利于防止全球变暖。例如，刚果河上的英加大坝提供了非洲一半的电力。迄今为止，非洲仅有10%的水力发电资源得到了开发。

堤坝也会改变周围环境。持续的灌溉积累地表盐分，耕地会变

① 1929年，在当时英国殖民者的提议下，9个尼罗河流域国家达成一项赋予埃及和苏丹对尼罗河水拥有优先使用权的协议。

②里海位于中亚西部和欧洲东南端，高加索山脉以东，制约着中亚巨大、平坦的土地。西面为高加索山脉，东北为哈萨克斯坦，东南为土库曼斯坦，西南为阿塞拜疆，西北为俄罗斯，南岸在伊朗境内，是世界上最大的湖泊，也是世界上最大的咸水湖。

得越来越贫瘠。水流带来的淤泥日积月累，使鱼类无法到达上游。

8 000 亿立方米的虚拟水

各国将通过虚拟交易减少用水量。比如，种植 1 公斤大米需要 1 吨水，一袋 40 公斤的大米意味着消耗了 40 吨水。一辆载着 40 吨大米的货车进入缺水国家，就相当于 1 000 辆载着 40 吨水的货车驶入该国。若一艘小船的载水量也为 40 吨，那么，要生产出 1 吨大米，需要 25 艘这样的小船运送的水量。因而，在沙漠种植水稻纯属疯狂之举。像埃及这样的水资源贫乏的国家可通过生产更多商品，同时种植更少农作物节省大量水资源。未来，最依赖水的农业或工业加工将转移到世界上降雨丰沛的地区。

全世界每年交易的虚拟水量多达 8 000 亿吨，相当于注入尼罗河的总水量的 10 倍。如果美国、欧洲和世界其他地区的食物关税壁垒被废除，虚拟水的交易量会即刻翻倍。

不均衡的水资源很快会体现出一些重大变化。比如，加利福尼亚的农业消耗了 80%的水量，而农业对当地的经济贡献率仅为 2%。在联邦供水基础设施的资本成本中，农场负担的成本仅占 15%。未来 20 年，为了避免加利福尼亚陷入更大的水资源短缺危机中，有相当比例的食品生产将不得不迁移至东部湿润地区。

欧盟的日常人均用水量

根据世界水足迹网（Water Footprint Network）的数据来看，欧洲人平均每天使用 4.6 吨水，其中约 3 吨为虚拟水。比如，吃 1 个西红柿会间接消耗 13 公斤水。1 个西红柿从种植到成熟需要消耗 13 公斤水。棉花种植业是主要的耗水产业。许多不同的组织已经通过计算得出，获得 1 公斤棉花纤维需要 10 000 升（10 吨）水。

以下为一些日用品的间接耗水量：

1 颗西红柿 13 升

1 片面包 50 升

1 颗橘子 58 升

1 只鸡蛋 146 升

1 品脱啤酒 170 升

1 只汉堡 2 400 升

1 团棉线 4.5 升

1 张纸 13.6 升

1 件纯棉 T 恤 4 000 升

1 双牛皮鞋 9 600 升

1 条牛仔裤 11 000 升

植树造林并不能解决全球变暖？

森林释放氧气，存储碳，增加降雨量并防洪，因此人们未来会更加努力保护森林，并扩大森林面积。全世界森林的碳储量相当于每年碳排放量的 40 多倍。

保护森林也有利于维持生物多样性。世界上一半物种生活在巴西和印尼。人们会采取特殊行动，保护自己国家的物种栖息地。

森林被大量砍伐是造成温室效应的最大原因，由此导致的温室气体上升量占总排放量的 23%。这个数字超过了汽车、卡车、火车、飞机和轮船排放量的总和。

温室气体包括一氧化碳、煤烟和甲烷等。全世界每年有 13 万公顷（1 300 平方公里）森林消失，这是比利时国土面积的 4 倍。

同时，人造林的规模也非常庞大。过去 15 年来，整个欧洲的森林面积增加了 15%，相当于希腊的国土面积。欧洲每年新增加的森林面积相当于 150 万个足球场的面积总和。在过去 5 年里，全球种植了 120 亿棵树木。

2009 年，为响应联合国的号召，全球种植了 25 亿棵树木，比原计划多种植了 10 亿棵。美国在最近发起的一次活动中种植了 3 000 万棵树木。

西班牙在过去两年里种植了超过 7 000 万棵树木。只花 5 美元就能使 1 吨树木逃脱被焚烧的命运。我们预计，全球各国会出现更多旨在保护和管理脆弱的森林的碳信用交易计划。

尽管上述信息令人鼓舞，但植树造林并不能解决全球变暖问题，至少在短期内如此。原因很明显：一棵树在 60 年的存活时间内只能吸收 1 吨碳，而且大部分碳的吸收发生于它们生命的最后 15 年。

当树木枯亡并倒下时，它们的残骸留在了地面上，它们体内蕴含的碳变成了包括真菌和昆虫在内的百万种生物和有机体的食物，从而以自身构成了食物链和生态系统的重要组成部分。

10 年之后，倒在地上的枝干中含碳量非常少。为证明这一点，读者可前往树龄超过 200 年的林区内走一走，拿一把铲子，挖一挖地下，看挖多深就能看到含碳量非常少的泥土（几乎纯黄色的沙土含碳量比较少，而肥沃的黑土含碳量较高），答案通常是不超过 30 厘米。当腐败过程停止时，除了酸性沼泽或其他非同寻常的原因，碳只会保留在森林的地面上。所以，除非树木都倒在沼泽地里，否则，防止碳挥发到大气中的唯一方式就是建造房屋或家具时使用木材，这样就会使树木不受腐蚀、不被焚烧。

造纸业和纸板业其实是绿色产业?

造纸和制浆工业常被视为砍伐树木、破坏森林和浪费能源的罪魁祸首，然而，这些行业实际上能增加而非减少森林面积。因为只有这样，森林才能得到积极的维护和扩张，而不会被用来开发成城市或农业用地。而且，只有在不那么拥挤时，新种植的树木才能更快成长，而这样的森林每年能吸收掉大量的碳。

用纸和纸板进行包装在许多方面比塑料更为环保。想象这样的场景：所有树木都以小树苗替代，而且所有纸张或纸板在被作为生物质燃烧之前或者被堆肥以促进植物生长之前，至少会被回收两次。这样的产业是真正具可持续性的、高效的，就连小块木头或细枝末节都可以用来发电。

为何要焚烧森林而改种粮食?

未来 10 年，我们将继续看到横贯大陆的烟雾。这些烟雾在地球表面漂浮，对所有人的健康都非常不利，对一些人而言甚至是致命的。烟雾会加重哮喘、支气管炎和其他肺部疾病，而由于吸入一氧化碳，人类心脏疾病发作的风险加大。在加尔各答等城市，这意味着每年有 25 000 人因烟雾致死。对整个地区或大陆而言，烟雾的影响是毁灭性的。

2013 年，东南亚笼罩 100 多万平方英里的浓烟影响了 3 亿人，这是 15 年来最严重的烟雾，印尼被迫再次为焚烧森林、改种粮食的行为道歉。人们普遍认为印尼的这些行为是导致此次烟雾的元凶。马来西亚早在 1998 年就宣布，区域烟雾是国家性的灾难。2015 年，由于印尼森林大火，马来西亚沙捞越①州的学校被迫停止上课。

印尼破坏森林的行为是土地短缺和人口增加导致的。一些人估

①马来西亚面积最大的州，2/3 的土地为热带雨林区。

计，这样的森林大火释放的二氧化碳量大致相当于欧洲地区一整年释放的量。

各执一词的碳排放配给

碳排放限制和碳税会导致国际紧张和冲突，甚至引发战争，除非这些措施能得到公正的实施，但这几乎不可能实现。我们可能看到，许多全球性的能源峰会召开，目的是为了就具体的行动达成一致。发达国家和发展中国家在某些方面仍僵持不下。然而，由于之前我们讨论过的原因，这不会阻止绿色技术在全世界的迅速勃兴。

未来 20 年内，中国将率先大规模采用绿色技术，主要是利用太阳能和风能。一方面为了发展和出口；一方面为了改善本国环境。

为了公平，碳排放的配给必须按每年每人的标准设定一个固定数额，可能以单一碳消费税的形式在公开市场上出售，同时最贫穷的国家和最脆弱的国家可获得补贴。但这样的体系意味着，村民不能再砍伐自己种植的树木并用树木制造木炭来做饭了，而最贫穷的国家可能落入永远不能排放碳的境地。

新兴国家将继续主张，它们应完成自身以碳为基础的“工业革命”，而发达国家必须为世界目前的混乱承担大部分责任，因为它们在 200 多年前就已开始工业革命并因此崛起。

有人认为，尽管最富有的国家已经减排到一定程度，但它们仍然在掠夺地球上有限的碳资源，而且它们需要增大减排幅度。

110 亿人，我们有能力养活！

有人说，2050 年，地球将无法养活多达 110 亿人口，这样的判断无疑会令人深感忧虑。但事实是，我们有能力养活更多人口。

食品生产是世界上规模最大的产业之一，占全球 GDP 的 10%。如果将农业、食品包装、餐饮业等行业包括在内，食品业的年产值高达 8 万亿美元。

根据联合国的统计，全球有 8.4 亿人营养不良且经常处于饥饿状态。尽管近 10 年来营养不良和忍受饥饿的人数已经减少了 1.6 亿人，但这一统计数据体现出的仍是本书中最可耻的趋势之一，特别是考虑到今天人类拥有的财富和所掌握的技术，这本应是一个相对容易解决的问题。我们在第 6 章会深入探讨全球饥饿带来的伦理问题。

今天，我们已经种植了足够养活 90 亿人的粮食。但是田间、仓库、工厂、商店和垃圾箱内浪费了其中的 40%，损失高达 3 万亿美元。随着农业技术进步，基础设施更完善，农场的规模更大，人们种植的农作物和饲养的牲畜种类更多，毫无疑问，我们能在未来 50 ~ 100 年里养活地球上所有人。

我们会在许多地区看到更多转基因农作物，它们抗病、抗旱，而且能在盐碱土壤上生长。到 2040 年，在世界 30%以上的地方，转基因动物将被广泛消费。

唯一的问题是，未来的大多数人是否会如今天的人一样，大量食用蔬菜？地球上能够产出多少公斤肉？ 2025 年之后，全球用来喂养动物的谷物占比将超过 45%。富国种植的谷物超过 70%被用来喂养牲畜。

那么，人一生要吃多少肉呢？以德国为例，平均每个德国人一生平均食用 1 094 只动物：4 头牛、4 只羊、12 只鹅、37 只鸭子、46 头猪、46 只火鸡、945 只鸡。到 2040 年，全球将有 40 多亿人具有类似的肉类消费水平，今天，只有少部分人拥有此等消费水平。

随着世界人口的增加以及更富裕的人口消耗更多的肉类，自

1961年起，农业用地的总面积已经翻了一番，但适于种植的土地面积存在上限。因此，我们预计未来20年内，如过去10年里发生的情形一样，农用土地的价格将继续上涨。

怎样才能吃到奇形怪状的海鲜？

全球有30亿人从鱼类得到约20%的蛋白质。人类对鱼肉的需求增速快于对其他肉类的需求增速，原因不仅在于人们的生活变得更加富裕，也在于对抗越来越多的肥胖和心脏疾病。

有1/3的鱼类被过度捕捞，25%的捕鱼活动是非法的。在过去60年里，鲔鱼、旗鱼、马林鱼等大型鱼类的数量已减少80%以上。

未来几代人会认为以海鱼供应城镇居民生活的想法简直是天方夜谭。若发达国家仍然每年支付350亿美元补贴海洋捕鱼活动，未来几代人会认为这样的行为更加不可思议。

鱼类养殖已风靡全球。这事关可持续发展，能为沿岸无数的低收入居民提供高蛋白的健康食品，并且有利于保护野生鱼类种群。但目前看来，渔场养殖1吨鱼，可能需要在海里捕捞几吨鱼作为饵料。渔场唯一的优势是可养殖从海里捕获的各种鱼类，包括消费者做梦都不会想到要去吃的奇形怪状的生物。

科学家将找到新的鱼类养殖方法，不再大量使用其他海洋鱼类和生物作为饵料。新的养殖鱼类也会出现，改良基因使其能消化陆地种植的食物，或者食用农作物被改良后获得的蛋白质。

然而我们也会看到，人们越来越担心转基因鱼一旦逃入大海，有可能破坏食物链和海洋生态系统。尤其是因为它们是在实验室诞生的“非自然”突变体。在苏格兰捕获的25%的“野生”鲑鱼都是从挪威的渔场逃出去的，或者是过去逃脱的鱼的后代。

新的功能性食品将诞生

我们已经看到，食品杂货店和食品零售业正在发生转变。食品零售业相对保守，不喜欢风险。一些历史悠久的品牌，深受几代人喜爱。祖父母辈用这些老品牌的食物养育了后辈。我们也已看到，食品业对消费者的信任十分敏感。这会推动食品业在可追溯性、透明度、标签等方面进行改善。未来，整个食品业会受到更严格监管。我们将会看到，人们会更关注食品的健康性。新的功能性食品会诞生，它们能够增强体力、提升免疫力，或者提高记忆力。

一些研究认为，不改变食品口味且能延长保鲜期的食品辐射技术①是安全的。这种低成本的食品处理方法被商家纷纷采用，未来几年可能会回过头来反思这种技术。

我们也将看到更多食品丑闻，比如比利时用含二恶英的饲料喂养动物。每一条丑闻都会引发消费者强烈的反响，会遭到越来越多愤怒的抵制。欧盟和其他国家的动物福利会得到改善，而且会提高全程可追踪动物标签的配备比例。

瘦身还是胖闪?

2050 年，我们会看到世界上 50%的人将备受肥胖的折磨。新一代“安全”瘦身药物能够降低食欲或对食物的痴迷。仅在美国，这一市场的价值至少为 100 亿美元。比如，在正常饮食情况下，类似甲状腺激素的药物能在一周内使猴子的体重减少 7%，而且只有很小的副作用。

①食品辐射技术是指采用一定量的伽马射线、X 射线或电子束来照射食品，以消灭食品中的细菌和寄生虫，达到防腐保鲜目的的方法。该技术于 20 世纪 50 年代问世，目前世界上已有 35 个国家批准了 30 多种食品的辐射加工标准，其中 21 个国家已进入实际运用阶段。

同时，所谓的“胖闪”（Fatlash）运动会兴起，这助推了“肥胖不是罪”的观念，并且这种理念认为胖人减肥是可耻的。一些人之所以会起诉食品公司，是因为后者不负责任地推销不健康的食物，并且这些食物与人的疾病或死亡存在直接关联。

出售非食品或没有任何营养价值的食品的新行业会出现。第一款非食品是以人体不能消化的分子制作的，可能是蛋糕、冰淇淋或任何其他食物，卖相很好，但不能被人体吸收。富含非食物的节食材料会导致人体缺乏维生素，并创造出一代暴食症患者。他们虽然吃下了几大盘子食物，但身体却变得瘦弱，甚至可能因营养不良而奄奄一息。

这将是第三个千年里出现的又一个具有讽刺性意义的现象。世界上尚有10亿人忍饥挨饿或营养不良，却有数百万人在食用以稀缺资源制造出来但只被用于排泄的食物。

如何迎合挑剔的食客？

由于人们开始担忧塑料制品中含有类似雌激素的化学物质，“天然”食品和使用“天然”材料的包装会增加，一些人喜欢用传统的可回收的玻璃器皿盛放牛奶和其他食品。

生产不含防腐剂食品的企业能够打造出这样的厨房环境：不使用任何可能污染食物或饮料的人造品。我们预计，会出现能够迎合某些人口味和质地的肉类替代品，也会出现与素食主义有关的健康恐慌，如对营养不良和添加剂的担忧。

由于新鲜食品的数量有限，消费者会出现对各种新鲜食品的抢购潮。由于担心食物中毒，再加上动物福利运动的开展，最糟糕的家禽农场会关门。违法的食品零售商和生产商会被越来越激进的团体“惩罚”，遭到抵制、恐吓以及股东的起诉。

食品行业最大的变化将来自消费者的行为，而非相关规定。消费者对于食品是否安全陷入混乱。数百万人拒绝喝“令人恶心”的自来水，他们最终会发现，花高价钱购买的瓶装水也含有大量细菌。盲测时瓶装水与自来水无异，而瓶装水会被塑料瓶里的污染物污染。从其他国家进口高档品牌的瓶装水，这需要缴纳碳税或运输税。

若将偶尔食荤的人包括在内，在美国，到2025年，素食者占总人口的比重会从5%增加至30%，而且还有数百万人每天的食肉量远少于当前水平。

由于人们担心罹患肠癌和心脏病，脂肪含量较高的红肉将不再流行。在英国，40%的人经常将素食当做肉制品的替代品。这些人的数量是严格素食主义者的10倍。英国素食产业的市值超过每年10亿英镑。

某些素食产品会快速增长。比如，随着技术和口味的改进，英国的素食烧烤和素食汉堡在5年内增加了139%。新的肉类替代品会出现，它们可能用小麦面筋和豌豆蛋白制成，具有肉的特征、口味和外观，但这些食品的市场份额增长速度不会特别快。

除美国之外的其他许多国家对转基因食品的抵制会逐渐减弱，特别是法国、奥地利、匈牙利、希腊、卢森堡、波兰和保加利亚等国家。德国仍对转基因食品保持非常谨慎的态度。

饮料市场将在未来30年发生巨大变化。出于健康考虑，数以亿计的消费者将不再青睐含糖碳酸饮料，转而青睐果汁，最后转变为瓶装水。

我们将会看到，更多研究表明，减肥饮料也可能带来健康风险。在它们的刺激下，身体可能会释放过多的胰岛素，这会增加罹患心脏病和糖尿病的风险。

华丽上班族：工作模式的巨变

本书中描述的每一种趋势都直接或间接地影响人们的工作场所。当然，我们的未来都与人有关，无论是工作中的人还是家庭生活中的人。但从现在开始，到 2050 年，与工作相关的更广范围内的问题将使数十亿人的生活发生极大改变。

我们知道,许多人都做出过关于“工作消失”的预测。一些人说，大多数体力工作岗位将消失，这会使大量身处底层的人口失业；大多数办公室工作将实现自动化；相当比例的管理者将在家完成工作；许多家务活将由机器人完成，这些机器人还能够照顾体弱者或老年人；大多数制造业将转移至亚洲，许多服务工作如银行业务、呼叫中心和软件开发也会转移至亚洲。这些都是媒体宣扬的好素材，但现实是,即使我们预计人们的工作模式会发生许多巨变,而在未来 25 年内,发生的变化要比这些预测缓慢得多。

尽管确实有数以亿计的工作岗位会消失，但也有更多工作被创造出来。就业模式最剧烈的变化出现在新兴市场国家，涉及的主要对象是从农村迁移至城市的移民。

正如本书通篇阐述的，趋势通常会彼此抵消，这样的抵消也适用于劳动力市场。举个例子：某个国家陷入危机时，其汇率会崩溃，在国际市场上的劳动力成本也会下降。这意味着该国出口商品的价格会下降，销量从而会增加，工作机会会增多，经济会复苏，最后汇率也将得以恢复。

新的工作机会从何而来?

2008—2013 年金融危机期间，在西班牙和意大利的部分地区，年轻人的失业率高达40%以上，许多人称他们为“失业的一代”。失业率高的任何国家最终都会出现调整，因为许多人追逐少得可怜的工作岗位，当地的工资会下降，一切都将恢复平衡。2015年，西班牙正在发生这样的事实。意大利可能紧随其后。

那么，新的工作机会从何而来？在发达国家，许多新的工作机会来自于为中产阶级提供服务和支持的行业。房子需要经常装饰，草坪需要经常修剪，人们希望更频繁地变换自己的发型。英国发生的一个实例是人工洗车业的繁荣，洗车场不再使用更便宜的机器人。正如著名的帕金森定律宣扬的，工作总会扩展到把所有可用的时间都填满。

经济增长的真正关键在于工作人口的数量，在许多国家，这一数字已在大幅上涨，但同时不工作的人口数量也在增加。为何会这样？未来又会怎样？

在英国，更多女性进入职场，更多人开始做兼职工作，人们在退休之前工作的时间更长。学生需要挣钱交纳学费，还有更多涌入英国的移民在找工作。因此，未来最重要的指标不是失业人数，而是日益增长的已经拥有工作的人的数量。

那么，假如所有人具备了必要技能，未来什么样的工作才能吸收这些人呢？首先，正如政府部门每个人都会告诉你的，在大多数国家，公众对更优质的公共服务的需求几乎是无止境的。

这意味着人们需要更多医生、护士、教师、清洁工、警察、园丁、植树者、涂鸦清除者、家庭护理人员、理疗师、家政人员、咨询师、顾问、导师等。

这些工作尚未大量出现的一个主要原因是预算问题，而预算又取决于哪些纳税人准备为这些工作缴纳更多税收以及国家的经济规模。

然而奇怪的是，在同一个国家，可能有数百成人在享受着某种福利，同时也想拥有一份工作。这涉及薪酬水平、福利结构、激励机制和公平公正等问题。因此，未来的世界会提供充足的工作职位，而且就算是发达国家，也能提供充足的“有偿”职位。问题通常在于社会自身的内部体制。

同时，正如我们将在第6章看到的，英国大部分人很乐意在某个时段做义工，无偿从事一些工作。然而，如果义工本人也是受益者，那么在世界的许多地方，这样的义务工作会变得越发普遍起来。

获得一份好工作的快车道

就培训的真正价值，会出现激烈的争论，比如关于上大学、做学徒、实习、获得第二学位、就读MBA等。有一点是肯定的：尽管商学院一直在证实花高价钱读MBA的合理性，但对许多企业而言，实习是获得正式职位的快车道。在美国，有63%的学生在毕业之前会完成至少一次实习。

为什么办公室前景光明？

我们在第3章中已经看到，在城市里，办公室的未来是光明的。视频会议无法像面对面的交流那样建立信任。团队成员喜欢聚集在一起，如同一个族群，呼吸同样的空气。

办公室的使用方式会出现巨大变化。过去15年来，人均办公室面积下降了15%，未来5年内，还会继续下降25%～30%。组织会按需分配办公桌，一些工作可在家里完成，而且鲜有职员使用专属的台式电脑。越来越多非正式会议选择在咖啡店召开。未来20年，在大多数地区，在办公室里面对面召开会议仍是最重要的公司活动。

更多企业会将办公室的管理工作完全外包。大银行或零售连锁店外包合同的交易额每年超过10亿美元。设施管理将主导酒店、制造厂、机场、学校、医院和监狱等领域，也将主导办公室。

大型跨国企业的总部开支将增加。而且，企业合并或抛售会导致总部搬迁或调整，一些令人尴尬的错误也会随之出现，甚至在总部办公大楼竣工之前，错误就已铸成。更多拥有较多物业的公司会出售或者回租物业，并以此为核心业务释放现金，这会导致房地产管理行业的繁荣。

在英国，超过400万人主要在家里办公或只在家里办公，占整个劳动力总人口的14%。但自1998年以来，这一数字仅增加了3%，与许多预言家当年预测的情况存在很大差距。

甚至如雅虎和谷歌等IT企业，也不鼓励或禁止员工在家办公。可能有人说，由于电子邮件、智能手机等工具的发展，现在几乎每个人都会在家里或多或少地从事一些工作。尽管如此，即使公司同意，也很少有人决定主要在家或只在家里办公。更流行的做法是每周在家工作一天，或在家做短时间的工作。

大多数所谓的在家办公人员属于个体经营型，他们年纪较大，收入较高。也有许多自我雇佣型人员主要在自己家之外的地方工作，如保洁员、水管工或保姆。只有34%的在家办公人员是受组织雇佣的。

未来20年，大多数上班族仍然会每周至少有两三天到办公室上班，但他们在办公室里是完全移动的。他们可在任何一张桌子前办公，坐在任何座位上。工作场所的主要功能将是交流思想、激发创意、验证思维、做出决策、监督进展等。正如我们已经看到的，到2025年，许多会议仍将使用纸质文件；到2030年，白板或挂图仍是捕捉和综合想法的主要工具。

我们将看到更多虚拟团队和组织，特别是员工分散于各大洲的小型公司。他们的大多数人素未谋面，而且获得像咨询费那样的收入而非固定薪金。

工作内容与工作模式的变化

随着整个世界向更具包容性的文明转变，以及企业变得更加全球化，为支持处于不同时区的员工和客户，将有更多人轮班工作。

有更多人从事兼职工作或成为组合工。在英国，目前有100多万人从事非全职工作。此前，做出此种选择的大多人为女性。对于许多人而言，兼职合同是获得组合工作的敲门砖。他们可凭此在众多工作中获得一周一两天的固定工作或者项目工作。

全球化意味着许多高级管理人要进行长途旅行，因为大多数人发现无休止的电子商务会议无法解决问题。

地球村的最大障碍是阳光。在一个“完美”运行的世界里，所有团队成员应处于同一时区。这正是许多问题日益严重的症结所在。

许多领导人会在一天很早或很晚的时候召开虚拟会议，而在当天的其他时间却比较悠闲。结果，我们会看到领导人工作模式的变化。新的工作模式很适合在家里完成大量工作的人，特别是对那些合作伙伴就常在家里工作的人而言。

随叫随到并不是什么新鲜事。比如，医生这样生活已经有几十年了。有些人说，这种新的全球计时模式是不健康、不自然的。但它同古老的狩猎—采集模式相协调。对于单独在家养育孩子的父亲或母亲而言，这当然是他们生活常态。在这种环境下，日常生活难有规律。

跨文化差异加剧了时差带来的问题。与迪拜有贸易往来的一家旧金山企业发现，他们与对方之间不仅存在时差问题。迪拜的工作时间是从上午7点至下午13点，周五休息，但周日却正常上班。

人才的流动与管理难题

尽管新技术不断涌现，但劳动力的流动总会比资本、技术、信息和原材料的流动滞后。

正如我们已经看到的，族群主义是一股呼吸着同样的空气成长起来的社会力量，因此我们要在此特别讨论一下本地团队。

劳动技能将继续成为重要的国家资产。中国、韩国和沙特阿拉伯等许多新兴市场国家政府会投入大量资金，进行工作技能相关培训，并会特别加强在健康、工程、技术等方面的培训。想象在法国创造一个新的硅谷或从美国吸引成百上千的关键技术人才会是何等情景，几乎不可能实现。**如果你需要高技能人才，就应该将办公场所迁移至高技能人才聚集地。**办公地点的选择不仅涉及当地人群，还和居民心态、税收优惠、人们在酒吧或咖啡馆里交谈的话题相关，甚至和在一场比赛或高尔夫运动中促成的交易有关。

房屋所有权使迁移变得更加困难且昂贵。在法国、意大利、西班牙和比利时，出售现有物业并购买其他物业的成本非常高。由于美国出售和购买物业的程序比较简单，房屋所有权对迁移造成的影响相对较小。

置业将继续流行。但由于迁移趋势不变，房屋用于自住的比率将降低。许多业主会将房屋出租，自己则在其他地方工作。

然而，高管迁移不只需要钱。在西方许多国家，大多数人的生活水平比较高，其他因素就变得更加重要。比如，大多数父母年老体弱的人在长距离迁移之前会三思而行。同样，孩子正处于关键教育阶段的父母也极不愿意进行大规模的搬迁。那些二婚或三婚的人，曾经因疏忽家庭而有了惨痛的经历，在组建新家庭后，希望会留给家人更多时间。

雇主需要特别关注双职员家庭，因为重大的迁移决策会涉及夫妻双方的未来。

在印度等国家，处于社会底层的是流动的男性劳动力大军，他们一年有11个月在外打工，挣钱养活妻子和家人。许多人会去更远的地方打工，甚至国外，比如在迪拜做出租车司机。他们每隔两三年才能见一次亲人。年轻一代的新中产阶级工人将不会再忍受这样的生活，他们会努力学习，以求获得大学学历。

在英国，65岁高龄仍在工作的人中，1/3人不知道自己何时会退休，1/7人根本不打算退休，而且1/3的人没有任何退休金。奇怪的是，大多数25～31岁的年轻人认为他们会在65岁之前退休，可能是因为他们无法想象这么“老”还在工作的情形。

年长工人占整个劳动力大军的比例越来越高，特别是在欧洲、日本和中国。在一些不设定退休年龄的国家，管理者面临诸多尴尬。如何向思维过于僵化或者轻度健忘、行动不便的老人征询他们的工作问题呢？由于没有固定的退休年龄，管理者将不得不解雇年老的员工。对任何一位高级管理人员而言，管理年纪大的团队成员是极有压力、极耗时的工作。

为了帮助大企业识别、提拔、奖励和培养最有才华的员工，相关的咨询和管理工具会快速增加。最大程度地利用具有正确技能、经验、文化理解力、产品知识和客户洞见的员工是企业未来的关键优势。尽管知识管理计划通常难以完成，但最大限度地利用知识是知识管理的自然延伸。

与此相关联的是，越来越多的企业重视让员工获得目标感和成就感，这与员工的自然愿望是相符和的。我们将在第6章进一步讨论这一问题。

一项伟大主义的诞生

一连串激进的单一议题并没有形成政治信条，政治真空仍然存在。在苏联的崩溃过程中，我们也目睹了思想真空是如何被创造出来的。而且，在这空荡荡的峡谷深处，我们会看到新问题涌现出来。

对巨变的渴望肯定存在。最近，在一场面对参加过世界经济论坛的人的演讲中，大家就全球经济运行提出了一些问题，包括我们如何才能找到更具可持续性的发展模式；经济增长是无尽的，这样的假设合理吗；我们如何找到更为人性化的资本主义模式等。这些问题均十分尖锐。

卡尔·马克思于1818年出生于普鲁士，1883年于伦敦去世。1848年，马克思完成了《共产党宣言》。时代造就了马克思——一位工业革命的反对者。他认为，正是工业革命，使财富和权力集中于少数人手中，使得“数百万工人被极恶劣的工作条件所束缚”。运用革命手段将工人从资本家的剥削下解放出来，这是马克思的伟大思想。

在未来，我们会看到又一个伟大思想（或者几种相互冲突的思想），它将与20世纪所有的大型思想政治体系都不相同。这一新的“主义”将建立在不断累积的变革愿望基础之上。

这一思想到来的时间越晚，思想真空存在的时间就越长且越深，从而使得这种思想更迅速地风行全世界。它有可能非常依赖伊斯兰教或基督教的影响力，但与主流传统截然不同。

这种新的伟大思想将完全不同于旧式的左翼或右翼政治思想，而是被一系列单一议题驱动，围绕一种核心的理念或思维聚集起来的群众运动。

这样的理念和思想可能基于受人尊敬的领导人的教导，最初可能难以分析或描述，但在不断调整和重新解释下，快速实现演变。它的影响力将非常持久，甚至让老派的“逻辑”政治家感到困惑。

由于我们身处的世界在人口和经济方面发生了巨大变化，从概率上讲，这样的运动更有可能发端于新兴市场国家，或者始于发达国家，但影响甚微，之后迅速在发展中国家生根发芽。

这个伟大思想可能会深刻地影响数十亿人的伦理观、价值观、动机和个人精神生活，这些我们将在第 7 章讲述。

第6章

伦理面

人类精神的核心

由于丑闻，43 家全球规模最大的银行被罚款的总额高达 1 840 亿美元，伦理问题如何成为企业不可轻触的红线？面对巨大利益的诱惑，企业领导人如何保持头脑的清醒？

设立银行网络账户的人中 70% 为男性，但是 70% 的交易却是由女性完成的。女性是如何影响未来社会的决策和活动的？未来社会真的会朝着“女性化社会”转变吗？

伦理面　人类精神的核心

伦理面是未来最重要的一个方面，它直击人类的意义、目的、思想、方向、愿景，甚至精神问题的核心。

近年来爆发的银行业丑闻是对“伦理”问题的深刻警示。在2009—2014年发生的117次银行丑闻中，43家全球规模最大的银行被罚款总额达1 840亿美元，而且这个数字只包括了罚款额度超过1亿美元的案例，目前还有174宗等待裁决。只要想想新西兰的GDP[①]，就能理解这些罚款的规模。

每一周，全世界都会出现高管或政府领导人通过欺骗、掩盖、收费过高、价格操纵等不正当途径敛财的丑闻。事情通常涉及团队所有人，欺诈规模庞大，表现形式多样。这一问题我们稍后再讨论。

腐败侵蚀了至少全球GDP的5%（相当于2.6万亿美元），涉及行为包括为获得政府合同给予丰厚的贿赂，

①根据新浪财经数据，新西兰2013年的GDP为1 857.87亿美元。

将税收收入转入秘密银行账户，法官和警察贪赃枉法、不公正执法等。

没有伦理的约束，人类的未来将会堕入暗无天日的地狱。人类将变得更加贪婪，人类社会武器泛滥、治安混乱、权力被滥用。正如我们已经看到的，无论是对被不断侵犯的隐私、增加的退休年龄、未经审查的网络，还是外包工作、不断加大的贫富差距、医疗保健服务，每一种趋势都存在对应的伦理维度。

终极伦理测试破解商业伦理难题

每一种趋势都存在对应的伦理维度

价值观、生活的目的和意义都与伦理密切相关：为什么你早晨要起床？是什么启发并激励着你、你的宿命感以及个人精神？企业行为、预期行为、包容性、可接受的规则和限度等方面也与伦理有关。

我们想要的世界是什么样子的？这与伦理也密切相关。所有这些都与我们如何感知生命、希望、梦想、愿望、激情和动机有关。伦理为我们建设更美好的未来提供了一个框架，它告诉我们什么是对的，什么是错的；什么是道德的，什么是不道德的；什么是大家想要的，什么是大家不想要的。

伦理通常事关“我们的”未来而非“我的”未来，事关最大多数人的最大利益，因而与可持续性相关。如果一群人以被其他人认为不合伦理的方式主宰了一个社区，那么结果通常是革命，即使这种革命是经过强烈的抗争才带来的。

每个族群和国家都有独特的风俗文化、生活方式和伦理准则，每种宗教都有教义，因此，是否存在一种能够塑造我们未来的统一的伦理？这种基于未来共识的未来伦理，我们要以怎样的视角才能发现？

我们的世界在不断变化，但与2000年前相比，人的本性并没有太多不同。人们仍在探寻生活的意义，并希望从中感受到自己的作用。有些人曾对我说，他们感受不到生活的意义，觉得自己对周围人没有作出任何贡献；尽管家人深爱着他们，但他们却不能为家人带来任何好处。当时我是一名医生，听到这些话不禁深感担忧。

坦白说，我们应当马上给予这些人特殊关注。他们此时情绪低落，不加疏导有可能自残或自杀。当人失去了目标或成就感时，精神就会无所寄托。这就是为什么拥有宠物狗或宠物猫的老人往往更长寿的原因所在，也可以解释为什么许多老人会在老伴或宠物去世后会很快离开人世。“我得为了他活下去”，“我担心自己走了后没人照顾她”，这些情绪会对人起激励作用。

当人们拥有更多财富和时间，能够进行深入的思考时，对生活意义的追寻会更加强烈。M代人特别关注人生的意义。过去15年来，我曾在多家商学院授课，新一代人不再将MBA视为进入跨国企业董事会的敲门砖了，大多数人读MBA是为了获得成功、做自己想做的工作并且“过真正有意义的生活”。他们想做出一番成就，想为信任的公司工作，销售自己认为不错的产品和服务，让世界变得更加美好。

不要销售自己不信任的东西

30年前，当我成为一名治疗癌症的医生时，我的工作是照顾那些在家休养、生命只余下最后几周的癌症患者。在这段日子里，我学到了人生最重要的一课：生命太短暂，不要做自己不相信的事。

在世界各地演讲时，我经常会请赞同这一看法的观众举手，结果是，几乎所有人都举起了手，甚至人们有时会大喊、欢呼并鼓掌。

为什么销售垃圾产品？相信你自己。为什么销售你从来都不想推荐给朋友或家人的产品？为什么销售你认为不适合顾客的产品？为什么为你深以为耻或让你感到不舒服的企业工作？生活的意义是根本问题，生活的目的是满足内心深处的渴望。

正如我们在本书开头看到的，许多人越来越意识到生活的意义不只是销售，不只是管理，也不只是工作。事实上，生活的意义不只是生活本身。当我离开这个世界时，我会给这个世界留下什么？我的孩子们能记住我什么？

有一次，我在纽约向一家大型跨国企业的董事会做有关趋势的演讲，我展示了许多幻灯片，并在其中一张带有下列文字的幻灯片上停留了几秒钟：

生命太短暂，不要销售自己不信任的东西。

事后得知，一位董事听了这次演讲后深受触动，并马上辞职。请注意，她辞去的不只是董事职务，而是一个前途无量的职务——她时任一家世界最大的私人银行的CEO。

在某个决定性时刻，她意识到并不信任自己所做的事情。她认为自己收取佣金卖出去的东西并不能给客户带来他们最想要的。现在，她正经营自己的公司，为富裕人群提供独立的理财建议。她之前并没有做任何“错误”的事情，但突然感到非常不安。

是不道德，还是仅仅感到不安？

当你在做某事时，内心感到安定抑或不安？这个问题是理解伦理如何对未来施予影响的核心。你可能被要求做某事，而此事并不为法律禁止，也不存在其他不应当做此事的绝对理由，而且许多人已经这样做了，但做这件事情时仍会让你感到难以心安。

安心是良心的低语，是未来伦理的强大指南。

仅在过去10年里，我们就从银行丑闻、腐败调查和众多媒体故事中，数百次看到了这样的情形。通常情况下，某个时刻导致内心颤抖或不安的行为在一两年后就会被视为不道德，不久之后就会被法律禁止，相关人员会被捕入狱。

棘手的商业伦理问题

对商业伦理来说，重要的不是冗长的合同里写了哪些文字，而是每一条协议背后的精神；不是在哪些方面能够侥幸逃脱，而是要做的正确的事情是什么。这的确是一项严峻的考验。

就许多棘手的伦理问题，我曾向许多大企业提供意见。我一次又一次看到，大多数企业领导人的第一反应是维护公司的利益和自己的期权，即使这意味着置客户或供应商或职员或监管者的利益于不顾。但严酷的现实不久就会显现出来，他们最终会意识到，大多数情况下，企业的未来和个人的职业生涯都依托于更体贴、更亲切和更周到的处理方法。

越难以证实自己行为的合理性，深陷麻烦的可能性就越大，尽管有些人不愿意承认这一点。记得有一次，一家企业支付了一位律师一笔小钱，让他去找每份合同的“回旋余地”，或者有可能使公司侥幸逃脱某些义务的条款。

领导人往往背地里征询法律建议，但获得的建议越冗长越复杂，赢得胜利的可能性就越小。正如我们将会看到的，某些遵守法律法规的行为仍可能在媒体上被谴责。

对我而言，应对这样的事情很简单。协议另一方的合理预期是什么？站在对方的立场考虑，会希望得到何种对待？常识性的观点是什么？如果公众在媒体上读到相关信息，他们会有怎样的直觉？把自己的所作所为解释给家人或者密友听，你感到心安理得吗？你的内心深处是否有愧疚感？当你的孙辈长大时，他们会为你今天的所作所为感到自豪吗？

“可其他人都在这么做”

还有另外一种情形，一家企业认为，尽管暗地里给客户“好处”的做法在某些国家是违法的，但行业内所有人都是这么做的，如果自己不这么做,就无生意可做了。如果他们将行业内的秘密告知监管者，他们可能受到所有客户的指责，结果也仍然无生意可做。

我的建议非常简单：总有一天真相会大白于天下。只需要公司的一位前雇员或客户将一切公之于众，在即将到来的清除和揭露错误行径的过程中，你将获得巨大的道德优势；而如果你选择无视问题的存在，那么你的处境将变得更加糟糕。巨额罚款会接踵而至，高层管理团队面目无光，而且，品牌声誉会在全球受损。

只销售你相信的产品

有一条基本而安全、符合道德且能持续万年的法则：

> 己所不欲，勿施于人。这意味着对任何人，包括同事、客户、商业伙伴、供应商、货车司机、卫生间保洁员、同伴、邻居、朋友和亲人，均如此。

如果每家企业的管理者和领导人都能遵从这一信条，那么，我们的世界将变得更加美好，我们也将树立起更强大的企业伦理观。

2 万美元测试出所有伦理的秘密

几年前我写过一本书，书名叫《建设更美好的事业》（*Building a Better Business*）。在这本书中，我做出了这样的承诺：若有人能够不以任何方式使用我指定的一个由四个英语单词组成的短语，还能给出一种出售商品或者领导、管理、激励人的方法，我就付给他 20 000 美元①。在过去 10 年的演讲中，我曾对数以万计的企业观众做出过这样的承诺。这个四字短语或其中蕴含的思想被证明是每一项有效的企业使命的基础，是每一条营销宣传语发挥作用的基础，是每一个领导人美好愿景的基础，是所有变革管理的基础，而且，也是过去一千年里所有企业伦理的基础。那么，这个短语究竟是什么呢？为什么至今无人获得那 20 000 美元的奖金呢？

“建设一个更美好的世界”（Building a Better World）——这就是我所说的四字短语，它是所有伦理问题都会涉及的内容，是人类所有目标的源泉。如果你认识一个人，他认为世界并不美好，而且世界之所以不美好部分来源于他做的工作或者他的存在，那么正如我说过的，你将会发现，此人陷入深深的个人危机之中。

企业在未来会有怎样的价值观？哪一项对企业使命的描述拥有最强大的鼓舞人心的力量？哪一种激励工具最为有效？答案就蕴含在这简短的几个字里，而且永远如此。对未来每一位律师、监管者、法官或者陪审员而言，一个基本的问题是：你的决策会使世界变得美好，抑或糟糕？

①这笔奖金会捐献给获奖人选定的任何慈善基金会，相关规则详见我的《建设更美好的事业》一书。——原书注

建设一个更美好的世界是人类与生俱来的本能

年幼时，我们能够很快学会很多方法，使生活变得更美好。后来，我们开始关注其他人的生存，希望家人和朋友过得更幸福。再成熟一些后，我们希望邻居和社区居民的生活变得更美好，而且从某种程度上说，我们希望这个世界变得更美好。

这些伦理本能反映了人作为社会生物以及作为家庭、族群、国家一分子的自然本性。在动物界，尤其是比较高等的哺乳类动物中，在各个社会集群、群落、兽群甚至是鸟类筑巢的本能中，我们都会看到类似情形。

犯罪活动少见的原因

上述的伦理本能是犯罪行为罕见的原因。想想吧，当你乘坐地铁或穿过街道时，随身携带着有价值的物件，比如手机、笔记本电脑、信用卡以及现金。若有人持刀来到你面前，要求你把手机和钱包交给他，此时你奋起反抗的可能性有多大？大多数人都会乖乖就范。因此，对任何冲动的抢劫犯而言，抢劫容易成功而且耗时很短，如果他们能够很快逃之夭夭或有同伙协同作案，被捕的可能性也会大大降低。然而，遭遇抢劫的概率有多大？将被抢掠的财富和人们随身携带的财富相比，答案也会是一个非常小的数字。

再想象一下，如果全世界 10 亿名汽车车主为制造恐惧或者加剧恐慌而有意做出恐怖或屠杀行为，产生的威力有多大？然而，在世界范围内，车主故意猛然加速，把车驶入行走的人群中，这样的事发生的概率是多少呢？答案接近于零。从过去几年来看，每周出现类似事件的概率低于十亿分之一。

由于同样的原因，针对陌生人的随意枪击和刺杀或者炸弹袭击事件的概率也极低，即使将那些被严重精神疾病患者谋杀的人计算在内，答案也是如此。再结合一些现实情况，你会更深刻地意识到这一点：每个家庭的厨房里都有锋利的刀具，它们同样是“致命武器”；美国的枪支数量多于成年人的数量，而且年纪大一点的孩子可根据网络上的说明，轻松引爆炸弹。

致美国中情局：恐怖分子都去哪儿了？

我永远也忘不了美国中央情报局的1位前官员与25位资深银行家讨论全球威胁时谈及的超现实主义经验。他的语速很慢，声音很低，仿佛害怕会被窃听似的。

他在几分钟之内就几乎让我们确信，这个国家马上就会处于被邪恶势力摧毁的危险中。每一个灯泡里都可能隐藏着炭疽病菌的孢子，我们可能会亲眼目睹一系列的恐怖袭击。然而事实上，正如我们已经看到的，全球发生的恐怖袭击数量不多，每年因恐怖袭击死亡的概率是1/350 000，大多数人一生中遭受恐怖袭击的概率比遭受雷击的概率小。和这位CIA官员类似，情报局一些人员经常说，正是由于国家摧毁了数以万计的恐怖阴谋，恐怖袭击才不多见。但要在瞬间发动恐怖袭击，并不需要严密的恐怖组织或者经过密谋，因此，我向这位CIA前官员提了这样一个问题：假如每个家庭都有“致命”武器，而且10亿人拥有发动“致命”战争的钥匙，那么，所有这些人中那些成群结队、数量惊人的恐怖分子在何处呢？他听到我的问题后很尴尬，因为他知道，自己无法给出任何令人信服的答案。

我们当然都知道恐怖行为不多见的原因。事实是，有预谋地杀死他人很难说是情绪化的行为，杀人者可能认为被杀者是邪恶的，或者杀人者性情扭曲，甚至杀人可能是为了“推动”某项事业。

我一刻也不想低估有组织的或自发的恐怖行为产生的危害，也无意贬低情报部门为保护大众的安全所发挥的关键作用，我想说的是，人们很容易失去广阔的视野，从而看不到有关整个人类的真相。

纵观整个人类历史，你会发现，人类社会中存在共同的道德规范，这样的规范在未来几百年内仍将主导世界。尽管从媒体头条上能看到充满暴力和血腥的事件报道，但随着法律法规、人权准则和文化期望的提升，世界各地的道德规范越来越趋于一致。

成功人士的标志

个人的目的和成就感与幸福密切相关。当结果证实了这一真理时，有关人类幸福的研究和有关价值观的激进问题也会大幅增加。幸福学的研究表明，发达国家人们的幸福与下列某些或全部因素密切关联：收入中等、有好友相伴、有稳定的婚姻或伙伴关系、强烈的信仰或精神、性格外向、喜欢自己的工作、在稳定的民主环境中生活。

针对 65 个国家 64 000 人的一项调查显示，70%的人对自己的生活表示满意。非洲是人们感觉最幸福的地方（83%），而欧洲人是最不幸福的，这里有 11%的人认为自己不幸福或非常不幸福。在非洲，75%的人预计自己的生活会变得更加美好，而在欧洲，这一比例少得可怜，仅为 26%。

报纸上回答读者提问的专栏里充斥着种种教人如何拥有幸福关系的建议。在一个被割裂、日益混乱和快速变化的世界里，长期关系将变得更加重要。

在未来，成功人士的一个标志是能与一个人长期幸福地生活在一起。一个经历一连串失败的婚姻、不忠或热衷于婚外恋的人能有多聪明呢？

不变事物的价值

正如我们在第 1 章中看到的，古老的建筑、树木和景观会增值，这体现了人类对安全、持久事物的基本需求。

大多数人无法在情绪不受影响的情况下，高效应对生活的各个领域中存在的持续不断的重大变化。搬家、转换工作、生孩子或者结婚、离婚等变化始终是压力的重要源头。

单一议题和伦理密切相关

单一议题定义了问题本身，但只有伦理能告诉你应该采取何种立场。

就武器销售等问题，会出现更激烈的争论和精神层面的探讨。人们试图精确定义何为武器，比如，武器是否包括制造武器的机器？

一家跨国公司也许发现自身成为股东、公众和员工争论的焦点。即使政府内部，也会有各种不同声音。有些人明确支持，有些人睁一只眼闭一只眼，有些人则激烈反对并付诸法律行动。

激进分子的伦理态度往往更为极端，比如，与太阳能（破坏屋顶外观和场地）、核能或天然气电站相比，他们对风电（破坏天际线）的态度就是如此。

政治正确与思想控制

未来 30 年，随着单一议题群体试图控制人们使用的话语，“政治正确”的力量将增强。

如果一些词语被禁用，人们在表达自己的想法时会受到限制。这是“精神挑战”而非智障，针对“高素质公民”而非年老或退休者，也是“视野损害”而非失明。

干坏事的理由

我们将会看到，为了证明干一些坏事的合理性，政府会绞尽脑汁想各种办法，编出各种理由，比如他们会说，“结果证明了做这些事的价值”。因此，今天的某些人可能会有被警察或情报人员破门而入的经历，或者仅因警察或政府工作人员认为有必要，他们的手机就要被窃听。在许多国家，警察不需要任何搜查令，就可以不做任何解释地将某位公民拘留数日。

你可能因参加了一次和平示威游行而被捕，而且如果你在被捕后保持沉默，陪审团会判定你有所隐瞒。你无权说出和政府控制你有关的任何信息。许多国家实行温和的民主，但在独裁国家，特别容易出现这样的压迫行为。

公民自由仍将是大多数国家的议程之一，特别是随着网络监督和跟踪变得普及。人权也是一个重要问题，特别是在与发展中国家的贸易协定谈判中。政府是否应当与“可恶”的国家进行武器交易，这类问题会令一些国家感到痛苦；而且关于应该如何决定这样的交易，国内会出现很多争论。

财富能创造一个更加道德的世界

大多数生活在发达国家的人对商业伦理有所怀疑，并担忧因对经济无尽增长的渴求会带来众多道德沦陷，然而事实是，商业为人类创造的财富在过去 30 年里以惊人的速度增长着，且未来依然会如此。

自 2000 年以来，去除通货膨胀的影响后，全球范围内日均生活费用低于 1.25 美元的人口比例已从 30%降至 10%以下，这是因为新兴国家每年的财富增幅比发达国家快约 4.5%。这项惊人的成就主要得益于全球贸易额增长，若这样的增长率在未来 30 年能够保持下去，那么全世界人口的平均收入水平将与今天美国公民的收入水平持平。

当然，这样的增长率是不可持续的，而且更现实的预测是，实现这样的均衡可能需要 50 ～ 80 年，或者更长时间。

当今世界最大的道德污点

如前所述，全球一半的财富掌握在最富有的 1%的人手中，这是当今世界最大、最不可持续的道德污点之一。预期寿命为 100 岁的人和预期寿命为 35 岁的人之间的差距在加大，拥有无限医疗保健服务的人和那些赤脚走 50 公里才能找到一家（装备奇差的）诊所的人之间的差距也在加大。

关于不平等的一个极端例子是奴隶、抵债劳工和被贩卖的人口。现在，全世界有约 3 000 万人被奴役，仅贩卖人口一年的产值就高达 320 亿美元。在被奴役的 3 000 万人中，78%的人是抵债劳工，22%的人被迫成为性工作者。毛里塔尼亚的每 25 人中，就有 1 人是奴隶，而且仅在印度，就有大约 1 400 万奴隶。预计旨在遏制全球奴隶贸易的努力会增多。与此相关的一个重大伦理问题是，一旦这些奴隶被解放，该如何对待他们？他们应自动获得当前所在地的居民权吗？

如何改变极端贫困人口的生活？

改善极端贫困人口生活的一种方式是利用国外援助，比如利用国外提供的医疗保健或者教育援助。但政府援助通常被视为帝国主义行为，尤其是因援助通常与施援国的咨询和供应合同挂钩。

新兴市场国家的专制领导人可能将善意的意图施援的非政府组织视为本国政策的干扰者、居高临下的批评者，因为对方会向其国内富有的支持者传递大量催人泪下的可怕照片，对本国形象造成不利影响，并扭曲普通人的生活状况。

一些最贫穷的国家由国际发展项目主导。在塞拉利昂等国家，公路上行驶的许多车辆属于 UNICEF[①]等组织，这是“依赖捐助”国家的一大标志。

国外支持的项目在不干扰本地事务的情况下极难开展，而且资金可能被恶意侵吞。一位社区领导列出的购买清单竟然包含 10 个项目，涉及公路、水利工程和诊所。一家非政府组织提供扫盲方面的帮助，而该组织本身就可能存在腐败或自利行为。这项援助被接受了，新的教学设施也到位了，这多少是有用的，但是，最需要的那一步在何处呢？

最可持续的发展或慈善模式本身就自带裁撤模式。例如，非洲儿童组织（AfriKids）是加纳北部的一个慈善组织，其宗旨是减轻儿童的贫困和痛苦。在该组织成立之初，创立者就宣布，该组织的目标是有一天能关闭这个组织。我数年前建立艾滋病慈善组织 ACET 时就指出，若英国政府雇用的医生、护士和家庭看护真真切切地做了人们需要他们做的事情，我们这个机构就没有存在的必要，当然会关闭。

在非洲，大多数政府的目标是保持低通胀、低预算赤字，鼓励私人企业的发展。但直到美国和欧洲各国停止限制非洲商品和食品的进口，并停止倾销本国所补贴的农产品后，非洲才会出现缓慢的进步。

许多非洲国家领导人憎恨西方国家政府的欺凌，因为对方意图提高对非洲国家的货币控制，还有形形色色的其他图谋。他们害怕本国来之不易的经济成果被新的帝国主义分子所窃取。这些帝国主义分子

①联合国儿童基金会（United Nations International Children's Emergency Fund）的缩写。

用钱而不是用枪炮，巧妙地控制当地，以极低的代价获得当地的资源，并攫取大量财富。然而，这些领导人可选择的余地很少，常常不得不看着本国经济被全球化力量摆布。那些跨国公司和主权财富基金与当地政府和人民之间的关系极为脆弱，有可能在短时间内戛然而止。

随着国家经济的增长，穷人中最穷的人会怎样？他们的生活会改善吗？还是会依然遭到践踏？

根据对孟买等印度城市的观察，一些人得出了这样的结论：富人愈加富裕，穷人仍旧忍饥挨饿甚至因贫困致死。短期内，这可能是事实，但中长期来看则未必如此。

近350年来不断发生的事实是，经济增长会改变整个国家的面貌，但可能需要一段较长的时间。经济增长时，有更多货币开始流通，生产力提高，应税收入增加，政府开支增多，整个国家因而受益。

一个社会贫富差距越大，不稳定的风险就越大，因为斗争、侵略和有组织的对抗会增多。因此，所有发展良好的社会总会在某种程度上进行再分配，尽管这样做只是为了保持稳定而非由于良心不安。

商业领袖的合理薪酬

大企业的薪酬差距将加大。杰出的企业领袖和律师、成就突出的员工会获得更高薪酬。全世界都缺乏具有丰富行业经验、业绩良好、沟通技能卓越、创造力丰富、思维敏捷的决策制定者。企业之所以提供丰厚的薪酬组合，是为了激励这些人提高企业的绩效。世界上许多才华横溢、经验丰富的企业领袖已很富有了，他们不再单纯地为钱工作。只有知名公司提供巨额的财务奖励组合、有意思的挑战，才能诱使他们担任条件苛刻的CEO或者主席职务。若一家营业额高达数十亿美元的企业在两次灾难性地任命CEO之后损失惨重并陷入困境，那么公司花巨资迅速找出问题所在就会成为当务之急。

银行业正面临巨大的伦理难题。人们不想支付银行家奇高的薪水，但若是如此，很难吸引最明智、经验最为丰富的商业领袖来领导银行或者加入董事会。当有其他更为吸引人的选择时，他们有什么理由会为了较低的报酬而冒巨大的个人风险、甚至可能是坐牢的风险呢？因而，我们需要把回报和愿意接受工作的人预期所取得的成功及其承担的风险水平联系起来，加以综合考虑。

道德问题：企业不可轻触的红线

当然，若人们相信企业领导人的行为符合企业道德，他们就会更容易地接受企业领导人的巨额报酬。然而在英国，仅有 1/3 的人相信企业行为是道德的，而且只有一半的人认为企业为社会作出了积极的贡献。在许多其他国家，你会得到类似的答案。

这对企业的未来发展确实不利，因为这意味着许多世界上最有才华的人将不再对企业职务感兴趣。我们已发现，一些最有才华的人拒绝从政。这也是为何会有越来越多的人想运营自己的企业，或者在小企业任职的另一个原因。他们觉得自己创办的企业或者自己加入的小企业的行为更符合道德。

但事实是，每一个国家都需要大型企业。没有大型企业，除了个体贸易、非营利组织和政府外，国家的经济力量将所剩无几。我们已在第 4 章看到，全球化意味着经济规模的扩大，在许多行业里，只有最大的企业才能生存下来。如果一个国家没有大型企业，国民经济就会被国外企业支配。大企业同时是大雇主，也会将国际投资吸引到所在国。它们不断创造关键产业的知识技能，而且在通常情况下，数以千计的当地小企业是其供应商，依靠它们生存。

企业崩溃、大量的诉讼和处罚

正如我们已经看到的，人类历史上从来没有这么多的企业因道德问题而遭到起诉和处罚。仅在2014年的一个月里，美国银行被罚170亿美元，高盛被罚12亿美元，渣打银行被追加罚款3亿美元。同一年早些时候，摩根士丹利、花旗银行、瑞士信贷、丰田、巴克莱银行、拉博银行、通用电气和美国银行也遭受了巨额罚款。还有一些企业，如沃尔玛、通用汽车似乎也将被处罚。

英国爆发的支付保护保险（PPI）丑闻最终导致该行业损失了400多亿美元。伦敦银行同业拆借利率（Libor）操纵丑闻的代价更大。约350万亿美元的金融产品与Libor计算利息的方式相关联，银行为了自己的利益操纵利率，并从中盈利。众多机构可能拿起法律武器要求赔偿，诉讼的规模有可能超过石棉案。

在美国亚拉巴马州的一起与Libor有关的诉讼案可能涉及10万业主。Libor影响了抵押贷款、信用卡、学生贷款，波及发达国家社会的方方面面。有人认为，对Libor的操纵可能从1991年就开始了。

2000—2014年，美国联邦机构裁定的企业败诉判决超过了2 000个，这还不包括大幅增加的民事处罚。仅两年内，美国各州和联邦机构就从依据《虚假申报法案》审定的判决中获得了200多亿美元罚款。法律规定，举报人可获得一定比例的报酬，也就是说，现在有了保持企业道德的财务激励。

为什么合规不起作用？

法律法规覆盖的范围越来越广，合规成本也变得越来越高昂。美国的大企业每年为了符合 30 多万条不同的法律规定，要投入约 4 000 万美元维护记录保存系统。小企业无力支付高昂的成本，最终会做出不合规行为。

合规确实重要，然而正如许多银行家发现的，符合每一项法律规定可以保证不坐牢，但却保护不了品牌和声誉，无法建立信任。你可能每年都完美地遵守了每个国家的法规，但当公众的情绪发生变化时，你无法仅凭合规应对最新的财务丑闻。

丑闻曝光后，公众会做出反应，这会导致新规出台。然后律师会对其作出解释，试图弄清楚新规会对你的业务产生具体影响。然后，合规团队会逐项核查，以证实业务的合规性。但这还不够，因为你的业务可能只是在一定的历史时期内合规。

比如，直到近来，欧洲企业在欧盟之外的其他国家行贿的行为被视为完全合法，行贿的支出会被列入商业支出，审计师会对这笔费用签字，并向政府索要退税。行贿的数额越大，公司得到的退税额就越高。但今天，若企业董事会主席宣称自己很清楚行贿支出获得了退税，并且说“我们所做的一切完全合法”，那么，他会失去工作，以后恐怕再也得不到工作机会，而且公司的声誉会受到严重损害。

正如我多年前预测的，未来的法律咨询服务不只限于已有的明文规定，还要考虑哪些方面有可能成为第二天的报纸头条，要考虑下一次丑闻、监管者的下一个压力以及公众可能爆发的情绪变化。下一代人会如何看待这些问题？这可不是简单的对与错。我们需要以明确的道德感为指导，远离模糊地带，注意应当回避的问题。

道德的雇主难敌不道德的雇主？

未来，企业真正的成功意味着企业给每个人带来了利益。当然要给股东带来利益，但也要给顾客、工人、更广泛的社区甚至从某种意义上说，给整个人类带来了好处，比如说，保护了环境。

道德的雇主（被法律所迫而道德）可能敌不过“不道德”的雇主。比如，随着生产的转移，美国监管良好、干净整洁的工厂竞争不过孟加拉工作条件恶劣的肮脏工厂。最贫困国家的工人几乎在免费工作，他们没有工作保障，冒着巨大的健康和安全危险，没有疾病补贴或其他权利。

我们将看到，欧盟这样的消费性地区将出台更多规定，制止企业逃避其在发展中国家的道德义务。我们已看到了这样的例子，比如全球的纺织工厂正在开展禁用童工的运动。

好上加好

联合利华等企业已率先减少了对环境的污染，并增加了对社会的有利影响。该集团的宗旨是帮助10亿人改善健康状况，提高生活水平，降低产品对环境的影响，并可持续性地利用农业原料。短短3年内，该集团使用的可持续性农业原料已从14%提高到了48%。

还有许多公司，包括巴哥塔尼亚（Patagonia）、界面（Interface）、马莎百货（Marks and Spencer）、雀巢、耐克、Natura、通用电气、沃尔玛、彪马、宜家和可口可乐等公司都采取了类似措施。

童工现象的伦理迷局

直到今天，仍有少数跨国企业有意冒险雇用6岁儿童，让他们一天做12个小时的制衣工作。仅在孟加拉国，就有约8万个年龄不超过14岁的童工，且大多为女孩，她们每周至少在制衣厂工作60个小时。悲哀的是，基于道德的愤怒容易伤害的恰恰是这些需要保护的儿童。一场战争就会导致数百万儿童沦为童工。许多儿童流离失所，无家可归，承受着巨大的生命危险。在大多数国家，贫困的孩子要么工作、乞讨，要么挨饿，就是这么简单。

那么，那些“失业”的孩子会去哪儿呢？如果将童工清除出一家工厂，那么，他们会到其他利润更低的工厂门口乞求，直到另一位管理人员大发慈悲，给他们一些残羹冷炙。不久之后，这位管理人员会发现，大门口还有20个小孩躺在地上。他给这些孩子们床上用品和食物，作为报答，孩子们打扫工厂，并做一些包装工作。这是道德的还是不道德的？是人道主义行为还是犯罪行为？你真的确定自己身处其境会作何感想？

我在ACET工作时，曾目睹这样的案例。在孟买，一个11岁的女孩从离家出走、流落至火车站并被犯罪团伙控制，所花的时间不超过12小时。这样的女孩通常会被多次残忍地强奸，被关在肮脏的妓院，直至精神崩溃。然后她们会被带至红灯区，与其他20万名性工作者一起卖淫，直到因艾滋病死去或因年老色衰无法继续卖淫。而且，这一切的根源可能是，这个女孩是个孤儿。她从8岁开始，就在一家小纺织工厂生活和工作。但有一天，她突然被工厂解雇，从此流落街头，从而有了上述悲惨遭遇。

从中我们得到的启示是，尽管童工带来的伦理问题确实重要，而且必须得到解决，但也必须在社会发展、在深入了解当地实情的基础上加以解决。

营利的公益型企业？

全球每年都有20多亿人做义工，或者对非亲非友的人施予帮助。加入慈善事业逐渐成为中产阶级的生活特征，特别是捐赠出巨额资产的超级富豪越来越多。他们的捐赠额度非常巨大，以至于一些基金会不知道应当如何谨慎而恰当地使用这些捐款。英国的超级富豪每年捐赠的善款超过20亿英镑。2012年,沃伦·巴菲特一次性捐出30亿英镑。

但是，慈善活动与人类文明一样古老，而且越穷困的人越热心于慈善。所有传统的乡村社会都有保护族群内弱势群体的社会规范，这与农村的广泛通婚有关。广泛通婚意味着，这里居住的大多数人都有血缘关系，因此，孤儿会被带到亲戚家里；一家人的房子被焚毁后，其他人会帮助他们快速重建房屋；盲人会得到免费食物等。这些乡村依赖最低限度的现金运转，它们是合作型社会，其运行机制受年长者监督。

志愿活动的普及

城镇日益增加的志愿者活动是对这些古老传统的效仿，他们帮助的通常是与周围人失去联系的人。

一个月内从事过志愿活动的人的比例在世界各地存在差异，但这个比例都不低：56%的土库曼斯坦人从事有组织的固定志愿活动，斯里兰卡的比例为45%，美国为44%，英国为28%，瑞典为13%。这些数字尚不包括非正式的志愿活动，而非正式的志愿活动在志愿活动中占大多数。

在英国，普通志愿者投入的志愿活动的时间相当于125万工人的工时,几乎与医疗服务领域的工人工时一样多。若按平均工资计算，志愿者对国家经济的贡献约为250亿英镑，还有另外250亿英镑是志愿者从事非正式活动或不定时义务工作的贡献，比如，为了让老人安全驾驶汽车而义务除雪。这些志愿活动的价值相当于英国GDP的3%。

随着退休人员中身体健康者的人数不断增加，会出现更多年纪较长的志愿者。

非营利部门服务的私有化

志愿者机构对政府有利，是政府理想的合作伙伴。在许多发达国家，政府为了节省成本，越来越多的福利事务由非营利组织承担。许多项目会优先考虑慈善机构，目的是为了避免留下这样的印象：私人企业从政府项目捞到大量好处，比如医疗保健领域的项目。

非政府组织将变得更加高效，运行模式也更像企业。它们配备了更优秀的专业人士、审计师和评估师。与商业领域的情形一样，非政府组织之间也会展开激烈竞争。

商业组织和非营利组织之间也存在竞争，前者会指责后者利用志愿者开展工作或者利用捐款压低价格。在某些领域，许多机构发现自己主要发挥的是政府分包商的作用，它们对慈善工作的整体看法将会因此改变。一些志愿者会怀疑，政府滥用义务行为节省成本，减少工作机会。

社会型企业将变得更加流行。这种类型的企业希望在实现与非营利组织相同的目标时获得利润。这种混合模式对新一代创业者和怀有善心的投资者特别具有吸引力。

呼唤网络分级制度

我们在第 1 章谈及了与网络世界有关的所有亟待解决的伦理问题。谁拥有关于我们的数据的所有权？我能否在有生之年或将死之时要求清除自己的上网记录？社交媒体网站是否应当负责审查网民发布不当的或涉及犯罪的材料？

未来 20 ~ 30 年，大多数国家的政府将对网络实施更严格控制，包括上网年龄。正如我们已经看到的，100多个国家已经以某种方式进行网络审查了。各国会出台更强有力的法律法规，打击网络欺凌、网络性交易或各种旨在恫吓或刁难他人的网络活动。

通过由政府管制或者控制服务器，许多新兴市场国家的专制政府将大力阻止居民浏览不被允许的网络内容。越来越多的发达国家将以不同的方式达到同样效果。在某些国家，试图浏览暗网或使用某些虚拟货币可能会被视为违法。

许多国家都希望社交媒体企业能够采取一切合理措施，阻止非法或反社会的内容传播，然而，哪些是非法或反社会的内容，这要由政府来界定。而且这当然已成为一个非常令人不安的问题，因为一些政府可能将审查权运用到极致。

自由派激进分子极力主张网民应毫无限制地在网络上表达看法。为了维护想要的网络世界，他们提出的主张越来越脱离现实。他们意图维护的网络世界里充斥着各种令人震惊的、可耻的、让人作呕的、残忍的、非人性的犯罪活动，任何年龄的孩子在网络上搜索几秒钟就可能看到这些内容。

一个颇有说服力的观点是，**如果对更过分的网络内容都没有实施分级制度，就绝没有任何理由将电影分级，尽管鲜有父母愿意废除所有的电影分级制度**。在一些国家，如巴基斯坦和沙特阿拉伯，审查到的问题通常与亵渎法律有关。

一些与宗教团体有关系的联盟会大力支持对网络控制，这遭到了自由的世俗群体的强烈反对。后者认为媒体公布的内容大部分是纯粹的幻想，并不能改变人的行为。自由群体将继续主张，强奸或暴力等犯罪活动与媒体内容完全无关。然而，一些业已发生的犯罪事实不利于佐证这样的观点。在许多案例中，控方证人证明被告是在观看了令人堕落的材料后才实施了恐怖的犯罪活动。在许多案例中，被告人都是年纪不太大的孩子、青少年或易受影响的年轻人。

正如在之前章节论述过的，虽然没有压倒性的证据证明媒体会影响人的行为，但事实上，整个广告行业都是基于这一前提运行的：媒体信息能够改变人的行为方式。

应当为机器人设置怎样的伦理准则？

虽然这听起来像是科幻小说，但我们确实需要一个伦理准则指导半自动机器人，特别是在战斗中使用或从事指挥工作的机器人。比如，考虑到20%的伤亡通常是由己方火力所致，如何确保机器人打击的精确度？平民的伤亡有多大？数字的精确度是否依赖于媒体的曝光度？

这些情况会令机器人左右为难。一台机器人驾驶的汽车突然发现一位母亲抱着孩子行走在公路中间，而汽车如果突然转向，就会撞死一名牵着狗的退休男子，那么，如果机器人不能及时停车，应该转往哪个方向？如果车中有乘客突然病危，需要火速赶到医院，机器人是否应当突破速度限定，加速前进？如果能的话，应当加速到多少？

有些人曾经警告说，在未来，随着机器人的发展和快速的演变，超智能机器人将以某种方式接管这个星球，人类会成为他们的下属物种，而且生存可能遭受威胁。在21世纪的大部分时间里，这将纯属好莱坞的科幻想象。事实是，人体是由数十亿个活细胞组成的，具有成千上万个奇妙的特征和自动修复机制。人类会控制机器人的微型化水平，这会使2095年建造的机器人看起来极为粗糙。

然而，22世纪呈现的是另一番景象。到2150年，我们会看到大量自我复制的机器人。他们能很好地掌控自己，做出复杂决策，并以多种方式与人类互动。他们能够统一行动，提出意见，做出一致决策，并汇聚成一股强大的变革力量。他们会比科幻片中的机械生物更为先进，他们的躯体可以自由活动。

我们还需要考虑工厂或机构内部所有形式的复杂智能机器。它们除了芯片，现在还没有任何实体形式。这些机器人的“思考过程”在芯片中完成。事实上，这样的智能实体可能只存在于地球上，人们可利用它们完成云、交互、监控、思考、规划、控制等工作。只要可能，它们的人类设计师和程序员会对它们的思想和力量施予足够的限制。

终极伦理测试适用于健康领域

卫生保健领域的伦理问题会有怎样的演变？历史告诉我们，一代人眼中令人震惊、不道德或怪异的行为，在下一代人眼里会变得极其自然。

在类似沙特阿拉伯这样存在各种穆斯林教义的国家里，或者在类似赞比亚这样强烈信奉基督教的国家里，不考虑大多数人的感受而按西欧的思维定势宣扬某些内容是极其危险的。

无论是在卫生保健、生物科技还是生命科学领域，任何问题的最终伦理价值的基础都是我们说到的这个短语：建设一个更美好的世界。

一项活动，比如克隆人或者让人几乎长生不老，能使我们的世界变得更美好吗？不只是在今天，而且在未来任何时候，都会令世界变得更美好吗？而且，在虔诚的穆斯林、基督教、犹太教、佛教或印度教教徒看来，我们是在朝着造物主希望的样子前进，还是违背了造物主既定的自然秩序？

而另一个问题或许是最重要的伦理问题。在当今世界，每天仍有8亿人食不果腹，还有10亿人几乎没有任何基本的医疗卫生保障，而且只能获得有限的干净的自来水。那么，考虑为少数人发展之前章节里介绍过的那些新奇的医疗方法合理吗？获得基本的医疗卫生保障是当今世界面临的最深刻的伦理挑战之一。

你可能觉得这些事情离自己很遥远，我当初也有这样的感觉，直到我在非洲的一些地区亲眼目睹了这样的事实：一些儿童仅仅由于缺乏一种维生素，或者诊所里已使用完了抗疟疾的药片，就失去了自己的生命。

安乐死与“死亡权”之争

未来50年，在发达国家，安乐死将成为医学问题的热点。“死亡权”将与其他问题捆绑在一起，包括允许医生结束无法做出决定的人的生命。做出这种要求的通常是医生或法庭，因为总得有人确定某个人是否“心智健全”，这个人掌握所有事实，而且不需要承受来自他人的不必要的压力。

在禁止蓄意缩短生命的行为的国家，越来越多的医生将擅自解决这一问题。我们会看到更多备受瞩目的案例出现，而且“怜悯死”将成为更让人接受的做法，特别是在人口迅速老龄化的国家。

我们也将看到，在一些国家，当大多数人认为应当活着的人被实施了安乐死时，民众会出现激烈的反应。比如，民众认为，只有一个人精神抑郁或者由于其他精神健康问题感到生活痛苦，或者感到自己活着徒增家人负担时，他的生命才能被终结。

安乐死合法化的一个结果是，在治疗的早期阶段，医生会放弃积极的疗法，转而采用控制症状的措施，让病人的病情“顺其自然”地发展，甚至治疗症状会使病人更快去世。

在安乐死法律比较宽松的国家，人们会发现，对老年人采用这种方法是“负责任的做法”。这样，老年人在养老院或疗养院生活的平均时间会缩短。身体备受折磨的人通常会被终结生命。

在荷兰，有1%的病人死亡是由于医生在未经病人要求的情况下有意终结病人的生命导致的。现在，实施安乐死的标准理由包括慢性疾病和情绪困扰。

尽管如此，大多数国家医疗培训的重点将不再只是治愈疾病，还包括管理死亡方式和死亡过程。缓解疗法将在新兴市场国家得到广泛运用。

未来10年，我们将看到，减轻痛苦的药物或疗法取得重大突破，相关药品销量会在全球大幅增加。

进退两难的医学伦理难题

下面两页列出了仅是未来医疗保健、生物科技和一般生命科学领域可能面临的数百个难题的一部分。请记住，我们预计，针对每一个问题，每一个国家内部都会出现各种争论。

由于公众获得的信息有多有少，加之监管机构可能非常谨慎，或者缺乏权力，或者甚至国家部门内没有相应的监管机构，因此，要预测全球对这些难题的接受度是非常困难的一件事。这些难题包括为了未来健康进行的基因筛查，或者治疗80岁人的不孕不育症。到2040年，从医学角度来看，许多80岁的人与今天65岁的人一样年轻和健康。

列表中的每个问题后附有“U”或者“E”的标记（或多个“U”、多个“E”），“U”和“E”分别表示到2030年这些问题在全球范围内令人不安（U，Usease）或心安（E，Ease）的程度。

未来可能出现的医学伦理难题

难　题	心安（E）或不安（U）的程度
因老弱病人失去了生活意愿而采取措施结束其生命的做法是否正确？	U
在妊娠的某个阶段，堕掉完全健康且在帮助下可于子宫外存活的胎儿，这种做法是否正确？	UU
在怀孕初期，为了得到特定性别、发色符合自己心意或擅长数学的孩子，堕掉完全健康的胎儿的做法是否正确？	UU
将自己细胞内的细胞核注入未受精的卵子内或植入初期胚胎，以这样的方式克隆自己，以期有一天得到一个与自己一模一样的新生婴儿，或者得到一个细胞球，以便将其拆分用以修复自己的身体，这样的做法是否正确？	UU
利用别人堕掉的胎儿来修复自己的身体是否正确？这样做是否会鼓励其他人堕胎？	UU
利用成人的干细胞修复自己的身体是否正确？	EEE
两男两女通过某些基因方式、代孕妈妈（每年美国有 2 000 名代孕妈妈）、卵子或精子的捐赠者诞下一个拥有自己基因的小孩，这种做法是否正确？	U
是否允许两个妈妈和一个爸爸诞下一个小孩，其中一位妈妈贡献了 1% 的基因，其线粒体能够纠正一种可怕的基因缺陷？	E
在肌肉内注射基因片段，以此提高竞赛成绩，这种做法是否正确？	UU
根据基因筛选结果，对某人拒保或拒绝给予其一份新工作，这种做法是否正确？	U

（续表）

难 题	心安（E）或不安（U）的程度
在养殖的鱼类身上增加人类基因，以加快其生长速度，这种做法是否正确？	U
在猪身上添加人类基因，使猪的心脏表面发生变化，以便患心脏病的人有需要时这些猪可成为捐赠者，这种做法是否正确？	E
在猴子身上添加人类基因，以便弄清楚是哪些基因控制了人的语言功能，这种做法是否正确？	UU
采用适当疗法使一位70岁的妇女生育，这种做法是否正确？	UU
一位妇女将自己的子宫租给另一个不能怀孕的妇女，这种做法是否正确？	E
作为联合卵子或子宫的捐赠者，一位妇女与另一位妇女的配偶性交是否正确？	UU
一家制药公司提取了你的基因、确认了导致疾病的根源，并因此获得了专利，也获得了你部分基因组的所有权，制药公司的做法正确吗？	E

你可能对这些问题都有明确的答案，但像你这样的人真不多。世界各地的许多科学家和医生往往站在相当客观的立场，探讨一定时段内在技术上可行的进步，并将社会当作一个整体来探讨更宏大的伦理问题。

在实践中，这意味着研究领先于辩论，因为在大多数情况下，科学家厌烦就理论可能性争论不休，他们只想弄清楚哪些是可能实现的。当然，许多科学家担心，他们的研究被公之于众后，舆论可能阻止他们进行进一步的研究工作。

公众和研究者之间不时会出现公开的冲突，这会导致研究者秘密开展研究活动。现在这已经是事实了。

事实上，许多早期的研究都是在远离公众视线的地方完成的，这样新药品才能在不惊动竞争对手的情况下开发出来。

人们会越来越关注实验室使用较大型动物的伦理问题，这与全球范围内饲养宠物的热潮有关。宠物食物和宠物护理服务的年产值已超过 1 800 亿美元，到 2030 年，这一数字有望超过 3 400 亿美元。

以亲女性的方式重塑品牌

我们将看到，许多西方社会出现进一步的女性化倾向。由于服用睾酮类激素成瘾，许多发达国家的男性已出现退化趋势，而这种危险的做法是人类暴力、性掠夺、粗野无礼和不负责任的病态行为的变种。父权社会正转变为母系社会，女性的直觉和反应将成为未来的规范。

英国的大多数新工作都适合女性。服务和休闲行业的兼职工作增幅最大，同时，传统的制造业全职工人将日益减少。未来的工作需要更大的灵活性、更密切的团队合作和更高的效率，这对女性来说都极为有利。日本的女性在职场中的影响力和权利都出现了大幅提升。

就消费方式而言，在欧洲和美国，利用网络购买各种产品和服务的人中 70%为女性。在一些国家，设立银行网络账户的人中 70%为男性，但 70%的交易却是由女性完成的。女性购买了大部分家居用品、书籍、食品和假日服务产品。

在传统零售业，女性的购买力仍占主导地位，但大多数营销主管和客户经理都是男性。随着企业以更加亲女性的方式重塑品牌，预计这样的状况会有所改变。但社会的完全女性化依然需要很长时间。男人会打扫房屋，但这样还不够。在许多领域，女性的升迁仍面临诸多阻碍，而且女性的闲暇时间要比男性少得多。

在一些国家里，新的男性解放运动会与女性激进团体发起的运动平行进行。男性要求在某些过去由女性主导的行业里获得同等的就业机会，比如护理和托儿所工作。许多女性会强烈反对男性对女性持有的成见，性别角色的混乱将持续存在。

我们也会看到企业文化发生重大变化，尤其是随着人口老龄化的发展，技能型人才会变得缺乏。更多女性将担任高级职务，特别是在董事会。法律强制规定女性应占一定比例的做法将变得更加普遍，德国就出台了这样的规定。

我们也将看到男性控告女性骚扰、恐吓，或认为女性在招聘时或工作中对男性持有偏见，要求获得一定比例的工作机会。

精神追求塑造所有

我们已讨论过伊斯兰教国家的激进势力及其对中东的未来造成的影响，但这只不过展现了广阔图景中的一部分。发展中国家和新兴市场国家的表现完全不同。

在所有发达国家，由于本书描绘的所有趋势的影响，越来越多的人对探求生活的意义有着强烈渴望，通常以对精神层面的探求表现出来，这与成为一种有组织的宗教信徒非常不同。在英国或法国等国家，人们激烈争论的不是你是否相信，而是你相信什么，你精神上的目标是什么。

信仰存在于所有事、所有人中。信仰使一个普通人拥抱公园里的树木，信仰使聪明人根据星星的位置研究密密麻麻好几页的个人运程。在科学的、逻辑的、理性的世界里，所有现存的一切都是固定的、预先确定的、机械的体系，而现在已出现了对这一模式的全盘否定。

因而，当医生们想方设法减轻患者因严重的疾病而遭受的痛苦时，一些病人却放弃了医生开出的“救命”药方，转而采用大多数医生认为很少或基本没有任何科学依据的替代方法。

在英国，超过 1 700 万人依赖替代药物或疗法，其中最流行的是芳香疗法和顺势疗法。预计相关领域的法律会收紧，政府会要求企业证实其疗法的健康性。这会加剧两派之间的文化冲突：其中一派认为科学方法并非所有“人类疗法”的有效检验方式，另一派则只笃信“客观的”科学数据。

精神生活塑造人类的道德观、价值观和政治观

在当今世界，约有 85%的人认为自己领悟了生活的精神意义，这反映了自人类伊始就存在的古老模式。尽管在某些发达国家，人文主义无神论的声音越来越响亮，但从全球来看，未来 50 年内，这些声音会日趋于弱，因为绝大多数人仍然确信，生命不只是原子、分子和生物数据包。

在发达国家，非正式的精神生活表达方式可能更为丰富，有组织的宗教活动会进一步减少。用于冥想的个人系统和启迪精神的指导会增多。因此，非正式地出席犹太教会堂、印度教寺庙、清真寺和基督教堂活动的人数可能会增加，参加社会活动的人数也会增加，比如参加亲子会，支持无家可归者项目、收容中心、粮食银行、咨询中心等，同时，正式的会员却有可能减少。

未来 20 年，在英国等国家，此类活动可能显著地促进教堂、清真寺等各种宗教场所的繁荣。预计会出现更多的社会活动项目，原因是为了减少政府债务，国家的现金几被耗尽。

不同的景象是：这里全球性的有组织的宗教，比如基督教和伊斯兰教，得到了迅猛发展，但本地宗教趋于衰落。而且，拥有私人的、个性化的、特殊的、非正式的信仰人极为少见。

目前，全世界的穆斯林有16亿，占世界人口的21%，其中60%生活在亚太地区，20%生活在中东地区。未来20年，伊斯兰教的传播速度比世界人口增速快约1.5%～1.8%，但传播速度会持续放缓，因为信奉伊斯兰教的国家的国民收入在迅速提高的同时人口增长率却在下降。这正如我们在第2章中看到的，这些国家的财富在增加，生育率在下降。

全世界的基督教徒为23亿，占世界人口的32%，其中60%生活在非洲、亚洲和拉美地区。基督教的传播速度将继续显著高于人口增速。自20世纪50年代以来，中国有上千万人信奉基督教。

在阿根廷，过去10年来基督徒的人数从零增加至数千人。大多数拉美国家都出现了类似的情形。非洲的基督徒人数增加特别快，对政治家和政府都产生了一定影响。

改变生活的信念在全球流行，这种影响不可低估，因为信念可激发人们的热情，并赋予人们生活的真正目的。每一种世界性的宗教内部都会出现分化，有的仍然根植于传统的教义，比如《圣经》或《古兰经》，而自由派则在个人精神之旅中接受或抛弃了原本选择的教义。

正统派和自由派对一些问题的观点更为对立，比如堕胎、安乐死、干细胞研究和同性恋婚姻等。虽然自由派基督徒争辩说，他们在美国和欧洲更有吸引力，在文化方面更为重要，但事实上，他们的人数正在快速减少。

正如过去30年来发生的事实一样，大部分的教会增长可能是由遵守传统教义并表现出强大精神性的基督教派实现的。

英国发生的情形正是如此。五旬节派教会（Pentecostal）的教徒每年增加5%，而且伦敦一半以上的教徒都属于这一黑人占多数的教会。20年前，主救赎基督教派在英国的教徒非常少，随着尼日利亚人在英国发起使命运动，这一教派目前的教徒数已增至大约700人。

圣公会的福音派信徒也在增加。有超过250万人参加了为期12周的基督教信仰培训，该培训是伦敦布朗普顿的福音派教会圣三一教堂安排的。然而，这种增长无法抵消圣公会在整个英国的衰落，特别是农村地区的自由派旧教会。

无论你是耶稣或穆罕默德的信徒，还是佛祖或星象的信徒，无论你相信因果报应和轮回或其他力量或者什么都不相信，精神生活仍是生活的重要部分，它会在未来数百年内塑造人类的道德观、价值观和政治观。

“神圣的召唤”：宗教激进团体崛起

在未来，新的宗教运动会如何表现？历史告诉我们，宗教运动兴起的时期一般也是道德沦丧和社会精神信仰破产的时期。而环顾今天的世界，我们会看到，有越来越多的激进宗教团体正在逐渐崛起，而其中一些团体是真正具有革命性的，宗教运动也在勃兴。

无论来自哪个宗教，一个有影响力的信徒群体，从自身角度出发，很容易认为下面某些或所有说法真实地描述了当今的现实：

- 社会已经丧失了精神和道德准则；
- 无论在哪里，传统的道德价值观已不复存在；
- 人们变得更加以自我为中心，崇尚个人主义；
- 尽管大多名人为我们树立了极其可怕的榜样，但我们的文化仍痴迷于名人崇拜；

- 年轻人为肤浅且毫无价值的事忧心忡忡，比如个人外表；
- 家庭生活被打破，社区联系减弱；
- 许多人沉迷于酒精、毒品、性和网络；
- 国内领导人贪腐且不受信任；
- 网络上充斥着黄色、虐待儿童和其他令人作呕或极具有破坏性的内容；
- 快速且持续的经济增长本应带来一个更美好的世界，但却导致了更大的贫富差距，不能有效应对全球最严峻的贫困问题，因此，这样的增长最终是不可持续的；
- 一个向其他国家输出媒体、文化、公司、品牌的国家对全世界无疑具有巨大的影响力，但该国本身却处于道德退化和精神萎缩的状态；
- 贪婪的跨国企业和银行正在毁灭我们的世界；
- 精神疾病更加常见，自杀人数增多，抗抑郁药的销量在不断增加，越来越多的咨询师帮助人们应对使人不满、失望的生活；
- 我们忽略了这样的事实：我们是精神性的存在，生命还有精神维度，我们存在于世只是神的许可；
- 上帝已为人类制定好了计划，社会必须服从；
- 人类作为一个整体将被追究责任；
- 我们每一个人都必须响应上帝为我们的生活确定的目的。

因而很显然，我们将看到，在“神圣的召唤”的推动下，激进宗教分子的人数会继续快速增加。这一“神圣的召唤”要求教徒们依信仰提高（甚至是强加）神在地球上的权威性。这些大部分教徒有可能属于现存的某个世界性宗教，可能生活在新兴市场国家。

我们有可能看到基督教新“清教主义”的出现，正如我们在过去 20 ～ 30 年看到伊斯兰教内部出现新教派一样。对已成立的新教派而言，传统的教义复兴让它们感觉非常不适，这些教义难以纳入现有的结构，且过分热衷于精神的纯洁性。

适用于信徒和宽广社会的新道德标准

这样的新基督教运动可能力求禁止范围广泛的“罪恶”或不明智行为：禁止教会成员吸烟和吸毒、遵守更严格的性伦理。这似乎是 19 世纪反酗酒运动的翻版。这些新运动也可能演变为政治活动，比如寻求通过新的法律、政府规章制度等。然而，针对同性恋等棘手问题，这样的运动可能很快产生分裂。

我们也预计，修行生活将出现新形式，与此同时，越来越多的人修行时对贫困、贞洁和服从立下了更为激进的重誓，其中许多人可能成为他人眼中“被洗脑的”危险的邪教分子。

新兴社区的教会将推动神学的发展

当然，这样的新清教徒看来与发达国家的教徒完全不同。按照这些教会的规定，教会成员在婚姻之外的性行为是可以接受的，离婚和再婚很正常，同性恋婚姻值得庆祝。我们将会看到，发达国家和发展中国家的教会之间、自由派教会和五旬节派教会之间、旧式教派和本土教会运动之间存在根本性的伦理差异。

未来 30 ～ 40 年，几乎所有重要的新的传教运动都可能受到发展中国家或世界上最贫穷地区的教会愿景、教义和价值观的影响，从中会映射出全球教会的增长模式和全球对教会的热情程度。

整个欧洲，从英国到德国、波兰、爱沙尼亚、乌克兰和斯洛伐克，大多数扩张最快的教派有可能是强调神赐能力的福音派、五旬节教会。不同的教派对不同的人可能具有不同的意义，但仍有三个共同点：积极倡导改变生活、个人修行；特别重视《圣经》中的新约部分，视其为平日追随耶稣的指南；坚信祷告能够释放上帝的力量，相信圣灵的恩赐能够改变人们的生活。

来自新兴国家的移民聚居的社区会助推这样的增长，比如来自尼日利亚、波兰、韩国和中国的移民。然而，这样的增长不大可能扭转未来20年内教会在欧洲的衰落趋势，特别是具有自由神学观的老龄教友会成员的减少。

天主教的发展

全球的天主教教徒多达12亿，与拥有10亿多教徒的新教和约4.5亿教徒的东正教相比，许多天主教教徒的积极性不高。发达国家的天主教信徒人数在经历多年的下降之后会趋于平稳，而在鼓舞人心的教宗方济各[①]的带领下，天主教将在最贫穷的国家实现增长。

教宗方济各秉持激进的神学和道德理念框架，这一框架包含了五旬节教派的各个方面，这增强了他的号召力。然而，他面临着权力被削弱甚至自身遇害的危险，因为他公开抨击教会腐败以及漠视穷人、精神冷漠的行为，而这些都是他在梵蒂冈腹地确认了的事实。他肯定比其他教宗更为脆弱，他放弃了几乎所有的安全措施。如果他被撤职或暗杀，我们预计，就接替者人选问题，天主教内部会出现巨大冲突。

①方济各，于2013年3月13日被任命为天主教第266任教宗。新教宗取名为方济各，是以方济会会祖圣方济各·亚西西为榜样。

新的世界性宗教

在本章篇末，我们来探讨政治纲领被一种激进的新的意识形态所左右的可能性。这种新的意识形态可能产生巨大的影响力，如同共产主义在19世纪末和20世纪的大部分时间表现的那样。除此之外，我们也预计，一种新宗教会出现。

未来100年，所有重要的世界性宗教都有可能重塑自身，因为它们需要根据不同时代和文化重新解释传统教义。基督教信仰的根源在过去2 000年里并没有发生本质变化，但其表现形式、对教义的理解和具体的践行已发生了极大变化。

一个完全全球化的世界可能为一种新的世界性新宗教带来空间或“市场”，从而使这种宗教注入M一代的心灵。我们可能看到，在未来几十年内，一个世界公认的先知横空出世，他具有超凡魅力，充满活力，能够教导众人，会迅速引起全世界关注。

关于真理，最大的问题是：是否存在真理？那些全球性的宗教比如犹太教、基督教和伊斯兰教都宣称，不变的神就是永恒的真理，并指出神是独一无二的。相比之下，新时代的信念将借鉴印度教的一些理念，强调探求真理的更普通的方法以及更加灵活的道德框架，绝对性的理念要少得多。

在一个不断变化的世界里，个人命运等终极问题的确定性将变得日益重要，这正是激进的原教旨主义的吸引力所在。因此，我们会看到，新的世界性宗教最有可能以教条式的教义来界定，而且这一宗教声称，与其他宗教对神的理解相比，该宗教对神的理解绝无仅有且具有优越性。这一宗教的先知会提供这样的“最终启示”。人类之前一直没有准备好接受真理，现在人类刚刚“成熟”且唯有现在才能接受真理。这样的先知可能宣称，所有伟大的宗教都指出了真理的一部分，但并没有提供真理的全貌。这样的先知可能吸引数千万信徒，在短时间内形成新的宗教运动。如果没有全球性的大规模斗争，这种情形不太可能出现。伊斯兰激进分子将强烈对抗这一新宗教，因为它可能使己方教徒叛教，基督徒也可能采取类似观点和做法。

如何制定适用于全球的伦理准则？

世界面临诸多挑战，许多问题需要世界各国共同应对。那么，我们能否看到新的世界秩序？是否存在一种将全球政府的权力联合起来的方法？

答案是，这样的新秩序已初露端倪，比如各国签订环境条约，打击恐怖主义的全球性合作等。

贸易具有潜移默化的力量

为了鼓励全球贸易或者防止洗钱，各国签订了数百项协议。随着更多的协议被签署，非正式的全球治理机构开始出现。联合国就是为此目的设立的——“拯救后代免受战争之苦”并且“重申基本人权、人格尊严与价值”。

正如我们已经看到的，真正的麻烦在于，联合国应当做什么以及应当如何做，各成员国的看法往往并不一致。**维护和平在政治上是困难的，在实践中是危险的，因此，各国将合作的重点转向了建设和维护经济安全领域。**

但未来的发展趋势很明显：全球性的治理对未来全世界的和平和繁荣至关重要。苏联崩溃和冷战结束后，尽管存在许多危机和挫折，世界各国还是表现出了史无前例的合作精神，而且合作还将更深入。

正如我们已经看到的，其中的部分合作会在区域联盟、贸易集团和势力范围的基础上加以发展。事实上，贸易具有潜移默化的力量。

国际法庭的力量增强

尽管各国对许多问题立场不同，但都认为，有必要制定一套国际性的商业行为准则。如果没有这样的准则，国际贸易无法开展。

尽管个别国家可能会改变自己的法律体系，比如就引渡等问题达成双边协议，但还需签署更高层次的协定。目前已存在此类协定，比如，若本国领导人犯了战争罪，可向由其他国家的代表组成的法庭起诉。

区域性法庭已运转多年，比如欧盟的区域性法庭。2025 年，跨区域法庭会处理众多类型的国际犯罪案件。历史表明，在缺乏法律和秩序的地方，会最快制定和实施相关法律和法规。因此，由于迫切需要解决本国政府无力应对的问题，一些国家会认可这些新力量。

全球性政府

总而言之，人们会看到各种形式的全球治理模式，而且在未来几十年内，这些治理模式将成为世界新秩序在初期阶段的表现。

为了更细致地界定全球伦理准则，预计各国会进行激烈的谈判，涉及问题可能包括在全球全面禁止生物武器、限制全球性垄断，还可能包括奴隶、童工、工作法规、人权及责任等难题。

新兴市场国家和发达国家在许多问题上持相互对立的观点。富国的深刻反思以及新一代不再热衷于速度、城市化、物质财富和全球化，都会对这种对立带来更多影响。新一代本身正在变得更为激进、富有伦理感且重视精神的力量。

那么，我们已经讨论了世界不同地区、不同行业的未来，我们看到了每一种趋势的光明面和黑暗面，以及它们如何塑造未来立方体的6个面。情绪的能量正驱动这一立方体不断旋转。现在，是时候做出选择了。

要么努力把握未来，要么受制于未来。

结　语

正如我在本书开篇就说过的，每个人的未来立方体由自己的身份、地理位置和工作性质、生命阶段所决定。

我们已看到，要同时谋划好未来的所有面非常困难。你不可能同时看到 6 个面，而这正是确保立方体在旋转是如此重要的原因。读者要仔细品读本书内容，从中获得有益启示，这可能需要花几周或几个月。

当一组面进入你的视野，其他面就不再重要。旋转各个面，继续拓展你的视野，总有一天你会发现，自己能够掌握未来的一切。

我用柚木自己制作了未来的第一个立方体。你可以购买相同尺寸的木材，制作出自己的未来立方体，它可以帮助你更形象地观察整个过程。

看着自己的立方体，想象各个面的重量（重要性）并不相同，因此抛下它后，出现在你眼前的是对你下一阶段的决策而言最重要的几个面。但要小心，因为稍轻的一面可能吸引你的注意力，这会带来许多新的机遇和挑战。因此，保持立方体旋转，保持头脑清醒，关注真正对自身命运意义重大的一面。生命太重要了，每一天都不容浪费。生命太过短暂，不要做自己不相信的事。

常听到有人说尚无力改变自己的未来，更遑论改变别人的未来。**但事实是，一旦掌握了未来立方体的力量，大多数人改变事物的能力将远大于你原来认为的。**我下面要讲的这件事也许能给你带来一些鼓励。

在达沃斯世界经济论坛年会召开期间，我第一次展示了未来立方体及其 6 个面。面对与会的全球最有影响力的大企业和跨国公司的 CEO 和主席，我应邀发表演讲。

我向他们展示了本书引言描述的内容。即通常情况下，企业 CEO 会从上至下观察立方体，他们往往只关注未来的三个面：快速面、城市

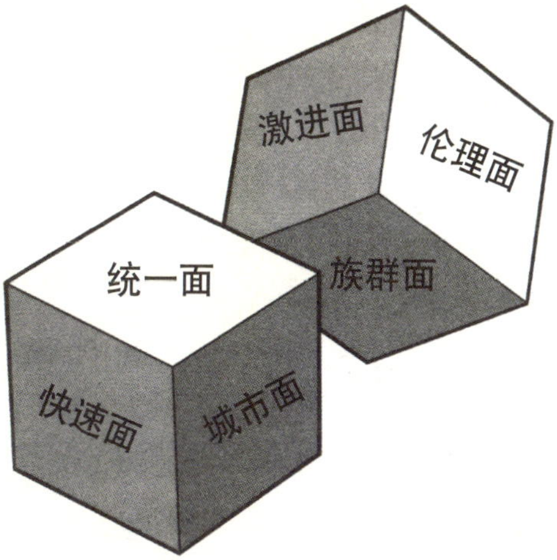

面和统一面。换句话说，他们关注变化的速度、城市化、人口变化、医疗保健、潮流时尚、技术和全球化等方面。这是银行业、IT 业、全球制造业和电子商务业对世界的典型看法。

但正如我们已看到的，大多数激进变革的压力有可能源自对未来的不同看法。将立方体旋转 180º，我们会看到族群面、激进面和伦理面，这是一个由民族主义、宗派主义、社会媒体、激进主义、个人动机、强烈的愿望、雄心、可持续性、政治、宗教和恐怖主义活动驱动的未来。

我向这些 CEO 提出了一个问题：根据他们过往的经验，要完全改变当前的既定战略需要多少人？需要多大比例的股东、客户、员工或社会媒体的读者就能使公司调整发展方向？前提是这些人的想法很激进、很富有道德感或族群感或者组织良好。他们给出的答案总是一样的：不超过 2%。他们认为，若这些人非常有激情、想法激进、组织严密且专注，只消 50 个人中有 1 个就足以导致完全的改变。

我又问了另一个问题：在上市公司的年度股东大会召开前，几个股东就能让董事会主席夜不能寐？答案总是一样：一个足矣。可能这个股东花了点钱买了点股票，提出了一个正确的“伦理”问题，这个问题涉及争议性较大的“激进”问题，在“族群”媒体上释放出不可控制的力量，从而使公司策略发生了重大转变。

如果这一切是真的，那么我们可以思考这两个问题对整个人生的启示。如果一位股东能够决定一个跨国企业的未来方向，如果企业或社区内的一小撮激进分子能够影响未来 5 年的战略……

你认识的人有多少？受你影响的人有多少？在你工作的组织内部和在你认识的人中，你改变事物的力量要比你意识到的强得多。

看看手持一股股票的人能够做些什么，想想未来 10 年你在许多方面对周围人可能产生的影响，无论是在工作场所还是在家里。最大的影响力总是来自于范例。

经常有人问我如何获知最新信息，一个重要的途径是阅读《金融时报》《经济学家》等高质量的出版物，这样可以开阔视野。

尽可能到不熟悉的地方旅行，与任何人谈论不熟悉的事物。获得未曾有过的体验，探寻不熟悉的文化，参加各种论坛等。变化的早期迹象都会出现在你的周围。多与出租车司机交谈，他们通常是最早注意到所在地区变化的人，能较早看到企业的兴衰，而且他们也常与其他人对话。

积极参与。加入企业之外的组织，与具有不同生活经历的人交流。就我而言，常去伦敦的一个世界性的教堂做礼拜让我受益良多。1988年，我在家里成立了帮助艾滋病人的慈善机构 ACET 基金会。现在，这个组织在 20 个国家有分支机构，在 ACET 的工作让我获得了大量学习体验的机会，有幸深入到地球上最贫困的国家的最边远的地区。

观察遇到的人。当你参观一座城市时，到咖啡馆、公园、博物馆、公共汽车站或者街市等地方走一走。你看到了什么景象？你嗅到了什么气息？你听到了什么声音？未来的一切尽在其中。

到其他国家时，尽可能登门拜访当地人。了解他们的生活方式、家人关系和文化。你在一两个小时里获得的信息会比你在一个虚拟团队里待 30 年获得的信息还要多。

最重要的是，要有强烈的好奇心，要对其他人的事情感兴趣。期待本书对你有积极影响。你每天都在做选择，要做自己相信且最想做的事。

“iHappy 书友会”会员申请表

姓　名（以身份证为准）：＿＿＿＿＿＿＿＿；性　别：＿＿＿＿＿＿＿＿＿＿＿＿＿＿；

年　龄：＿＿＿＿＿＿＿＿＿＿＿＿＿＿＿＿；职　业：＿＿＿＿＿＿＿＿＿＿＿＿＿＿；

手机号码：＿＿＿＿＿＿＿＿＿＿＿＿＿＿＿；E-mail：＿＿＿＿＿＿＿＿＿＿＿＿＿＿；

邮寄地址：＿＿＿＿＿＿＿＿＿＿＿＿＿＿＿；邮政编码：＿＿＿＿＿＿＿＿＿＿＿＿；

微信账号：＿＿＿＿＿＿＿＿＿＿＿＿＿＿＿（选填）

请严格按上述格式将相关信息发邮件至中资海派“iHappy 书友会”会员服务部。

邮　箱：zzhp_marketing6@126.com

微信联系方式：请扫描二维码或查找 zzhpszpublishing 关注“中资海派图书”

<table>
<tr><td rowspan="8">优惠订购</td><td colspan="2">订阅人</td><td></td><td>部门</td><td></td><td>单位名称</td><td></td></tr>
<tr><td colspan="2">地址</td><td colspan="5"></td></tr>
<tr><td colspan="2">电话</td><td colspan="3"></td><td>传真</td><td></td></tr>
<tr><td colspan="2">电子邮箱</td><td></td><td>公司网址</td><td></td><td>邮编</td><td></td></tr>
<tr><td>订购书目</td><td colspan="6"></td></tr>
<tr><td rowspan="2">付款方式</td><td>邮局汇款</td><td colspan="5">中资海派商务管理（深圳）有限公司
中国深圳银湖路中国脑库 A 栋四楼　　邮编：518029</td></tr>
<tr><td>银行电汇或转账</td><td colspan="5">户　名：中资海派商务管理（深圳）有限公司
开户行：招行深圳科苑支行
账　号：81 5781 4257 1000 1
交通银行卡户名：桂林　　卡　号：622260 1310006 765820</td></tr>
<tr><td>附注</td><td colspan="6">1. 请将订阅单连同汇款单影印件传真或邮寄，以凭办理。
2. 订阅单请用正楷填写清楚，以便以最快方式送达。
3. 咨询热线：0755-25970306 转 158、168　传　真：0755-25970309 转 825
E-mail: szmiss@126.com</td></tr>
</table>

→利用本订购单订购一律享受九折特价优惠。

→团购 30 本以上八五折优惠。